GRAVITARE

L'Internationale des Républiques d'Enfants 1939-1955

小孩共和国

二战遗孤的社会实验

Samuel Boussion   **Mathias Gardet**   **Martine Ruchat**

著 ——［法］萨米埃尔·布雄 ——［法］马蒂亚斯·加尔代 ——［法］马蒂娜·吕沙

译 —— 马 雅、陈秋含

SPM 南方传媒   广东人民出版社

·广州·

图书在版编目（CIP）数据

　　小孩共和国：二战遗孤的社会实验 /（法）萨米埃尔·布雄，（法）马蒂亚斯·加尔代，（法）马蒂娜·吕沙著；马雅，陈秋含译. —广州：广东人民出版社，2023.9
　　（万有引力书系）
　　书名原文：L'Internationale des républiques d'enfants 1939–1955
　　ISBN 978-7-218-16610-0

　　Ⅰ.①小… Ⅱ.①萨… ②马… ③马… ④马… ⑤陈… Ⅲ.①教育史—欧洲—近代　Ⅳ.①G550.9

　　中国国家版本馆CIP数据核字（2023）第091327号

《L'Internationale des républiques d'enfants 1939-1955》
by Samuel Boussion, Mathias Gardet and Martine Ruchat
©Les Editions Anamosa, 2020

XIAOHAI GONGHEGUO:ERZHAN YIGU DE SHEHUI SHIYAN
小孩共和国： 二战遗孤的社会实验

［法］萨米埃尔·布　雄
［法］马蒂亚斯·加尔代
［法］马蒂娜·吕　沙　著
　　　马　雅　陈秋含　　译

版权所有　翻印必究

出 版 人：肖风华

丛书策划：施　勇　钱　丰
责任编辑：陈畅涌　张崇静
营销编辑：龚文豪　张静智　罗凯欣
责任技编：吴彦斌　周星奎

出版发行：广东人民出版社
地　　址：广州市越秀区大沙头四马路10号（邮政编码：510199）
电　　话：（020）85716809（总编室）
传　　真：（020）83289585
网　　址：http://www.gdpph.com
印　　刷：广州市岭美文化科技有限公司
开　　本：889毫米×1194毫米　1/32
印　　张：15.5　字　　数：345千
版　　次：2023年9月第1版
印　　次：2023年9月第1次印刷
著作权合同登记号：图字19-2023-138号
定　　价：98.00元

如发现印装质量问题，影响阅读，请与出版社（020-85716849）联系调换。
售书热线：（020）87716172

引 言：
人道主义事业，还是教育的乌托邦？

　　1948 年 7 月 5 日至 10 日，在联合国教科文组织的号召下，大约 40 名参会者参加了国际儿童团体联合会大会。会议举办于瑞士东北部地处外阿彭策尔州（Appenzell Rhodes-Extérieures）山区的特罗根（Trogen）。这里既远离战争的硝烟，又位于欧洲的中心，这个小城里有难得的自由。虽然彼时天气恶劣，但是那里的景象一片祥和，没有受到战争的破坏。而在康斯坦茨湖（Lac de Constance，亦称博登湖）的另一边，和德国交战留下的痕迹依然清晰可见，触目惊心。

　　此次会议的议题是少年儿童的身心重建。受到第二次世界大战影响的儿童数量有数百万之多，他们中有的人失去了双亲或单亲，有的人营养不良、被驱逐出本国或因战争致残；其中还有居无定所和失学的孩子，以及被极权主义的意识形态扭曲了的孩子。

　　这些儿童团体的领导人和儿童身心重建方面的专家聚集在"完好无损"的瑞士。人道主义组织已经在战区提供了急救服务、衣物、食品、药品，甚至还有学习用品。但是除了物质援助，人们还希望这些受到战争创伤的儿童能受到应有的教育，成为和平世界的未来公民。虽然这些孩子经历了战争悲剧，但是人们希望，他们不但能够原谅旧时代的大人，而且能学会他们前几代人没能取得的东西：

与国际社会的公民相互合作、相互理解的意识。

1948年7月，联合国教科文组织在特罗根举行的这次会议，也是为了创立"裴斯泰洛齐①儿童村"（le Village d'enfants Pestalozzi）这个乌托邦。这是瑞士理想主义者沃尔特·罗伯特·科尔蒂（Walter Robert Corti）在一位包豪斯风格建筑师的帮助下，从零开始搭建的儿童村。它由仿照当地民居风格建造的全新小木屋组成，就像童话故事中的村庄一般，就像《海蒂》（Heidi）这种人气作品里的人物小海蒂生活的地方一样。"裴斯泰洛齐儿童村"坐落在牧场中央，每幢房子都用不同的语言命名，这些名字都是像花儿一样美好的词语，有法语的"蝉"（les Cigales）和"鹳"（les Cigognes），意大利语的"匹诺曹"（Pinocchio）和"心"（Cuore），德语的"玩具交响曲"（Zur Kinder Symphonie），希腊语的"阿尔戈英雄"（Argonautes），还有英语的"踏脚石"（Stepping Stones），等等。②这里是"小欧洲"，甚至是"地球村"——就像记者们那么称呼它的：每一座小屋都保护着被战争改变人生的孩子们，他们来自法国、波兰、匈牙利、捷克斯洛伐克、希腊，甚至来自曾经的敌国，如德国、奥地利、意大利。简而言之，这里就是联合国的缩影，欧洲各国国旗越过世界的裂痕，在这里一齐飘扬，而所有的孩子都擦干眼泪、手牵着手……

---

① 裴斯泰洛齐（1746—1827），19世纪瑞士著名的民主主义教育家。——编者注

② 有的名字引用自知名的儿童文学作品。例如，《爱的教育》（Cuore）是意大利作家埃迪蒙托·德·亚米契斯创作的长篇日记体小说，讲述了一个叫安利柯的四年级小男孩的成长故事。——编者注

在战后种种问题的困扰下，"小孩共和国"的教育理念得以重新被激活，并解决了这些新开辟的儿童安置点的需求。这一教育理念的灵感来自于新教育运动[①]，特别是受"自治"（self-government）思想的启发——这种"自治"甚至比"自我管理"更强调儿童的积极和全面参与。孩子们挥舞起铁锹和镐头、锤子和抹刀，耕种土地，建造村庄；他们组建并管理自己的"政府"（无论他们称它为"联合委员会""市政委员会"还是"工会"等）；孩子们还有自己的"法院"、"警察部队"、合作社、报纸，甚至他们本"国"专有的货币。此举获得了很多人的支持，并引发了媒体的广泛报道。从 20 世纪 40 年代到 50 年代初，不断有新闻媒体和电影把目光投向这些可能只有 10 岁的"小市长""小法官""小银行家"和"小国民议员"。他们似乎可以彻底改变世界、重塑举手民主。成年人实际上并不存在，或者说，他们主动退出了这些属于儿童的小社会。对整个欧洲来说，在经历毁灭性灾难之后，这似乎是未来希望的信号。

在二战刚结束的大背景下，这种教育构想并不是空穴来风，特罗根的教师们也并非在一张白纸上从零书写"小孩共和国"的故事：在此之前，"小孩共和国"已经拥有一定的历史，在学校内外都有实践，对象主要是往往被认为不好管教，或是有生理缺陷的孩子，不过这些尝试的效果不一。这种教育模式确实可以与 20 世纪初的自由主义联系起来：他们借鉴了保罗·罗班（Paul Robin）创办的"塞皮伊孤儿院"（l'orphelinat de Cempuis）和弗朗西斯

[①] 新教育运动又称"新学校运动"，是指 19 世纪末 20 世纪初在欧洲兴起的教育改革运动，初期以建立不同于传统学校的新学校作为新教育的"实验室"为特征。——编者注

科·费雷尔（Francisco Ferrer）的现代派学校。还有一些"儿童村"受社会主义思想启发，例如奥地利的"红隼队"（Faucons Rouges），虽然它只是昙花一现、坚持了短暂的一个夏天；持续更久的实践是在两次世界大战期间在巴勒斯坦建立的"儿童村"，特别是约瑟夫·克塞尔（Joseph Kessel）记录的"卡法尔—耶拉迪姆（Kfar-Yeladim）儿童村"。还有实行天主教模式的儿童村，如爱尔兰牧师爱德华·J. 腓纳根神父（Edward J. Flanagan）在内布拉斯加（Nebraska）建立的著名的"孤儿乐园"（Boys Town）。以其为灵感，诺曼·陶罗格（Norman Taurog）导演拍摄了同名电影，演员斯宾塞·屈塞（Spencer Tracy）扮演主角。还有更偏向新教式的"儿童村"，如霍默·莱恩（Homer Lane）在英国创建的"小英联邦"（Little Commonwealth），以及纽约弗里维尔（Freeville）以"不劳不获"（Nothing without labour）为校训的"乔治少年共和国"（George Junior Republic）。东欧国家也有类似的尝试，例如雅努什·科扎克（Janusz Korczak）为华沙的犹太孤儿建立的"儿童共和国""孤儿之家"、安东·马卡连柯（Anton Makarenko）在苏联创立的较具专制色彩的类似组织。还有很多其他的实践案例。这种"小孩共和国"的模式其实是对一些教育实验的延续。这些实验开始于 20 世纪 30 年代犹太人遭迫害之后，从那时起，开始有机构接纳德国和奥地利的犹太儿童，再加上西班牙内战中有大量难民儿童涌入法国，这些孩子也被接收，他们中的一些人被送到儿童之家，这些儿童之家的经营模式有"小孩共和国"的影子，比如法国塞纳—马恩省（Seine-et-Marne）的拉盖特城堡（Château de la Guette）或坐落在西班牙加泰罗尼亚海岸上的"教育营地"（colonias escolares）。

过去，这种模式只是零散的尝试，但是在二战期间，尤其是在战争走向结束的那段时间，欧洲各国出现了大量这样的"儿童村"，它们接收受战争影响的儿童，并在新教育和"恢复"的旗帜下，用新的教育方式帮助他们重建身心。"恢复"这一表达很好地诠释了这块目前由废墟统治的大陆对重生的渴望。特罗根会议的参与者们分享了经验。这些"迷你共和国"一般的"儿童村"或"儿童城"在诞生之初，由于物质配给的不均衡，日子过得捉襟见肘，但是考虑到人们对教育的投入和有时堪称高涨到窒息的乐观情绪，这些物质上的困难也就不值一提了。在法国、瑞士、意大利、匈牙利和比利时，人们不谋而合地建立起"小孩共和国"，尽管创立者们互相分享教育理念，但他们的方向既大同小异，也各有特点，这一点从"儿童村"多样化的称谓中也可见一斑：在瑞士有"特罗根国际儿童村"，在法国有位于伊泽尔（Isère）的"老磨坊小孩共和国"，还有位于巴黎近郊法兰西岛大区（Île-de-France）的"小校村"（Hameau-école），位于上萨瓦省（Haute-Savoie）普令基（Pringy）的"西班牙儿童之家"，以及布达佩斯附近的高迪奥波利斯（Gaudiopolis），或称"儿童之城"；还有布鲁塞尔附近的"欢乐之城"（Cité Joyeuse），在意大利则有"儿童村"（Villaggio del fanciullo）、"儿童花园"（Giardino di infanzia）、"小孩共和国"（Repubblica dei ragazzi）和"学校"（Scuola-Città）……

1948 年，联合国教科文组织决定将精英们聚集在特罗根时，的确是为了推广自治的教育模式，其推出的评论刊物《释能》（Élan，英文名为 Impetus）第一期就聚焦特罗根的教育实验。该期封面以红色为背景，上面印着一个头戴毡帽的年幼少年的半身照片，封面上只印着一行标注："他自治。"（*Il se gouverne*）封底告诉我们，这个男孩叫巴尔图米乌（Bartoumiou），10岁，"老磨坊小孩共和国"的"市民同胞们"叫他"夏洛特"，还说他："没有胡须、没有拐杖和鞋子，只戴了一个小沿帽……长得像是查理·卓别林的替身。"正如期刊中的社论所说，是时候告别战争伤亡的"轰动新闻"了，即有关"残骸、破坏、毁灭和废墟，饥饿，需求不足、营养不良和饥荒，疾病、传染病、瘟疫和死亡"的种种，并由此建立起人道主义团结，迎接即将到来的"和平时代，它将为联合国教科文组织的重建计划注入新的动力"。新成立的机构会担起像乐队指挥一样的角色，为教育重建事业巩固社会关系网，寻找和发放资金补贴，介绍有前景的教育实验案例，并寻求组织一次新的改革运动。

本书围绕1948年的特罗根会议，按照时间顺序展开，分3个阶段进行叙述。第一阶段是1948年特罗根会议之前，一些示范性的教育成就将成为后来"国际儿童团体联合会"的支柱，这个组织将使各个国际儿童机构联系在一起。第二阶段是会议期间，重新定义新教育模式的问题引发了激烈的讨论。最后一部分讲的是特罗根会议的影响，直至20世纪50年代中期。"小孩共和国"被遗忘在历史的长河前，就已经步入衰落。

首先，本书回溯了1948年出席或被代为出席特罗根会议的推动者们此前的经历。跟着这些"小孩共和国"的教育家和专家们的脚步，我们来到了欧洲的中心地带，追踪一些由联合国教科文组织整理的教育实践档案。从可以追溯到1939年的位于伊泽尔的"老磨坊小孩共和国"、特罗根的"裴斯泰洛齐儿童村"、奇维塔韦基亚（Civitavecchia）的"少年共和国"、"佛罗伦萨的学校"（la Scuola-Città de Florence）和法兰西岛隆格伊—安内尔（Longueil-Annel）的"小校村"，这 4 个机构都诞生于二战后不久。本书所关注的这些团体是一些比较具有象征意义的代表，不过它们并不能概括这些教育机构的多样性。然而，所有这些机构的最初动力都是人道主义，他们与儿童救济和监护组织，包括国际救助儿童会（Union internationale de secours aux enfants，UISE）、瑞士顿（Don suisse）①、美国救济（American Relief）等相联合，然后再由教育层面着手，帮助"小孩共和国"继续发展。

这些档案还展示了在不同时期参与教育实践的人，他们展现了一些在社会和意识形态上非常多样化的儿童团体。从一开始，我们就像是在玩"妙探寻凶"（Cluedo）游戏一样，将主要参与者的名字、出身和他们之间建立的联系串在一起，引人入胜的关系网就像一部战后间谍小说里的一样。谨慎的英国人佩姬·沃尔科夫（Peggy Volkov）、瑞士贵格会成员伊丽莎白·罗滕（Elisabeth Rotten）、中国教师庄均翔（M. Chuang）、热爱瑜伽的法国心脏病专家泰蕾兹·布罗斯（Thérèse Brosse）、意大利支持者安娜玛利亚·普林

---

① 为区分由此机构发展来的机构"瑞士援助"（Swissaid），这里的"Don Suisse"按音译翻译为"瑞士顿"，指的是"瑞士对战争受害者的援助"（Swiss Don for War Victims，德语为 Schweizer Spende，意大利语为 Dono svizzero），它是一个由瑞士联邦委员会于 1944 年 2 月 25 日发起的组织，旨在帮助受第二次世界大战影响的欧洲人民。从 1944 年到 1948 年发放的救济由公共机构（联邦、州和市政府）和私人机构（公司和个人）资助。1948 年，瑞士顿成为瑞士对欧洲的援助，即现"瑞士援助"。——编者注

奇加利（Annamaria Princigalli）和前波兰学校校长贝纳德·杰维茨基（Bernard Drzewieski）为何要来特罗根？移民到密歇根州的爱尔兰人爱德华·J.腓纳根神父、梵蒂冈顾问帕特里克·卡罗尔—阿宾（Patrick Carroll-Abbing），还有在罗马附近创办了"奇维塔韦基亚少年共和国"的意大利牧师唐安东尼奥·里沃尔塔（Don Antonio Rivolta），他们三人有什么共同之处？精神病学家奥斯卡·福雷尔（Oscar Forel）和罗伯特·普雷奥（Robert Préaut）做了哪些评估？为什么两位匈牙利人日格蒙德·亚当（Zsigmond Adam）医生和加博尔·斯泰赫洛（Gábor Sztehlo）牧师最终退出了这场教育实践？在芝加哥附近建立了温内特卡（Winnetka）学校、还曾到苏联旅行的美国人华虚朋（Carleton W. Washburne），与墨索里尼法西斯主义的支持者、佛罗伦萨教授埃内斯托·科迪尼奥拉（Ernesto Codignola）有何精彩的对话？英国的格温德琳·E. 切斯特斯（Gwendolen E. Chesters）女士是如何认识瑞士的沃尔特·罗伯特·科尔蒂和法国教师亨利和亨丽埃特·朱利安夫妇（Henriet & Henriette Julien）的？

如此多的问题，充分体现了在那个百家争鸣的时代，人与人之间产生了多少意想不到的关联。所有这些个体被激发，被动员到一项伟大的事业中，那就是帮助战争儿童受害者的事业。在这场全球冲突所造成的混乱中，他们有着共同的信念：人们有责任去弥补战争对孩子们造成的伤害，他们在冲突中沦为无辜的受害者，对他们的救助应该超越地缘政治划分，即超越战胜国和战败国的界限。这些实践者来自许多国家，背景也非常不同，有神父、牧师、医生、心理学家、教师、开明的教育家，也有来自国际组织的专家、理想主义者、活动家、慈善家，有时这些人的政治观点甚至是对立的。本书在每一章中把他们带到读者面前，就像演员们登上舞台一样，我们循着他们的脚步，追寻他们鲜为人知的伟大实践历程。

根据联合国教科文组织的档案，以及 1948 年特罗根会议一些与会者的记录，我们得以一遍又一遍地深入了解这场为期 5 天的特别会议。我们翻阅了报告、访问团的会议记录、观察报告，还有电报和其他文件。这些档案内容没有因意识形态、政治势力的干扰而被删减、处理，而是让我们看到了一次完整的国际活动，并绘制出"小孩共和国"的地缘政治地图。在这些实践中，某些国家因经验丰富而表现突出（如意大利、法国），而另一些国家则较为重视这项事业带来的声望和意义，比如瑞士通过创建特罗根的国际"儿童村"及其发挥的相应作用，以弥补其二战期间"假中立"带来的影响。这些档案还向我们展示了那些曾一度受战争阴影笼罩的国家，如德国；那些由于冷战而逐渐退出该事业的国家，如东欧国家；还有一些欧洲国家由于政治和教育理念的选择而没有参与该项目，如荷兰和英国。

会议还就儿童自主权、"男女同校"、"国际理解"以及监督员和教育工作者的培训进行了激烈的辩论。"小孩共和国"的模式在经验交流中被打磨成型。大会没有就"共和国"（république）一词本身达成共识，最终选择了更为中立的"团体"（communauté）一词。另一方面，自治原则得以保留了下来，正如特罗根会议结束时最终一致通过的定义所表明的那样，这些经验可以成为新组织的一部分："在现代教育和指导方法的框架内，以儿童、青少年积极参与团体生活为基础、通过各种方式将家庭生活与集体生活相结合的长期教育或再教育组织。"

在会议结束时，与会者决定成立一个"国际儿童团体联合会"，即 FICE。虽然它没有明确地采用"小孩共和国"的表达，但这个联盟实质上依然是最初的具有国际性质的团体组织"小孩共和国"。正如登上《释能》杂志封面的巴尔图米乌，儿童政府作为一种宣传工具和象征性的标签，不同于孤儿院、教养所和难民营，因为那些机构似乎并不符合成年人对于修复儿童战争创伤的期待，也没能补偿对他们的"道德亏欠"。

最后，我们关注了特罗根会议后各类"小孩共和国"的发展情况，以及它们在随后的各种国际会议后的发展情况，无论是欧洲国家定期轮流举行的国际儿童团体联合会大会，还是国际儿童团体联合会发起的其他活动，如国际儿童营或国际教育家培训营。很快我们就可以看到，分歧和争议削弱了这项事业的进展，这一模式似乎成了一种教育幻想。冷战是重要的原因之一，因为对一些人来说，这种教育理念带有集体主义和共产主义色彩。另一方面，由于联合国教科文组织主要由西方国家主导，国际儿童团体联合会很快就不得不应对来自东欧国家的"空椅"策略[①]，同时还得面对一些国家拒绝参加国际儿童团体联合会组织的国际活动的局面，一个例子是国际儿童团体联合会从 1949 年开始组织的国际儿童营。因此，在"儿童村"内建立一个超国家组织的想法受到来自意识形态和政治紧张局势两方面的阻碍，这导致一些国家想要撤走自己国家的孩子们，希腊和波兰儿童的情况就是如此。此外，在欧洲，从 20 世纪 40 年

---

① 指成员国故意不出席，导致会议无法产生有效决议。——编者注

代中期开始，在"国有化"浪潮的大背景下，新的国家政策如社会保障制度兴起，趋势似乎成了"各家自扫门前雪"，"小孩共和国"在培养民主和国际理解方面的最初目标的实现因此被打了折扣。

国际儿童团体联合会还面临多样化的公众及其不可避免的变化。尽管联合国教科文组织的宣传图片展示的主要是年纪比较小的孩子，但在成员的年龄范围上，创立或加入该运动的不同团体并不是一样的。当国际儿童营做出为数不多的尝试，试图将来自各西方国家的儿童团体，以及来自同一国家不同团体的孩子们聚集在一起时，这些差别显而易见。有的孩子年龄很小，如在老磨坊，有10—14岁的孩子，甚至有被视作"吉祥物"的更小的孩子；但在隆格伊—安内尔的"小校村"里，更多的是年长一些的青少年。但是，无论孩子们来时年龄多大，随着时间的推移，这些战时的孩童都会不可避免地长大成人，会逐渐忘记战后的荒凉、痛苦以及重建的紧迫和乌托邦的美好。

20世纪50年代，由于成员群体的变化，"小孩共和国"必须努力重塑自己的形象，尽管孩子们无法完全摆脱战争对生活的阴影，但他们正试图甩掉这段不愉快的经历。一些意大利新现实主义电影仍然在讲述擦鞋童的生活（《擦鞋童》，*Sciuscià*），或者那些因战争而不得不自生自灭的街头男孩的生活，以及其他青年形象的故事，这些电影主要关注青春期的动荡不安，但它们仿佛处于一种奇怪的健忘甚至否定中，对战争带来的一切置若罔闻。这些电影是：拉斯洛·拜奈代克（László Benedek）执导、马龙·白兰度（Marlon Brando）参演的《飞车党》（*The Wild One*，1953年）；安德烈·卡亚特（André Cayatte）执导、玛丽娜·弗拉迪（Marina

Vlady）和贝尔纳·布里埃（Bernard Blier）参演的《洪水之夜》
（*Avant le déluge*，1954 年）；让·德拉努瓦（Jean Delannoy）执导、
让·迦本（Jean Gabin）出演的《流浪狗没有衣领》（*Chiens perdus
sans collier*，1955 年）；理查德·布鲁克斯（Richard Brooks）执导、
格伦·福特（Glenn Ford）和西德尼·波蒂埃（Sydney Poitier）
出演的《黑板丛林》（*Blackboard Jungle*，1955 年）；尼古拉
斯·雷（Nicholas Ray）执导、詹姆斯·迪恩（James Dean）和娜塔
莉·伍德（Natalie Wood）出演的《无因的反叛》（*Rebel without a
Cause*，1955 年）；以及马塞尔·卡尔内（Marcel Carné）导演的《不
安分的年轻人们》（*Les Tricheurs*，1958 年）。这些"善于社交"
的年轻人被认为是闹腾的小混混，也就是 1959—1964 年著名的"黑
夹克"（blouson noir）。这些流浪在社会上的孩子需要接受教育
以走上正轨。人们仍然认为孩子们是受害者，但不再认为是战争造
成的问题，而更多地认为是社会环境和原生家庭的问题。大家不再
关注"小孩共和国"的概念，而是将目光投向那些有犯罪倾向的青
少年帮派，比如威廉·戈尔丁（William Golding）的畅销书《蝇王》
（*Sa Majesté des Mouches*，1954 年）。这本书以自己的方式打破了卢
梭的教育神话，也让人们对于"摆脱成人存在的儿童式社会能创造
一个更公正世界"的幻想破灭：在同名电影里，孩子们因战事被困
留在一座孤岛上，最终走向互相残杀，回到野蛮状态。

*

在这段不为人知的历史中，让我们感到震惊的是，在"小孩共

和国"生活过的孩子们的声音并没有被听到。在我们所获得的档案中，很难识别出这些孩子留下的痕迹，也很难了解他们在儿童团体中度过的年少时光，这与其他当代机构的存档情况不太相同，例如，大巴黎地区奥尔日河畔萨维尼（Savigny-sur-Orge）的监督教育观察中心所保存的自 1945 年起的儿童档案中就有许多文字记录和绘画作品。在现实中，尽管儿童是"小孩共和国"的中心，但他们的痕迹却是被歪曲的。孩子们自己制作的文件，如报纸、信件和漫画，往往是宣传的焦点，但在某些方面，却象征着在以成年人为主的政治项目上披了一层"儿童"的外衣。孩子们的话语仍然是被深度建构的，通常作为集体、团体的话语呈现，而几乎没有留下属于个体话语的空间。当然，若是仔细翻阅更多平淡无奇的文件，也会发现其中流露出孩子们自己的声音，我们可以借此看到"小孩共和国"的民主项目与孩子们实际经历之间的差距，例如在奇维塔韦基亚的青年大会上，在隆格伊—安内尔的"小校村"，或者国际儿童团体联合会主持的国际儿童营中。

然而，儿童仍然是这段历史的核心。在这一时期，儿童处于战后重建进程的中心，特别是在反对暴力、身心重建和新地缘政治的形成方面。作为美好未来的种子，儿童相关的政治问题改由通过建设福利国家、恢复社会运作来完成。许多专家和专业人士的注意力都集中在战后的儿童身上，这样的努力具有象征意义，甚至在某些方面是"实验性的"，尤其是当这些"战争受难儿童"失去父母，甚至是失去国籍的时候，总之是被俘的时候，更是如此。在这个意义上，战争的结束是一道分水岭，在任何情况下，终战都不是恢复时间连续性的时刻，也不仅仅是一种过渡。这是重新定义、对抗和重新组合的时期，产生了很多新的关于儿童的"专家"知识；这也是卓越的跨国交流时期，各国各组织之间密集的交流，达成信息传递，并积累了新的护理和医疗教育经验。

因此，在战后不久，我们可以看到许多专家围绕儿童和"儿童问题"，展开了专业的讨论：来自精神病学、心理学、法律、教育学、社会援助，甚至是慈善方面。越来越多的专业人员，如精神病学家和心理学家，致力于研究儿童所遭受的心理上的痛苦。但我们也看到儿童领域出现了新型专业人员，如战争受难儿童之家的辅导员（原文的"儿童之家"使用了英文的"home"一词，以代表这些儿童之家更具现代性和家庭精神），他们从 1944 年起在日内瓦接受国际培训，由此，"专业的"教育家职业初步形成。医学和教育学之间的结合从来没有像战后这样紧密过，当时的重建工作需要一些能够在身体和精神上都为儿童提供帮助的专业人员，从而能够建立一个新世界。从 1946 年起，"医疗—教育小队"的国际培训课程在瑞士开设了。关于儿童的研究形成了多学科的体系，例如，围绕神经症和其他因战争事件而产生的精神疾病的研究，以及对于极端情况下儿童组成帮派的心理研究等，这些研究以积极的形式使"小孩共和国"受益。

本书中，我们也试图分析为何两种不同的逻辑——人道主义和教学法——共同构成了儿童团体历史背后的驱动力。同时，这两种逻辑又与慈善、公益和教育之间有着千丝万缕的联系。在战争刚刚结束这一紧急而直接的背景下，这些逻辑是否可以互为解决方案？人道主义组织非常迅速地在各地为战争受难儿童服务，如"瑞士顿"、"为儿童"儿童及青少年保护基金会（Pro Juventute）、红十字会—儿童救济组织（la Croix-Rouge-Secours aux enfants）、国际救助儿童会、瑞士工人互助组织（Œuvre Suisse d'Entraide Ouvrière，OSEO），还有美国救济和贵格会。从长远来看，照顾难民儿童也意味着必须考虑到难民儿童的教育问题，这既是为了帮助他们返回自己的国家，也是考虑到保护他们的个体认同、民族认同等，并培养他们成为新型的小公民。除了因干预的时间不同而产生的差别外，还出现了追求效率、寻求投资回报和商业合作的模式，这与较为理想主义的教育行动之间也存在差别。这些差异有时使那些战争受难儿童再度成为受摆布的对象。

最后，这段历史与二战结束、难民儿童以及战后重建的历史交织在一起，直到今天还对教育领域一些仍然存在的问题产生影响。这段经历让我们思考"国际理解"的教育理念，以及在日新月异的欧洲如何学习成为"公民"。在这样的标准下，人们对和平或国家间的相互理解产生了不同的认知：一些人将其视为一种理念，另一些人则将其视为具体行动。国际"儿童村"，如特罗根的"儿童村"，是这个乌托邦的先锋，我们也要在其中看到，虽然这个儿童团体非常符合普世价值，但是这种战后意识形态和一种有时局限于自身经验的现实之间存在鸿沟。更重要的是，这些团体与其说是作为具有普世价值的教育形式的原型出现，不如说是作为孤立的微观社会出现的。这些社群是在特定的环境和国家背景下产生的，因而在这里，对公民身份的学习是通过模仿或委托责任来完成的。这一切在一个封闭的世界里自相矛盾地运作着。正是在这种模糊不清的状态下，在理想和现实的对抗中，在乌托邦的栖息地，人们做了大量的尝试。

本书旨在尽可能具有叙事性地客观书写这段历史，但也努力让读者在阅读过程中不产生断裂的感觉，因此书中有大量脚注，用于介绍参考文献，在本书结尾处介绍引用文献。除了这本书之外，为了让这些丰富的档案、图像和人物生平得到更大范围的传播，我们在"hypothèses.org"网站上创建了"小孩共和国"的专题网页 [①]，专题下有几个模块如"历史的幕后"（Les coulisses de l'histoire）、"定格"（Arrêts sur image）、"档案的味道"（Le goût de l'archive）、"肖像画廊"（Galerie de portraits）等在持续更新中，本书中每一章的主要引文都来自这些原始档案。

[①] https://repenf.hypotheses.org/。——编者注

目　录

结　语

时间表

附　录

致　谢

第一章

法国教师夫妇人道主义行动的教育启示

1939 年，国际救助儿童会秘书长让娜—玛丽·德莫西耶（Jeanne-Marie de Morsier）被派往法国南部，帮助那些逃离佛朗哥① 独裁镇压的难民儿童。在那里，她发现了由国际救助儿童会的合作组织——法国儿童救济委员会（Comité Français de Secours aux Enfants，CFSE）——建立的庇护所。在这些庇护所里，一群西班牙教师在一对法国教师夫妇和一位前法国国家教育督学的组织协调下开展工作，他们对新式的教育方法抱有共同的信念。在世界大战的大背景下，这些庇护所逐渐接收了来自其他国家和马赛的难民儿童。1941 年，国际救助儿童会同意资助这些庇护所，条件是也要资助为和家人在一起的儿童。在这种情况下，双方在援助观念上发生了冲突：对国际救助儿童会来说，人道主义援助的当务之急是短期救济的分配；而对于法国当地的儿童救济委员会而言，对收留的孩子进行长期的照护、探索"迷你共和国"的教育模式才是重点。

---

① 佛朗哥是西班牙内战期间推翻民主共和国的民族主义军队领袖，自 1939 年开始到 1975 年，他独裁统治西班牙长达 30 多年。在他统治期间，对内实行军国主义的统治，镇压反法西斯革命运动和共产主义运动，对外实行侵略扩张和亲纳粹德国、法西斯意大利的政策。——译者注

主要人物

亨利·朱利安（Henri Julien，1905—1971）：法国人，父亲是共济会会员。他曾是妻子亨丽埃特的学生，两人于1931年结婚。亨利·朱利安之后也陆续成为教师、拉特雷耶（La Treille）小学的校长。他与塞莱斯坦·弗雷内（Célestin Freinet）的教育改革运动关系密切。

让娜—玛丽·德莫西耶（Jeanne-Marie de Morsier，1899—1969）：瑞士人，父亲是上诉法院法官。她曾就读于日内瓦大学社会研究学院，后来成为一名社会工作者。她于1925年进入国际救助儿童会，1939—1941年担任秘书长一职，也是在这一时期，她与英国劳工运动活动家洛西恩·斯莫尔结婚。

亨丽埃特·朱利安（Henriette Pauriol-Julien，1894—1979）：法国人，父亲是殡葬用品商人。她后来成为教师、拉特雷耶小学的校长。

乔治·泰兰（Georges Thélin，1890—1963）：瑞士人，父亲是牧师。他是法学博士，自1929年以来担任国际救助儿童会执行委员会委员，1940年起改任国际救助儿童会秘书长。他也是日内瓦教育科学研究所（Institut des sciences de l'éducation de Genève）理事会主席。

1939 年 3 月，国际救助儿童会秘书长让娜—玛丽·德莫西耶受命前往法国南部。她此行的目的是组织救助西班牙难民儿童，他们许多人因为担心遭佛朗哥派报复而逃离西班牙。

国际救助儿童会是最早专门研究战争受难儿童问题的人道主义组织之一。它于 1919 年底成立于日内瓦，初期的活动重点是解决一战造成的长久遗留问题，它通过与红十字国际委员会（CICR）合作，在第一次世界大战中遭到严重破坏的中欧、北欧国家开展大规模的抗击佝偻病活动。在西班牙内战爆发短短几个月后的 1936 年 10 月，国际救助儿童会意识到欧洲各国正处于战争的威胁下，于是委派了一些积极的活动家作为代表前往各个国家，主要目的是评估物资援助（生活物资、衣物、药品等）的需求，并通过可靠的人员制订行动计划。为此，代表们要分析并摸清和各地的组织或相关机构潜在的合作关系，无论是国际红十字会的各分支机构、西班牙当地的组织和民政部门、军事当局。此外，他们还负责统计由于前线战事而与父母悲惨分离的孩子，担起"中间人"的角色，收集孩子和父母双方翘首以盼的相关信息，并在可能的情况下安排交通，让他们团聚。最后，国际救助儿童会根据形势要求通过协商谈判设立中立区，以确保受轰炸威胁最严重的儿童能够及时撤离。

在近 3 年的时间里，有 7 名代表（5 名女性和 2 名男性）依次或同时出发执行了多次任务，时间持续数周至数年不等。他们奉人道主义为圭臬，以中立原则前往西班牙国民军和共和军占领地区，并且尽可能地设立食堂、衣物和药品发放点。虽然在当地，尤其是在国民军占领地区，民政军事部门给他们造成了许多困难，但是他们成功地完成协商，与当地的机构建立了合作和伙伴关系。他们在后方和前线地区都开展了工作，并随着战斗部队的进退而活动，帮助和家人生活在一起的儿童，也越来越多地帮助那些在紧急情况下从战区撤离的孩子们，他们撤离后被集中安置在各种接待中心、寄宿学校和庇护所。在共和军控制地区，他们尤其重视和支持由西班牙教育部设立，由克服了有限的卫生条件、秉承着先锋的教学精神的老师们管理的"儿童营地"（colonias infantiles）。

从 1939 年 4 月 1 日（即西班牙内战结束，佛朗哥政府发布公报之日）起，和其他人道主义组织代表一样，国际救助儿童会的代表们也陆续离开西班牙。1939 年 6 月 11 日，乔治娜·玛格丽特·彼得（Georgina Margaret Petter）提交了最后一份报告。她自 1937 年 11 月以来担任国际救助儿童会代表，丈夫是英国驻马德里领事馆的一名工作人员。这份报告让我们更加认识到，当时国外人道主义援助的戛然而止是一件多么残酷的事情。这些人道主义组织迅速撤离并不是因为战事的停止——停火前夕的人员伤亡和物资缺乏情况已经很严重。令彼得感到惋惜的是，他们无法在西班牙开展任何有效的行动，因为由佛朗哥派成立的"社会帮扶部门"（Auxilio Social）在对平民的援助上实行垄断政策。她在报告中写道：

恐怕在强大的权力控制下，西班牙会在一段时间内屈服：

这些势力已开始全面控制西班牙。令人遗憾的是，当局没有接受外界的帮助来进一步发展目前急需的公共卫生系统。这需要做大量的工作。

她还特别指出，西班牙缺乏在公共卫生方面受过系统培训的专业人员。但是这份报告从此石沉大海。国际救助儿童会档案馆在1939年夏季之后仅保留了两份与西班牙组织的通信文件，所有直接的救助行动均被中断了。

共同的人道主义事业：紧急接收西班牙难民儿童

然而，1939年3月，国际救助儿童会秘书长让娜—玛丽·德莫西耶前往法国南部，这表明，国际救助儿童会撤出西班牙领土，并不意味着该组织停止了面向西班牙平民的援助——他们希望继续帮助那里的难民，尤其是儿童。德莫西耶首先考察了安置共和军占领地区难民的各个营地，同时她还考察了一个和国际救助儿童会有着密切合作的机构——1919年成立于巴黎的法国儿童救济委员会——在该地区的行动情况。

面对涌入边境地区的西班牙难民，这个成立于巴黎的委员会决定在普罗旺斯地区成立分支机构，并由前督学玛格丽特·安格斯（Marguerite Angles）率领该机构开展工作。她长期从事所谓的"校外活动"，如建立更衣室、食堂，为孤儿提供援助等。1938年夏天，在罗讷河口省学区督学的支持下，安格斯成功在马赛周围建立了由

Corbières
Ste-Tulle (B^{sses}-Alpes)

1.1 日内瓦州立档案馆，国际救助儿童会档案馆，92.18.21 号文件：位于科比耶尔（Corbières）和加尔达讷（Gardanne）的西班牙儿童营地。该机构由法国儿童救济委员会普罗旺斯分会于 1939 年建立，并由朱利安夫妇协调管理。图为科比耶尔的儿童营地。

1.2 加尔达讷的儿童营地。

霍雷尔，13 岁

1.3 日内瓦州立档案馆，国际救助儿童会档案馆，92.18.21 号文件：1939 年，国际救助儿童会收到的营地中西班牙儿童的照片，寄来照片的目的是请求资助。这些孩子们来自"共和军"占领地区。

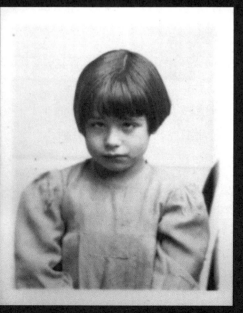

莉贝塔

吉米纳，3 岁

校长和教师组成的援助网络，并在他们的捐助下开办了一所学校，专门接收越来越多抵达马赛的西班牙难民儿童。她还利用筹集到的资金，在普罗旺斯腹地逐步建立了5个永久定居点或常设接待中心：它们有的设立在机构借用的漂亮私人住宅中，大多数则设立在临时房屋，如青年旅舍或不通水电的旧农舍中。每一座安置点都由一到两位西班牙教师在法国当地教师或青年师范生的协助下管理。

随后来到马赛协调难民收容工作的是一对夫妇：亨丽埃特·朱利安和亨利·朱利安。他们是马赛附近的拉特雷耶（La Treille）小学的校长。他们紧密跟随塞莱斯坦·弗雷内（Célestin Freinet）的教育改革运动，在学校采用新教育方法，尤其是在学校使用印刷机。另一方面，与弗雷内不同，他们对共产主义党派的态度仍然非常谨慎，甚至相对疏远，不过在他们的职业档案中仍有很多暗示他们"极左思想"的内容。法国内政部部长甚至在1930年12月18日给罗讷河口省省长的照会中指控朱利安夫人属于全国教育联合会中的少数派，"煽动年轻教师和师范生发动革命骚乱"。

另一方面，朱利安夫妇明显更倾向于西班牙共和军的和平主义思想，因此他们选择了按天主教理念工作的法国儿童救济委员会，而不是参加西班牙总工会组织的儿童收容委员会（Comité d'accueil aux enfants）。由此看来，他们是属于工联主义革命浪潮的教师，因此是总工会中分裂出的少数派；他们更接近无政府主义者，而不是共产主义者。

让娜—玛丽·德莫西耶在1939年3月首次访问了法国儿童救济委员会设立的5个安置点中的3个。那时候，由于没有提前通知两人，德莫西耶并没有遇到当时在出差的玛格丽特·安格斯和朱利安夫妇。德莫西耶戏谑地讲述了自己"在偏僻的小村庄里，开着一辆瑞士牌照的轿车引起轰动"的经历，虽然那些安置点还较为简陋，但是令她印象深刻的是，这些安置点已经接纳了相当数量的儿童：安置点的目标是接收 150 名孩子，而当时这个数字已经达到了116。还有一件使她尤为震惊的事情是周边居民对安置工作的支持，尤其是农民：为了修缮经常损坏的房屋和尚不完善的卫生设施，就算满身脏污他们也没有半分犹疑。因此，她决定以国际救助儿童会的名义捐款 1500 法郎来购买被褥，她还指出，法国儿童救济委员会已经收到许多现金和实物捐赠，安置点也备有足够的衣物。

在这种甚至带有一定象征性的最初支持下，普罗旺斯方面于1939 年 4 月向日内瓦寄送了第一期以法语出版的评论杂志《孩童》（Enfants），旨在作为帮助筹集资金的宣传手段。他们还给国际救助儿童会送了 5 本用红丝带扎起来的小相册。每本相册里都有一张安置点的大合影，照片上老师们与他们所照料的孩子们一起摆着姿势。接着还有一系列西班牙孩子的个人照片，其中某些孩子的名字清楚地表明了他们的家庭出身、政治背景，他们有的姓弗洛雷亚尔（Floreal）、热米纳尔（Germinal）、利韦塔（Libertad）、伏尔加（Volga），等等。[①] 寄送的所有这些东西表明了他们愿意遵守国际救助儿童会分配救济物资原则。

事实上，国际救助儿童会自成立以来就采用通过"照片卡"进

---

① Floréal 是法兰西共和历的第八月——花月，Germinal 是法兰西共和历的第七月——芽月，历史上曾发生花月政变、芽月起义。Libertad 意为"自由"。第二次世界大战期间，纳粹德国入侵苏联，深入至伏尔加河畔而最终败退（斯大林格勒战役），是二战的重要转折点之一。斯大林格勒原名伏尔加格勒。——编者注

行赞助的形式。这就像是养父母与孩子们之间的私人信件往来一般。"养父母"象征性地收养孩子后，会获得孩子的照片。他们会给孩子寄一些信件、包裹和钱，孩子们也会定期写信讲述自己最近的经历。然而，这种赞助形式更多的是面向那些留在自己家庭中的贫困儿童，而不是被安置在集体住所的孩子们。正如国际救助儿童会一再表示的那样，它更愿意向家庭提供津贴，"以便鼓励父母们——即使处于困境，也仍然可以承担起养育孩子的责任"。

尽管有财务上的困难，但为儿童提供农业职业的第六个营地仍于 1939 年 7 月建立起来，它位于穆里耶斯（Mouriès）一片有着果园和葡萄园的土地上。《孩童》杂志第二期写道，如果内战结束，遣返程序开始，也仍然会有 130 多名西班牙儿童留在法国儿童救济委员会：

> 极少数孩子的家庭希望搬到墨西哥，但日期未定。其他孩子的家人则要求他们回到西班牙。但在目前的情况下，我们必须提供所有可能的保证，需要保证申请人身份的合法化，这需要法国领事馆、外交部部长、内政部部长，以及相关大区政府的配合。由于各种必要程序，这些孩子要在数周甚至数月后才能离开。在此期间，他们仍在我们的管理下。

10 月 29 日，亨丽埃特·朱利安写信给让娜—玛丽·德莫西耶，向她描述了他们最先进的教育体系："一款新的学校印刷品——月刊《自然》（Natura），它用西班牙语和法语编写。"她还提到了那里已经实施的儿童自治制度，并希望借此获得欧洲各国更具体的承诺，以解决遇到的困难。其管理委员会的几名成员来自日内瓦的教育科学研究所，该研究所的前身为让—雅克·卢梭研究所（Institut Jean-Jacques Rousseau），是新教育的发源地之一。

第一次误解：人道主义的效率与教育的启示

到了年底，当地为西班牙难民进行的动员被一场新的更大规模的战争威胁所淹没，随着所有在朱利安夫妇协调下借调到安置点的法国教师逐渐撤离，解散的最初迹象出现了。此时，寻求国外的支持至关重要。但让娜—玛丽·德莫西耶在 11 月 9 日给出的答复令人沮丧："为西班牙儿童提供的资金全部已经支出或承诺支出。"好在两周后，她寄出了 5350 法郎来缓和这种令人难以接受的局面，这笔款项"是为在此期间分散的伊泽尔的西班牙儿童而准备的"，此外，她还提议捐赠一台缝纫机。

通过德莫西耶，普罗旺斯的这些机构受到了美国公谊服务委员会（American Friends Service Committee，AFSC）[1]，也就是美国贵格会负责人道主义事业分部的支持。这些机构也收到了另一个美国

---

① 美国公谊服务委员会（American Friends Service Committee，AFSC），美国和加拿大新教公谊组织。1917 年成立。总部设在美国费城。第一次世界大战期间，该委员会辅导一些由于信仰而拒绝服兵役者参加社会救济与救护工作。第二次世界大战期间，其辅导范围进一步扩大，包括护理病人或其他人道主义事业。1947 年与英国公谊协进会共获诺贝尔和平奖。详见中国大百科全书出版社上海分社编：《简明基督教百科全书》，中国大百科全书出版社 1982 年版，第 259 页。——编者注

组织——西班牙裔联合会（Confederated Spanish Societies，CSS）的消息，该组织希望为法国收留西班牙儿童避难的营地提供资助。

朱利安夫妇经营的这份事业正在获得新的生机。11 月，《孩童》杂志第四期报道说，由于缺乏资金，几家机构关闭，儿童接收量也减少到"有史以来最严重的程度"。到了 12 月 1 日，情况便出现了重大转折。实地考察后，美国公谊服务委员会的代表决定接手所有营地。朱利安夫妇在 1940 年写的简报中指出："贵格会的帮助非常有建设意义。他们安装了加热设备，储备了煤炭，寄来了毯子、织物、食品和服装等。"此外，1940 年初，在马赛郊区又开设了两座新营地，新的安置点依然主要是用于救助西班牙难民。朱利安夫妇自己也作出了具有象征性的决定，收养了一个来自托莱多（Tolède）的小孤儿，昵称为塔托（Tato）。

然而，对西班牙儿童的救助不再是最优先的事项了。1940 年 5 月，法国战役爆发，随之而来的是法国的崩溃，这一切扰乱了人道主义事业开展的秩序，并一直持续到 6 月 22 日停战协定签署。马赛港在 6 月 1 日和 6 月 21—22 日夜间遭到德国和意大利空军的两次轰炸，在此期间，大批难民从法国北部涌入马塞地区。夏天，朱利安夫妇在他们位于拉特雷耶的学校设立了一个大宿舍，并在马赛郊区的拉波梅城堡（Château de la Pomme）为逃难的孩子们组织了临时收容场所，这里曾是孤儿院，在两次世界大战期间成为女童庇护所。

他们首先得到了瑞士救助战争受难儿童联盟（Cartel suisse de secours aux enfants victimes de la guerre）的援助。该联盟成立于 1940 年 1 月 14 日，隶属于国际救助儿童会，秘书长是鲁道夫·奥尔贾蒂（Rodolfo Olgiati），他也曾参与西班牙的人道主义援助工作，有几年的时间他的工作重心都是援助法国。他建议在瑞士为受伤的法国儿童提供相应的医疗保障，但鉴于联邦委员会对接收难民的限制，这类援助成果非常有限。后来，鲁道夫·奥尔贾蒂决定向法国机构提供物质或经济援助。因此，在 1940 年和 1941 年的 8 月，他都向法国儿童救济委员会普罗旺斯分会提供了资金，与美国贵格会共同资助了一个夏令营，改造了几处设施。夏令营的地点在阿讷西湖（Lac d'Annecy）附近塔卢瓦尔（Talloire）的一座城堡中。自 20 世纪 30 年代以来，那里一直是年轻人集会的地方。1940 年 8 月，有 84 名儿童被送往那里。

　　1940 年 7 月末，朱利安夫妇见到了德莫西耶女士。这次会面不仅让他们得到了更多的支持，而且开始了与国际救助儿童会为期数年的密切合作。在这次访问中，德莫西耶与国际救助儿童会的另一位成员、日内瓦心理学家西奥多·弗卢努瓦（Théodore Flournoy）的女儿阿里亚娜（Ariane Flournoy）一同乘车前往维希（Vichy）和克莱蒙—费朗（Clermont-Ferrand）。虽然一路上没有受到大的阻碍，但是人们成群结队逃难的景象还是让德莫西耶感到震惊：

　　　　在从阿讷西到维希的路上，我们看到路旁遗弃了一些车辆，有德国、法国的小型坦克各 1 辆，6 辆轿车和公共汽车。这些车上的车轮、前灯等能装在其他车上用的东西全都已经被拆走了。我们还见到了很多载着乘客和行李的私家车，车顶上面大都放着两三张床垫，有的还放着自行车和婴儿车。

1.4 联合国教科文组织档案馆，36 A 653（44）107 号文件：漫画讲述了孤儿塔托和弗弗（Fofo）的生活。他们分别来自西班牙和马赛，被朱利安夫妇收养。漫画节选自漫画书《友谊的故事》（*Histoire d'une amitié. La république*

德莫西耶引用了贝当政府内政部部长对当时难民人数的描述："未被占领区有 400 万法国人，还有 65 万比利时人及数万荷兰人和卢森堡人。"她在继续独自坐火车前往马赛的路上也注意到了难民数量之多：

> 很少能见到火车……火车都很长、很拥挤，每一站上下车都像打仗一样，尤其是走廊里塞满了大小包裹，因为几乎所有的难民都随身带着笨重的行李，他们的行李往往体积很大……人们东南西北四处迁移，各地的旅馆都人满为患，即便是像马赛这样通常不接收难民的地方也是如此。因为许多人宁愿去那些不接待他们的地方，也不愿留在避难所。

相比之下，朱利安夫妇组织的位于马赛郊外的营地里的景象则让她感到很欣慰。虽然住所很紧张，但是她仍然可以在那里过夜。在和朱利安夫妇、玛格丽特·安格斯讨论之后，德莫西耶提议再捐出 5000 法郎给要开学的孩子们买鞋子和罩衫，并主动提议通过照片卡的方式来对单个孩子进行更长期的资助。虽然这项捐助之前的对象一直是有家庭的孩子们，但是这次她例外地把其中一半的名额给了住在营地里的孤儿。

德莫西耶的新资助来得非常及时，因为正是在 1940 年末至 1941 年初，朱利安夫妇与美国公谊服务委员会的关系逐渐恶化并最终破裂。朱利安夫妇与美国公谊服务委员会在 3 个方面的问题上存在分歧：接纳的对象、优先次序和房屋分配。美国公谊服务委员会希望继续为西班牙难民儿童提供援助，这是他们最初的任务。但是随着时间的推移，其他国家因战争而流离失所的儿童越来越多：由于纳粹的镇压，他们不得不逃离原籍国；从 1940 年 5 月起，法国的孩子们也加入了这场逃难潮。美国公谊服务委员会并不排斥接纳更多的成年人，并将他们纳入自己的营地管理团队。但是，美国公谊服务委员会只是把一切当作为了恢复正常而开展的临时性行动，主要在人道主义和卫生救助领域开展，他们没有考虑到太多的教育问题，仅局限于送一些低龄孩子去学校学习而已。美国公谊服务委员会还任命了一些借调来的美国籍医疗人员来管理营地。此外，他们的会计对库存的管理也非常严格，几乎没有灵活度。

　　然而，朱利安夫妇的想法正相反。这些儿童团体的建立，给他们带来了教育上的启发：它们最初是在西班牙内战的特殊背景下为了团结互助而建立的，后来随着全球冲突加剧，机构又有了更深入的发展。更重要的是，通过最初的教育实践，他们发现自己在早期的教育经验中所践行的新教育方法与西班牙教师在儿童营地中的实践不谋而合。因此，由他们创办的营地不仅成为一个不同寻常的教育实验场，而且很快得以扩展、帮助到拉特雷耶的学生们，尽管这些孩子所生活的家庭和团体情况对学校的运营产生了一些阻碍。事实上，在 1940—1941 年，物资短缺的情况日渐严重，朱利安夫妇认为马赛的孩子们已经成为战争的主要受害者，而且他们认为一些孩子的家庭已经无法再给子女提供足够的教育，用朱利安夫妇的话讲，这些孩子的家庭在教育方面"严重不足"，已经没有能力养育好孩子们，因而他们希望营地尽快接收这些孩子。他们并不认为与亲人分离是对孩子的伤害；相反，他们将此视为在新型儿童之家中进行深入教育活动的"恩惠"。

在朱利安夫妇的营地，集体生活的首要原则是"自治"，强调儿童的积极参与，因此只需要少数成年管理者在场观察儿童的参与情况即可。由于孩子们和教职工来自不同的国家，这也就形成了一个国际化的社群，有着开放的国际主义精神。这一点不仅为儿童的教育，而且为整个法国社会，乃至战后全世界开辟了教育复兴的道路。

当然，在随后的几年中，朱利安夫妇经常遭遇意想不到的紧急情况而不知所措。他们竭尽全力寻求新的解决方案，以接收越来越多的孩子来到他们的营地，有时候甚至不顾自己的身体健康。他们对献身于自己的教育目标没有丝毫犹豫。

1940 年 12 月至 1941 年 3 月，在朱利安夫妇与美国公谊服务委员会就一些细节发生了几次冲突之后，二者的关系于 4 月完全破裂。朱利安夫妇迫于协议规定，最终撤出了马赛郊区的营地。穆里耶斯和普罗旺斯地区圣雷米（Saint-Rémy）的营地则归朱利安夫妇自行管理。

国际救助儿童会儿童之家：人道主义和教育之间的妥协

这场比赛的接力棒此后来到了国际救助儿童会手中，来自普罗旺斯的新信笺证明了这一点，该信笺上写了联盟的首字母缩略词，即著名的"bambino"，标志的中央是一个小孩，拉丁语口号"护佑孩童"（*Salvate parvulos*）环绕着他。[1] 让娜—玛丽·德莫西

---

①   "Bambino"在意大利语中意为"小男孩""幼童"。——译者注

耶在 1939 年 9 月与英国劳工运动活动家洛西恩·斯莫尔（Lothian Small）结婚后，在一段时间内退出了活动舞台，因此朱利安夫妇直接与自 1929 年以来担任国际救助儿童会执行委员会委员的乔治·泰兰（Georges Thélin）通过书信联系。1940 年，泰兰成为秘书长。朱利安夫妇在和泰兰的沟通中受益匪浅，因为泰兰与日内瓦的教育科学研究所关系密切，对新教育的潮流持更加开放的态度。

1941 年 5 月中旬，泰兰首先派出一名记者兼摄影师到现场拍摄营地的生活照片，用于支持法国儿童救济委员会营地的筹款活动。在 5 月 28 日随照片一起发送的报告中，朱利安夫妇仍然坚持圣雷米所使用的塞莱斯坦·弗雷内的教育方法：

> 饮食偏素食，不分性别，有牛奶、烤大麦咖啡、蔬菜、少量肉，还有很多水果、鸡蛋和鱼。教育旨在发展孩子们的个性和社会意识。提倡团队中的个人发挥主动性和团队合作精神。每个年龄较大的孩子都被分配照顾一个年龄较小的孩子：后者通常还是一个会笑、会哭的小娃娃，大孩子需要让他们穿着整洁，发展他们的智力，爱他们。整个儿童营地的氛围像家庭一样，充满温情而亲密。

因此，朱利安夫妇不仅获得了开发和修复圣雷米儿童之家的大量补贴，而且还成功说服国际救助儿童会资助几乎所有新营地，比如最多可容纳 80 个孩子寄宿的圣罗芒城堡（Château de Saint-Romans）。在 1941 年 6 月 8 日寄给泰兰的一封信中，他们希望这座房子成为"法国第一所国际救助儿童会营地"，理由是一贯的——他们选择优先支持儿童团体这种集体形式的救助，而不是对具体家庭的帮助：

> 儿童的处境越来越不稳定、越来越危险：孩子们在身体和精神上都面临危机。营养不良、失业、与家人离散、焦虑、多次经历战争、外敌入侵、家园被占领，经历这些痛苦的父母往往阴郁而暴躁，难以用理智和温和的态度抚育孩子。被遗弃的儿童比以往任何时候都多。然而，未来就在孩子们身上……当然，我们不会忽视对家庭进行资助所能带来的好处，我们非常感谢您的好意。但是正是因为这些家庭极度困苦、迫切需要金钱，每月的汇款几乎都不可避免地用于家庭的日常开销，而不是用在孩子身上。

次年 5 月，乔治·泰兰亲自访问了普罗旺斯的各个营地，这为讨论教育方法提供了可能性，因此营地与国际救助儿童会的联系得以加强。泰兰提议加强与教育科学研究所的教师的联系，其中一些人可能会在新式学校的基础上组织圣罗芒营地。在泰兰离开后，朱利安夫妇给他写了一封热情洋溢的信，希望"普罗旺斯的两座营地能成为真正的国际救助儿童会营地"。

同年 10 月底，亨丽埃特·朱利安访问了日内瓦的国际救助儿童会总部。她住在乔治·泰兰家，并在返回法国后写信给他："能认识（泰兰的）家人对（她）来说就像一个令人快乐的道德激励：这体现了新教文明的教义，是人一生中最有价值的几个阶段之一。"但是很快，讨论的基调在时局的压力下发生了变化。此时不再是就新教育进行哲学思考或辩论的时候了，一切都再次被紧急情况所支配。1942 年 10 月 13 日，在向国际救助儿童会成员发表演讲时，亨丽埃特发出了恳切的呼吁，引用路易·阿拉贡（Louis Aragon）的散文向听众大声疾呼：

> "我的祖国是饥饿、痛苦和爱"，一位诗人曾这样写道。我来到联盟求救，我也只求救于联盟，因为你们是法国儿童救济委员会的核心，是这个委员会的"母亲"，在极端困难时期去找妈妈，是很自然的事情。而且，寒冬快来了，法国遭受的痛苦将会达到顶峰。

除了照顾"生活非常贫困"的马赛儿童外，她还提到了法国北部和加来海峡地区的难民儿童庇护所，以及越来越多的"以色列儿童"[1]，这些孩子们在 8 月 26 日于南部地区遭到有组织的大规模围捕，然后被紧急转移到这些庇护所。事实上，维希政府[2] 已同意将非占领区的 1 万名犹太儿童移交给德国。在随后的通信中，这些孩子被谨慎地称为"W 类"儿童。通过演讲，亨丽埃特·朱利安再次试图说服国际救助儿童会的成员改变他们只资助和家庭住在一起的儿童的传统做法。在演讲中，亨丽埃特论证了资助家庭的困境，甚至提出如果父母因遭到迫害而暂时或永久失踪的情况，试图以此说明对儿童进行集体照料具有不可否认的优越性。因此，她希望国

---

① 指犹太小孩。——编者注

② 法国维希政府是二战期间德国攻入法国并迫使法国投降后，扶持法国政府要员组建的政府，存在于 1940 年 7 月到 1945 年。——译者注

际救助儿童会"不要那么刻板"，并希望他们资助儿童，使其能够在更长时间内（6个月或1年）住在专门的庇护场所，以此取代对家庭的资助，而居住在庇护场所内儿童的情况会以报告和照片的形式反馈给国际救助儿童会。

事实上，几个月以来，朱利安夫妇发现自己几乎无法有效地管理符合自己教育理念的营地的同时，还需完成资助家庭的项目所需的繁琐的实地调查任务。调查的目的是确保选定的儿童确实有需要，并且保证他们是援助的主要受益者。除了这些困难之外，他们在拉特雷耶的学校自11月以来已被德国人部分征用，他们只剩下占地35平方米的区域来向其他所有学生开展教学。

尽管亨丽埃特·朱利安对这一事业充满热情，但她也必须努力取得与让娜—玛丽·德莫西耶类似的成果。对国际救助儿童会的领导人来说，放弃原来资助家庭的项目几乎是不可能的，因为这在某种程度上是他们的标志；另一方面，在战争的特殊背景下，他们有时候也默许有一些孩子被送到营地。

朱利安夫妇一直对乔治·泰兰的意见保持友好的态度，他承诺不惜一切代价支持他们创建的两个营地，特别是通过获得联盟瑞典分支"救助儿童会"（Rädda Barnen）的长期重要支持。他们继续就教育项目本身充满热情地交流。乔治·泰兰还介绍他们与教育科学研究所的心理学家玛格丽特·卢斯利—乌斯泰里（Marguerite Loosli-Usteri）取得联系，后者正在进行关于"困难儿童"的研究，她也为朱利安夫妇提供了关于营地儿童的一些建议。朱利安夫妇随后在11月10日的一封信中确认道："所有这些心理和教育方面的探索都让我们不断燃起热情。"朱利安夫妇也将圣雷米负责人的丈夫普伊格先生（M. Puig）发起的项目告知了泰兰："我们要为少年儿童创办一本国际杂志，该杂志旨在培养年轻一代的道德和博爱精神，促进他们的相互理解。"他们希望国际救助儿童会能够支持这个项目，在其中发挥重要作用。

次年，即 1943 年，他们在 11 月 5 日的信中表示，当时他们刚刚在圣雷米的一家旧旅馆里开了另一所儿童之家，朱利安夫妇也终于招到了儿童之家的管理人员，不需要再让拉特雷耶学校的工作人员身兼数职，也就有时间做更大的规划了。他们希望该项目成为"欧洲所有国家的国际救助儿童会营地中第一个超越宗教和政治倾向的真正国际化典范，一个拥有不同面孔，但是拥有宽容、正义、勤奋、友爱的共同理想的大家庭"。儿童之家的孩子们来自不同国家：在圣雷米营地，有 22 名来自法国巴黎、阿尔萨斯—洛林和马赛地区的儿童，1 名北非儿童，4 名波兰儿童，1 名德国儿童，6 名西班牙儿童，3 名奥地利儿童，3 名比利时儿童，1 名苏联儿童；在圣罗芒营地，有 15 名法国儿童，3 名波兰儿童，2 名奥地利儿童。

尽管如此，乔治·泰兰继续严格遵守国际救助儿童会执行委员会制定的指导方针，并断然拒绝朱利安夫妇将统一住宿的儿童援助项目正式纳入救济系统的所有尝试。有几次，他对朱利安夫妇把家庭资助服务资金和儿童之家管理资金混淆的操作感到恼火，并要求他们在委派的外部秘书的协助下分开管理资金。朱利安夫妇的项目还陷入更大的人道主义管理矛盾中，因为泰兰提醒他们，就算国际救助儿童会向他们的营地提供财政支持，也不代表这项事业会成为国际救助儿童会的主要使命，因此，朱利安夫妇的儿童之家也不可能成为"国际救助儿童会的儿童之家"。

　　但没有什么能阻止朱利安夫妇，只是有时他们还是没能赢过极度的劳累。我们能在 1943—1945 年的各种活动中找到他们的身影。德军 1943 年 1 月抵达马赛后，对马赛旧港（Vieux-Port）北部地区发动了一次突袭和轰炸。朱利安夫妇参与疏散埃斯塔克—阿伦克（Estaque-Arenc）地区 1.5 万名儿童的大规模行动。他们在莱博德普罗旺斯（Les Baux-de-Provence）的旧酒店组织了一个大型住宿、监护和救援中心，最多可容纳 100 人。尽管难民和国家救济部承诺了捐款，但他们仍处在亏损状态，因此在竭尽全力寻找物资的同时，也在寻求新的赞助方。9 月，亨丽埃特因为心脏病发作晕厥，夫妇二人被迫到伊泽尔休息两个月。

　　同年 12 月，在新任督学的支持下，他们启动新的计划，在马布朗代萨尔皮耶（Mas-Blanc-des-Alpilles）找到了一处位于公园中央的两层大型长方体建筑，距离圣雷米 5000 米，有大约 40 个孩子被安置在那里。1944 年 4 月，这最后一座儿童之家也被德国人征用了。朱利安夫妇从督学那里得知了逮捕令一事，担心儿童之家的一些成员会遭到围捕，包括一些犹太儿童、已被限制活动人员以及政治难民。于是，他们和教师路易斯·内尔（Louis Nel），以及来自不同营地的 105 名营地住民一起乘坐两辆卡车逃往伊泽尔省圣热尔韦（Saint-Gervais）市附近的罗翁（Rovon），并尽量带上了所需物资。

　　一行人很快搬进了共和党市长为他们征用的一处大房子，朱利安夫妇打算将其改建成一个新营地。1944 年 7 月 20 日至 8 月 6 日，在盖世太保控制罗翁期间，他们设法躲藏起来。1944 年 10 月，一份由玛格丽特·安格尔斯撰写的关于该营地的报告被发送至国际救助儿童会，报告传递的消息令人安心，大部分孩子在战争中幸存下来，同时该报告还指出"朱利安夫妇仍然有可能扩建该项目"。朱利安夫妇确实向泰兰表示了他们在圣雷米改造米斯特拉尔—贝尔纳城堡（Château de Mistral-Bernard）的计划，应夫妇二人的要求，这片位于罗讷河口的美丽地方被征用，那里还有一片占地3公顷的公园。他们打算在那里建造"新式儿童之家校舍"。

1944年11月9日，亨利·朱利安、玛格丽特·安格尔斯以及一群来自营地的孩子们一起，在学校与教学中心的管理人员举行了一次会议，主题为"儿童之家的准则"，旨在推动战后儿童的接收和身心重建的程序化：

> 　　教学中心的建立不仅符合为大战受难儿童提供良好生活条件的直接愿望，而且符合解决教育问题的深刻目标。从历史上看，我们的社会的确发生了根本性的变化，并且已经有必要培养为新社会而生、有能力建设新社会的青年……此前的惯常做法是让孩子们分时段地在学校、家庭、少年教育之家、冬/夏令营活动，这几类环境有的相互冲突、甚至对立。但是在儿童之家里，孩子们能实现这种生活方式和生活氛围的统一，从而实现真正的秩序……我们会将孩子们从通常不同、有时非常不适合学习的环境中带离，将他们置于一个非常适合学习、符合教育本质的氛围中，并将尝试消除所有的外部影响。

当人道主义工作者放弃教育理想

越接近战争结束，朱利安夫妇和国际救助儿童会之间的分歧就越大。1945 年 4 月，乔治·泰兰通知他们，在继续支持"救助儿童会"瑞典分支机构的同时，联盟决定拨款 30 万法国法郎用于圣雷米营地的运营和维护。但这是该组织提供的最后一项援助，因为该组织的职责范围不允许提供更多资助了，"这将违反联盟的管理原则，也超出其财务能力"，泰兰补充道。朱利安夫妇仍然千方百计地寻求泰兰的帮助，但他们的一些观点触及了泰兰的敏感点，例如他们提到了在米斯特拉尔城堡建立新式学校的做法，泰兰在 9 月 25 日的回信中更加言辞激烈地回应道：

> 我们都是成年人了，我还请您努力了解我们在秘书处的工作职责；无论圣雷米营地多么有趣、多么重要，在我们这种着眼于全世界的人看来，它也并非孤例。我知道你也这么觉得。我们忙于工作，忙着和几乎世界上所有国家打交道，精力严重不足。这就是为什么有时候我们不得不放弃一些东西，就我而言，我们只能把精力留给真正必要的任务，因为在这方面我们经常犯错误。

朱利安夫妇没有轻易放弃。12 月 31 日，他们寄去了孩子们制作的礼物，并向泰兰致以祝福，同时再次要求他提供资助。乔治·泰兰没有给出任何回应，但他的助手以补足剩余款项的名义寄来了 1 万瑞士法郎。1946 年 10 月，亨丽埃特·朱利安再次向泰兰发送了一份关于战争结束以来普罗旺斯地区活动的长篇报告。她指出，救援行动仍然必不可少：

> "胜利"并没有给我们的孩子带来更多的能量，哪怕只有1卡路里，他们年幼的身体在6年里一直是"溃败"的状态，我们如果不付出很大的努力，他们就会永远这样受苦。

该报告也显示出朱利安夫妇的营地网络正在逐步瓦解。圣雷米的米斯特拉尔城堡营地面临关闭的危险，因为城堡的所有者希望把城堡收回给自己的儿子。原本已经成为儿童之家的圣罗芒营地，由于租金过于高昂而退还给学院督学。只剩下在海拔1200米的拉瓦尔当（Lavaldens）附近的老磨坊营地了，老磨坊营地的房子已经被朱利安夫妇买下，后来由儿童建筑师们一点一点修缮完好。这是朱利安夫妇最后的堡垒，基于此，焕然一新的"新教育中心"成立了，亨丽埃特据此撰写了一份报告，并指出在持续教学之余，他们还会在此举办为期1个月的夏季"小自由共和国"实验，她希望这次的经验能够成为雄心勃勃的新学校项目的开始，同时他们希望这样的尝试可以推广到离马赛更近的地方。

　　在近一年的沉默后，乔治·泰兰终于在1946年11月18日做出了答复。在这封充满悔恨的长信中，他恳求朱利安一家忘记他的不当言论，虽然他对朱利安夫妇的项目充满兴趣，也很同情他们，但由于救济资金这时已经由国际救助儿童会的各个国家组织直接管理，他确实无法再资助他们了。他承诺，如果朱利安夫妇能够尽快向他发送详细的预算，他将帮助他们寻找财务合作伙伴。

1.5 比萨高等师范学院档案中心（Centro archivistico della Scuola normale superiore de Pise），埃内斯托·科迪尼奥拉基金会（Fonds Ernesto Codignola）收藏：1950 年左右由孩子们制作和印刷的"老磨坊小孩共和国"宣传单。

1.6 让—雅克·卢梭研究所的档案，费里埃基金会（Fonds Ferrière）：1950 年左右由孩子们制作和印刷的关于"老磨坊小孩共和国"的传单。

CES 50 ENFANTS

en 3 ans ont
CRÉÉ...

La RÉPUBLIQUE d'ENFANTS

de MOULIN-VIEUX
par Lavaldens
ISÈRE   FRANCE

朱利安夫妇于次年 12 月给泰兰寄去了一个由孩子们绘制插图的圣诞节故事作为答复：

> 在村庄的尽头有座房子……四周高山环绕：左边，山毛榉树组成了陡峭的塔耶费山的"琴弦"；右边则是冷杉。这就是我们所处的背景……那并不是一座太大的房子，但我们把它筑成了一个家。靠近点来看看，你会发现它像蜂巢一样嗡嗡作响，像蚁丘一样忙忙碌碌。一群人幸福而热闹地住在那里。他们在瓦桑（Oisans）地区高高的山谷里住了两年，用和平的方式征服了这里……这些人是谁？如此活跃，如此勇敢？这些建设者们又是谁？是大人吗……不对！——是鸟吗！——他们像鸟一样唱歌，但是干活干得更多。是海狸吗？你快要猜对了。他们像鸟儿一样歌唱，像海狸一样建造，但是比大人更团结！你猜不出来？他们就是小孩！让我们再走近一些，进屋去看看；你将看到的一切都会让你惊叹：到处都是孩子，厨房里，洗衣房里，书房里，印刷厂里，卡车边上，建筑工地上，手里拿着泥瓦刀的，他们都是孩子，所有的孩子各司其职……

"老磨坊自由共和国"的冒险就此开始了，他们是 1948 年受联合国教科文组织邀请，参加儿童团体领导人大会的儿童团体之一。

1.7 联合国教科文组织图书馆：1949 年 10 月，联合国教科文组织的《释能》杂志专门介绍"小孩共和国"的特刊，附有伊泽尔的"老磨坊儿童营地"的照片。

第二章

由爱尔兰神父创立、瑞士推动的意大利"儿童村"

随着战火蔓延，梵蒂冈方面于 1943 年委托一位爱尔兰牧师组织援助意大利战区平民。随后，这名牧师发现街头儿童的穷困状况令人咋舌，随即开始收留儿童。他意识到这些孩子们抗拒去传统的孤儿院，于是决定与他们一起在罗马附近的奇维塔韦基亚创建一个"儿童村"，其灵感来自胼纳根神父创建的"孤儿乐园"。1945 年，来自国际救助儿童会的两名瑞士代表开始支持意大利的"儿童村"建设。她们还与拉丁美洲的国际救助儿童会分支机构合作设立了儿童资助项目。"瑞士顿"和美国对意大利救济中心也提供了援助。意大利的这个案例突显了"儿童村"与天主教的联系，但也突显了战后援助上地缘政治的新特点，在不断升级的援助竞争中，战后的外交格局也得以重新划分。

主要人物

约翰·帕特里克·卡罗尔—阿宾〔John Patrick Carroll-Abbing，1912—2001）：爱尔兰人，在罗马学习神学。作为神父，他于 1938 年被任命为意大利红衣主教的秘书——红衣主教主管意大利的天主教事务。1941 年，他主动成为马耳他骑士团的牧师，并于 1944 年成为美国对意大利救济会（American Relief for Italy，ARI）驻罗马的代表。

阿里亚娜·弗卢努瓦（Ariane Flournoy，1896—1978）：瑞士人，医生和心理学教授西奥多·弗卢努瓦的女儿，嫁给了一位弗洛伊德派的精神分析学家，于 1940 年加入国际救助儿童会管理委员会，是秘书长乔治·泰兰的妻妹。

丹尼尔·戈恩斯（Daniel Goens，1911—2011）：比利时人，前童子军。在学习哲学和教育学后，于 1937 年在尼斯（Nice）教区被任命为神父，并在塞拉农（Séranon）为孩子们建立了一座儿童之家。1944 年，他因藏匿犹太儿童被盖世太保逮捕。1945 年到 1946 年，他在“奇维塔韦基亚少年共和国”担任里沃尔塔神父的教育顾问。

唐安东尼奥·里沃尔塔（Don Antonio Rivolta，1898—1981）：意大利人，24 岁从文学系毕业后被任命为神父。圣保罗会（Compagnie de San Paolo）代理人，在战争期间组织接收了流落罗马街头的儿童，后与帕特里克·卡罗尔—阿宾一起创建了奇维塔韦基亚“少年共和国”。

克莱尔·文纳（Claire Wenner，1917—2013）：瑞士人，那不勒斯领事的女儿，曾在日内瓦学习社会援助。作为外籍反法西斯主义人士，她于 1943 年被迫离开意大利前往日内瓦，在那里继续从事社会工作。

1945 年 10 月 22 日，两名女士和一名男士通过美国驻意大利联合国军事委员会教育分会（sous-commission pour l'éducation des armées alliées）委员长华虚朋上校在罗马会面。华虚朋上校在小孩共和国的历史上也发挥了关键作用。三人都是外国人：两名女士是瑞士人，男士是爱尔兰人。两位女性之一，阿里亚娜·弗卢努瓦，刚刚离婚、定居在罗马，在一封信中她说道，意大利就像他们的"第二故乡"。另一个女士是那不勒斯领事的女儿克莱尔·文纳，她出生在那不勒斯，并在那里完成学业，她还在日内瓦妇女社会研究学院（l'École d'études sociales pour femmes）进修过。而帕特里克·卡罗尔—阿宾则于 1930 年抵达罗马并在这里开始了自己的职业生涯。此时，他 33 岁，阿里亚娜·弗卢努瓦 49 岁，克莱尔·文纳 28 岁。他们都穿着制服：帕特里克·卡罗尔—阿宾身着黑色教士长袍，露出白色的衣领，长袍一直垂到他穿着黑靴的脚上；而两位女士也穿天主教式的服装，但配上蓝色衬衫，这是她们为了融入这座盟军仍在巡逻的城市而发明的"制服"，不过，她们还是小心翼翼地在衣领上绣了一个红色十字架，"以免与士兵混淆"。

直到 1943 年，这些来自国外的年轻人都被保护得很好，世界上正在发生的冲突没有影响到他们：克莱尔·文纳在拿到社会工作专业文凭后回到那不勒斯，在一家日托中心找到了第一份工作，后来又去了少年法庭工作；帕特里克·卡罗尔—阿宾在宗座大学攻读神学、教规法和民法，同时主修犯罪学，后来成为红衣主教朱塞佩·皮尔扎多（Giuseppe Pizzardo）的私人秘书，该红衣主教作为神学院和大学修道会学监，负责意大利天主教事务；而阿里亚娜·弗卢努瓦，在她的姐夫、来自国际救助儿童会的乔治·泰兰的动员下，为战争中受到伤害的儿童筹集资金，但她只是在业余时间远程开展这项事业。与1920年国际救助儿童会在西班牙的任务一样，这实际上不仅是帮助解决意大利儿童的问题，而是试图通过教皇的支持来呼吁人们为来自中欧和北欧的其他孩子提供帮助，呼吁那些受战争影响最小的国家的天主教徒伸出援手。阿里亚娜·弗卢努瓦还告诉她的姐夫，墨索里尼政府不能容忍其他任何国家干涉意大利内政。即使她在1940年7月陪同让娜—玛丽·德莫西耶去了里昂和维希（我们在前一章中已经提及此点）其间，她目睹了大逃亡的规模之大和场面之混乱，但是在罗马的公寓里，战争及其影响似乎已远离平民的生活。她的信中满是罗马甜蜜生活的惬意，例如1941年6月7日，她写道："在我的露台上，温热的空气中飘着金银花和茉莉花的香气，让我觉得懒洋洋的。"

　　然而，从1943年开始，战争终于"追上了"他们。阿里亚娜·弗卢努瓦和克莱尔·文纳由于很少表现对法西斯政权的支持而被视为"不受欢迎的外国人"，在1943年年初，他们被要求尽快离开意大利。回到日内瓦后，弗卢努瓦更为积极地参与国际救助儿童会的活动，加入了指导委员会；文纳则为越来越多涌入瑞士的难民提供衣物。帕特里克·卡罗尔—阿宾由于其牧师身份和在梵蒂冈的地位而享有更大的豁免权，但他也正在离开行政领域，去从事难民救助的实际工作。首先，他被马耳他骑士团任命为罗马新军事医院的牧师，负责照顾从前线返回的军官伤员。1943 年 9 月 9 日，他眼睁睁地看着德军入侵罗马而无能为力。而后，他决定离开舒适的后方，前往距离罗马约 15 千米的前线，1944 年 1 月，前线移到了罗马。他首先带着一队志愿者前往罗马城堡地区（Castelli Romani），在那里，他惊讶地意识到战争的惨烈程度。来到阿尔巴诺（Albano）地区，他发现自己的面前是一片废墟，留下了一系列极为震撼的照片。他还差点因轰炸被埋在房子下。成千上万的居民在附近的旧采石场和肮脏的洞穴中避难，卫生条件每况愈下，尤其是在严酷的冬季，流行病开始在这些虚弱的人群中肆虐。1944 年 4 月 18 日，卡罗尔—阿宾被任命为新成立的教廷难民救济委员会（Commission pontificale d'assistance aux réfugiés）成员，这使他能够更有效地协调救济工作，尽管德国人和 6 月 4 日盟军解放罗马后都实行配给制。他定期去受轰炸影响最严重的地区送物资，根据 6 月 24 日的一份文件记录，他从宗座委员会的库存中拨出了数百千克的面、奶酪、面包，2 吨多大米，1 吨豌豆，不计其数的盐、油、番茄酱罐头。在几张照片中我们都可以看到阿宾穿着长袍、站在一口放在地上的大黑锅旁边，向排成长队、拿着碗等待的妇女和儿童分发粮食。最后，他还为人们建起了提供门诊医疗的服务单位。

在经历了 3 年的辗转和 1 年多的签证手续后，阿里亚娜·弗卢努瓦和克莱尔·文纳于 1945 年 10 月初返回瑞士，她们驱车穿越整个意大利，面对战争造成的毁灭，她们感到同样强烈的震惊。弗卢努瓦在寄给她姐夫的信中取了个戏剧性的标题——《意大利及其儿童的不幸》：

奇迹之地意大利，在那里，大自然曾奇妙地调和着它的颜色和线条，但现在它却成了一连串的废墟和被烧毁的田野。沿路，被毁坏的房屋都空空如也，我们能看见屋里破烂的墙纸，供贫民娱乐的小剧场的简陋装潢也都被破坏了……城市从周边开始受到破坏，一直延伸到城市的中心……在这场穿越意大利废墟的忧郁朝圣之旅中，和平的愿景仍然是一种象征、一种呼唤。在皮亚琴察（Piacenza），仅凭名字便能唤起甜蜜的生活记忆[①]；废墟中还矗立着一座纪念碑的遗迹。两根细高的柱子，支撑的应该是狼雕像。现在，"狼"消失了，它成了战争的牺牲品，它的青铜肉体是否也被化为制造死亡的工具？基座上还雕着两个小孩，那么近，又那么远，他们的小手好像在寻找滋养的天使羽翼，好像在向天空祈求什么。

这两个孩子，雷穆斯（Remus）和罗慕路斯（Romulus）[②]，也因此成为战争受难儿童呼唤和平的象征。

救济分配：人道主义紧急情况与政治的斗争

3 位主人公于 1945 年 10 月 22 日在罗马的会面，并不是怀有同样慈善意愿的人之间简单的礼节性拜访。他们的会面非常有战略意义，

---

① 意大利语 Plaisance 意为"快乐""乐趣"，与皮亚琴察（Piacenza）发音近似。——译者注

② 罗慕路斯与雷穆斯是传说中罗马城的建立者。——编者注

2.1 国际当代青年问题研究所（Istituto internazionale per lo studio dei problemi della gioventù contemporanea）档案，罗马，"少年之城"（Città dei ragazzi），卡罗尔—阿宾摄影集：1946 年初，卡

每个人都代表了一个相对更大的关系网络，他们希望能够通过相应的联盟，在极其复杂、混乱而具有政治性的意大利站稳脚跟。

阿里亚娜·弗卢努瓦和克莱尔·文纳作为国际救助儿童会的代表，接收瑞士总会募集来的物资，例如 1944 年底从日内瓦用火车拉来的面粉和糖。他们首先要管理货轮和轮船，每次运输几十吨的货物，包括衣服、食物和药品。这些救济物资主要来自阿根廷，但也有来自秘鲁、巴拉圭、乌拉圭和智利的，这要归功于安妮塔·德桑德尔曼（Anita de Sandelmann）的协调，她是一名德裔阿根廷人，1930 年在日内瓦国际劳工局（Bureau international du travail）工作时认识了乔治·泰兰。南半球有很多意大利裔人，这也是为什么他们能在那里募集如此之多的物资。阿里亚娜·弗卢努瓦和克莱尔·文纳与国际救助儿童会在各国的委员会保持密切联系，尽管如此，这些委员会在选择干预政策和管理预算方面拥有强大的自主权。她们还与救助儿童会（Red Barnet）在瑞典、丹麦的分支机构，南非和澳大利亚的国家委员会，英国、加拿大的救助儿童基金会（Save the Children Fund），纽约的救助儿童联盟（Save the Children Federation）建立了特别关系。

另一方面，帕特里克·卡罗尔—阿宾也担任了美国对意大利救济会（ARI）和意大利救济委员会（Ente Nazionale per la Distribuzione dei Soccorsi in Italia，ENDSI）两个机构的代表。美国对意大利救济会是最早的私人机构之一，于 1944 年 4 月 10 日在美国成立。该机构旨在为意大利筹集资金。意大利救济委员会成立于 1944 年 9 月 28 日，目的是管理从美洲来的物资库存。

因此，我们的 3 位主角在 1945—1948 年的日程看起来是更加

REPUBBLICA DEI RAGAZZ

2.2 "奇维塔韦基亚少年共和国" 私人档案：介绍 "奇维塔韦基亚少年共和国" 的小册子，1949 年。

惊险的"马拉松长跑"，因为它是在战后的混乱中、在废墟之间、在处于饥荒和瘟疫（主要是疟疾）边缘的国家中进行的。此外，当时的政治局势非常微妙，意大利政府才刚刚获得合法地位，盟军的形象也在"解放者"和"占领者"之间摇摆不定。这种混乱也出现在人道主义援助方面，尽管 1943 年以"联合国"的名义设立了一个负责救援的国际机构，即联合国善后救济总署 [①]，但人道主义援助似乎仍然是通过各种举措从各方送达的，并没有任何有组织地协商或协调。

1945 年 10 月初，两位女士登陆那不勒斯港，接收了从秘鲁来的货船运送的第一批货物，货物共有 40 吨重，装在大木箱里。阿里亚娜·弗卢努瓦和克莱尔·文纳意识到她们所面临的任务之艰巨、行政管理之复杂，即使仅就运输这一项而言，她们也完全缺乏必要的物流能力。收货的手续困难而繁杂，特别是因为她们的货物经常与意大利、英国、美国或其他红十字会的货物混在一起，还要与这些委员会谈判协商，以便能够在这些红十字会的货车上获得一些位置，将物资运送到罗马。此外，货物在抵达时并不总是完好无损。例如，来自秘鲁的一个板条箱，里面装满了衣服行装、新生儿用品，但在航行途中掉入海中又被捞起，"海水和樟脑丸的混合物使羊毛衫变成了难以形容的'一摊烂泥'，泛着油光，摸起来黏腻"；在另一个箱子里，所有的鞋子上都长了一层薄薄的霉菌。此

---

① 联 合 国 善 后 救 济 总 署（United Nations Relief and Rehabilitation Administration，英文简称 UNRRA，中文简称联总）创立于 1943 年，发起人为美国总统罗斯福，其名称内之"联合国"并非指后来于旧金山组成的联合国组织，而是指第二次世界大战期间的同盟国参战国家。——编者注

外，一些物资花了 1 年多才到达目的地，还有几艘船仍滞留在土伦（Toulon）或马赛港口。

两位女士在罗马的行动也同样困难。她们收到的第一批箱子被临时安置在毗邻意大利红十字会大楼的小教堂中。此外，所有酒店都被征用或强占。最后，是克莱尔·文纳的父母借给了她们一套舒适的公寓，但是没有暖气。阿里亚娜·弗卢努瓦抱怨说："我们冻僵了，我的手脚上满是冻疮。"

10 月 21 日，她们最终在一个旧图书馆里找到一个兼作办公室之用的仓库。为避免房屋被征用，她们立即动员了意大利军队的 3 名士官和 8 名士兵，用两辆大卡车，分 3 趟将已经抵达罗马的首批 400 箱物资运达此处。虽然她们把这些收到的物资当做"宝藏"一般，但要想处理好这些"宝藏"，得有大力士海格力斯般的力量才行。与红十字委员会不同，红十字会长期为战俘提供邮政服务，他们已经惯于根据个人需要为包裹分类；而我们的两位代表需要独立处理的是大量散货。板条箱和大包裹通常装满各种不同的物品，有鞋子、衣服和食物等，所以她们的首要任务是"开箱、拆包、盘点和分类"，然后再二次包装合适的货物。《首都》（La Capitale）期刊的记者和反法西斯活动家安娜·加罗法洛（Anna Garofalo）以关于战争和女性问题的文章而闻名，她在 11 月 26 日的广播节目《女性的话语》（Parole di una donna）中专门采访了这"两位蓝衣天使"，她们手里拿着锤子，正在启封木箱、清点库存，然后再重新装订数百个装运箱。在这个像阿里巴巴的洞穴一样的大客厅中，加罗法洛感觉"就像爱丽丝梦游仙境一样"。首先吸引她的是气味——浓郁绵密、令人愉悦，那是她已经很久没有闻到过的强烈刺

2.3 "奇维塔韦基亚少年共和国"私人档案，
介绍"奇维塔韦基亚少年共和国"的小册子，
1949年：唐安东尼奥·里沃尔塔接待一位
"公民"。

2.4 国际当代青年问题研究所档
案，罗马，"少年之城"；卡罗
尔—阿宾摄影集：卡罗尔—阿宾
主教与"奇维塔韦基亚少年共和
国"的第一批"公民"的合影。

鼻的气味，也是富足的气味。气味来自 1.5 万双新皮鞋，"从新生儿的小鞋子到十六七岁大孩子的鞋子"都有。加罗法洛说：

> 我觉得自己好像看到了卓别林电影中的小孩，那些在寒冬里脏兮兮、冻得发紫的小脚丫，就像魔术一样被套上了鞋子。孩子们上学时就会穿着这些鞋子，肩膀上背着书包。它们看起来就像匹诺曹变身为"好孩子"后会穿的鞋子。我还看到了毛衣、套头衫、短马裤等质量上乘的衣服，还有羊毛毯、围巾和各种针织品……

克莱尔·文纳在 1945 年底寄给家人的信中提到，除了这些处理和转移物资的工作外，她们还要参加一些具有"代表性"的活动，这让她们更加筋疲力尽。事实上，除了与各种当地救济协会①沟通以外，为了组织国际救助儿童会的意大利分部，她们经常得应邀参加鸡尾酒招待会，与各合作伙伴和当局会面。她们会拜访位于美第奇别墅（Villa Médicis）的盟军委员会法国代表处，去法裔罗马副市长家里坐坐，与法国驻希腊大使共进午餐，在意大利红十字会秘书长侯爵乌戈·西奥多利（Marquis Ugo Theodoli）家喝茶，在梵蒂冈与主教乔瓦尼·巴蒂斯塔·蒙蒂尼（Giovanni Battista Montini，即后来的教皇保罗六世，他此时负责罗马教廷与战后国家之间的外交关系）见面……阿里亚娜·弗卢努瓦用她对姐夫说话时惯常的半

---

① 意大利儿童保育协会（Assistenza all'infanzia）、意大利妇女联盟（Ligue des femmes italiennes）、基督教援助会（Aiuto Cristiano）等。——原注

嗔半讽的语气来报告他们的日程安排：

> 在工作时，我们一天得有 48 小时，还得有两个大脑和同
> 时出现在 7 个地方的能力，才能做完必要的事情。对于克莱尔
> 和我，我很庆幸两个大脑是有了，但其他事情必须竭尽我们所
> 能了……办公室里一直有人来访，另一层楼的电话不断响起，
> 除此之外，我们还要开几百个箱子，并根据对应的个人要求重
> 新归类整理。这些工作很紧急，因为天气很冷，孩子们还都打
> 着赤脚。我们早上 9 点前离开家，晚上 7 点后回来，整整一天
> 都泡在工作上，在此期间我们还想要尽量同时完成两项目标：
> 帮助这个国家的孩子们，并宣传国际救助儿童会。"不可能再
> 做任何事了！"

从 1945 年 11 月中旬开始，也就是第一次分拣和重新包装完成
后，克莱尔·文纳和阿里亚娜·弗卢努瓦决定自行分发物资，并亲
自将其交付给收件人，以确保收到捐赠的人知道物资来自国际救助
儿童会，这有助于提升国际救助儿童会的声望。克莱尔·文纳在
11 月 16 日写给乔治·泰兰的报告中保证："只有我们在场的时候
才做捐赠。"鉴于战后初期那里的救济组织很多，弄错捐赠来源的
风险确实很大。

克莱尔·文纳和阿里亚娜·弗卢努瓦从一开始分发包裹，就很
快收到了来自各方的需求，也就是她们所说的，需要"同时出现在
7 个地方"。她们开始了精疲力竭的奔波。为此，她们借用意大利
救济委员会的卡车、红十字国际委员会代表团的汽车，或在副市长

妻子的陪同下乘坐她的私人车辆。12月2日，疲惫的阿里亚娜·弗卢努瓦写信给她的姐夫，讲述了她的一次行程："今天是星期天，我们开着卡车行驶了300多公里，但还有两天的路要走。等着我们的是相当忙碌的一周。"她们的任务有：提供卫生救助物资，以及200块布片，它们以2×2的尺寸缝制，用于在罗马儿科诊所制作床单；与教廷难民援助委员会合作生产4万个圣诞包裹；援助因地雷爆炸致残的儿童，这些孩子待在位于奎里纳尔宫（Palais du Quirinal）花园的儿童之家里。应红十字国际代表团的要求，她们还在特尔尼（Terni）政治难民营为30名贫困的孕妇分发了30套新生儿的衣服；应意大利外交部的要求，她们给罗马、翁布里亚（Ombrie）和托斯卡纳（Toscane）的12所学校分发了鞋子，那里容纳了大约2000名孩子，有来自意大利的，也有来自其他国家的，这些孩子在1940年来到这个营地后一直无法返回家园；此外，她们也向圣德·桑克蒂斯（Sante de Sanctis）[①] 基金会管理的4所特殊教育学校捐赠了200双鞋子和套头衫。同天之内，她们乘坐吉普车又行驶了400公里，将鞋子和袜子带到卡西诺（Cassino）附近的蓬泰科尔沃（Pontecorvo），这里的村庄几乎被轰炸夷为平地，在那里，圣女会（Ordre Delle Dame di Nostro Signore）的4位姐妹收留了大约30名从废墟里被救出来的女童；她们还为佩鲁贾（Pérouse）的年轻农民和工人提供援助，那里的孩子们过着相当悲惨的生活，还要在地里干农活；她们甚至设法租用了一辆由拉奎拉市（Aquila）

---

① 圣德·桑克蒂斯（Sante de Sanctis），意大利外科医生、心理学家、精神病学专家，是意大利心理学研究和儿童、青少年精神病学研究的奠基人之一。——编者注

2.5 国际当代青年问题研究所档案，罗马，"少年之城"，卡罗尔—阿宾摄影集：演员劳伦·白考尔（Lauren Bacall）和亨弗莱·鲍嘉（Humphrey Bogart）于 1946 年访问奇维塔韦基亚。

提供的卡车，向阿布鲁奇（Abruzzes）地区的各个儿童机构提供捐助，那里是意大利受灾最严重、最难以到达的地区之一……

然而，尽管取得了这样的成绩，她们第一次巡回援助的总结却显得很悲伤：她们随处看到"悲惨可怕"的情景，收容灾区数千名被遗弃和流浪儿童的机构"太多了，仓促地安顿在临时的房子里"，那些房子往往没有窗户，屋顶是漏的，不通水电，"除了积极的心态和勇气不缺，什么都缺"。虽然她们一直强调负责这些机构的宗教人士的奉献精神和善意，但也指出这些宗教人士"从教育的角度来看，还远非完美"。阿里亚娜·弗卢努瓦在 1945 年 12 月发送的一份报告中描述了每次离开罗马时的噩梦，在道路上到处都是"成群结队的儿童，在或多或少的牧师庇护下，聚集在曾经由法西斯占领的建筑中，人们在匆忙间把这些房子改成临时宿舍、破败的食堂、冰冷的教室"。在次年发送的一份总结报告中，她指出物资短缺的问题，特别是对比某些条件更好的人道主义组织——弗卢努瓦将这些组织称为"巨人"：

> 我们走过联合国善后救济总署的豪华办公室和意大利救济委员会皇室般的仓库，看到所有桌子上都放着电话机，他们有私人绘图师、官方摄影师、专门的档案柜，看到这些，很难不嫉妒。

意大利救济委员会、美国对意大利救济会提供并保存在帕特里克·卡罗尔—阿宾的档案中的表格、报告和其他文件确实证明他们的物资援助规模更大，这种规模之大不仅体现在援助食品的数量上，而且体现在覆盖的地区上。但是，这也体现出他们所能提供的援助与需求之间仍有差距。1946 年 9 月发表在美国对意大利救济会《新闻》（News）公报上的地图，的确证明他们"在意大利 93 个省实施了大规模的活动计划"，但给人印象深刻的是真实的援助现场，意大利救济委员会和美国对意大利救济会的许多照片上都可以看到一群衣衫褴褛的人争抢包裹。

克莱尔·文纳、阿里亚娜·弗卢努瓦和帕特里克·卡罗尔—阿宾于 1945 年底的会面不仅讨论了意大利本土的援助分配问题。在卡罗尔—阿宾的教育实验的影响下，他们觉得以新的形式帮助儿童，从简单的物资分配转向长期的帮助，从而为人道主义援助提供更多的方向，这种影响是决定性的。

苦海中的教育岛屿

为了扭转她们感受到的崩溃或"只是这片苦海中一滴水"的印象，阿里亚娜·弗卢努瓦和克莱尔·文纳决定使用并行策略，在所有机构中选择一个，给予格外的关注：它就像吉祥物一样，代表援助和教育的意义。这将在某种程度上对她们的人道主义行动树立明确的目标，避免给人以用力分散和毫无成效的感觉。在 1945 年 12 月 3 日寄给乔治·泰兰的报告中，克莱尔·文纳强调："我们访问过和帮助过的许多宗教机构的用词和描述都千篇一律。"然而，她提到了一段激发她们好奇心的经历，后来更决定将所有注意力集中于此。这就是在罗马以北 70 公里海岸上的"儿童村"（Villaggio del fanciullo）：

然而，有一种半世俗半宗教的形式，我们想特别谈谈，因为它是我们遇到的最具建设性的方式，也是基于最现代的教学原则运行的。这就是由唐安东尼奥·里沃尔塔在奇维塔韦基亚附近的圣马里内拉（Santa Marinella）创立的"儿童村"。[①] 里沃尔塔的村子里接收了来自最臭名昭著的街区的最糟糕的孩子，这里是一个小型农业营地。在那里，孩子们在少数成年人的指导下自我管理，这些成年人有的是世俗人士，有的是神职人员，但都为此接受了专门培训。虽然是再教育机构，但孩子们在里面完全自由，甚至有逃跑的情况发生，但是一般来说，孩子们会在几天后自己回来。孩子们有自己的"民法典"、"刑法典"，由他们自行选出自己的居民代表和"法官"；他们成立了一个合作社，并创办了一份小报。这种建立在绝对真理和诚实基础上的体系，首要目的是唤醒孩子对自己和他人的社会责任感，并使其自觉找到正确的道路；严苛的纪律只会激怒并导致儿童因生活在社会底层和从事各种行业而对生活和社会感到厌恶。在意大利出现的这些革命性的新理念得到了广泛认可，里沃尔塔也受到了很多无可争议的关注。在意大利这片孤儿和被遗弃儿童众多的土地上建立更多像这样的"儿童村"，是势在必行的。

阿里亚娜·弗卢努瓦也同样充满热情，并在不久后寄出的一封信中表示，该村是"唯一一家像阿道夫·费里埃（Adolphe Ferrière）一样，通过极度现代化的教育方式帮助收留的街头儿童，

---

① 即"奇维塔韦基亚少年共和国"。——编者注

让他们重新适应正常生活的机构"。她提到的阿道夫·费里埃是瑞士教育家，也是新教育联谊会〔Ligue internationale d'éducation nouvelle）主席，参与了瑞士难民儿童救助。

现在，我们可以发现，"儿童村"的出现并不是偶然的结果。阿里亚娜·弗卢努瓦和克莱尔·文纳在奇维塔韦基亚的经历看起来更像是一次由导游带领的参观，因为"儿童村"、也就是后来的"小孩共和国"的创始人正是帕特里克·卡罗尔—阿宾，而且创立时间就在他们在罗马初次会面不久之后。

作为一位优秀的神学家，阿宾在他的回忆录中用"双重启示"解释了这个项目何以诞生。首先，他提到"神意"让他在 1944 年 2 月 1 日与一个孩子在废墟中相遇，那是在阿尔巴诺遭到轰炸后，他也因此发现了真正属于自己的事业："直到那时我才开始注意战争中儿童的存在。"他说"孩子们的声音太微弱，人们听不见他们的声音，"而他虽然担心，但又自我安慰道，"模糊地认为父母或孤儿院应该会照顾这些孩子的"。阿宾讲完这段故事后，展示了孩子们的肖像，他们穿得破破烂烂的，在废墟中徘徊游荡，沦为乞讨者。他有时会被战争受难儿童的幽灵所困扰，他们"像游荡的鬼魂一般"。随着国家的解放，越来越多的孩子拖着"饥饿的身体"、瞪着"苦涩的双眼"从深渊里出来了。在他的叙事中，战争受难儿童问题不再是被描绘成"人类残忍行为的无辜受害者"缩影的孤立人物，而是越来越具有威胁性的集体问题，正如 1944 年 12 月 22 日讲述的轶事所表明的那样，当时他正在从亚平宁山区去往那不勒斯的路上，在丰迪（Fondi）停下来吃午饭时，一群乞讨的孩子缠住了他：

我们看到一群穿着破烂的孩子，年龄从 7 岁到 15 岁不等，正步行前往罗马。这些孩子与我们在罗马车站周围看到的孩子不同。毫无疑问，他们也是失去父母、无家可归的人，但他们没有像那不勒斯、卡拉布里亚（Calabria）、西西里岛的流浪儿童那样，经受过肮脏贫民窟的"成长训练"。他们狼吞虎咽地吃掉了我们给他们的食物，但他们接受食物的样子却很傲慢……我们觉得他们愤世嫉俗，除了模棱两可和令人反感的做派外，他们身上没有什么像孩子的地方了。

那不勒斯的街头儿童被称做"scugnizzi"，在罗马，这些孩子被叫做"sciuscià"，因维托里奥·德西卡（Vittorio De Sica）于 1946 年上映的同名电影《擦鞋童》而闻名。阿宾尝试用一种新的方式帮助他们，他在罗马泰尔米尼（Termini）火车站附近设立了有 100 张床位的夜间避难所，这里成为流浪儿童生存的主要地点，他们靠街头小买卖和擦皮鞋为生。在去瓦雷泽（Varese）的路上，阿宾在一所遭破坏的学校里找到一个空闲的地窖，在那里创立了他的第一家"擦鞋童旅店"（sciuscià Hotel），很快他就被媒体戏称为"擦鞋童主教阁下"。孩子们白天可以自由出入，并以自我管理的方式参与各种"家务劳动"：打扫、做饭……唯一的规定是不晚于下午 5 点回家。尽管有慈幼会①和圣保罗会的里沃尔塔的帮助，但是阿宾还是睡得越来越晚。他睡在整栋房子里唯一的单人间，但也是最潮湿的一间，他因此感染了严重的肺炎，不得不住院几个月。

---

① Salesians，其总部在几个街区之外的马尔萨拉大道（Marsala）。——原注

在第一次受到天意的召唤后，他又再次获得了第二个启示：

> 在我生病期间，我梦到了一个未来的"儿童之城"……那是一个尊重和鼓励儿童与生俱来的权利和义务，以及上帝赋予社会中每个人的使命的团体，也是一个兄弟般的团体。孩子们将在这里学会自由、相互宽容，在艰难的生活中也保留和平与爱的艺术。这里将是幸福之地，反社会的孩子会在这里得到理解，鼓励他努力提升自我，用信任对抗绝望与诱惑。在这里，经历苦难生活的孩子会从长辈的耐心奉献中理解：世界上有温暖、善良、牺牲的精神。这里将是每天都是一个成长阶段的成长之地，鼓励孩子发展大自然赋予他的天赋。这个地方的最终目标是帮助每个孩子在社会中找到自己的位置，让他们成为负责任和敬畏上帝的公民。

6月，阿宾在离奇维塔韦基亚不远的海边的托马兰贡（Tor Marangone）结束疗养，然后决定与他的主要助手、圣保罗会的牧师——也就是唐安东尼奥·里沃尔塔——合作开展项目。他们在这片或多或少被废弃的地方建立了"儿童村"。1945年8月13日，罗马"擦鞋童旅店"的首批21名儿童开始在此长期定居。

然而，"儿童村"的记录文件证实了这些神话并不像传说中的那么美好。档案不仅揭示了"儿童村"建立时物资严重短缺，孩子们和成年人只能自己动手，而且还表明卡罗尔—阿宾的项目和此前出现过的模式没有太多不同之处，一些合作者在其中使用的还是旧教学模式。

帕特里克·卡罗尔—阿宾的档案中记载的关于"儿童村"的一些故事证明，"儿童村"接收的第一批孩子经历了最初条件朴素的生活。例如的 11 岁男孩阿尔曼多（Armando P.）曾靠向美国士兵贩卖香烟维生，他讲述了自己在 1945 年 8 月乘坐意大利救济委员会组织的一辆大型卡车、作为首批居民抵达"儿童村"时看到的一切，而此前他吹着旅途中的海风，对未来满怀希望：

> 最后，这里是正门——两根柱子之间的栅栏门，中间是一条小路和许多树木，柏树后面看起来好像墓地一样。卡车停在一栋破旧的房子前。我们下了车，走到房子旁，想看得更清楚。那时我闻到了马厩的臭味。在一间布置得多少还算像样的房间里，床铺上面放着装满麦秆的袋子。我心里想着：这就是床垫吗？然后他们给了我一条很轻的法兰绒毯子和一对很短的床单……一位比利时神父主持集会，他带着独裁者的神态，孩子们尊重他，但他自己却朝令夕改。他同时担任"市长""法官""陪审员""警察局局长"……

他的兄弟罗科（Rocco）也是如此。罗科是一名年轻的面包点学徒，在遇到里沃尔塔后，他决定在同年 10 月登上卡车前往村庄：

> 我们一下车，就有人送来了点心，然后把我们所有人的头发剪短了，这让我马上就想走了。我以为村子会很气派，但是我看到的是非常破败的外墙，在教堂的一侧，有足够多铺草席的床，也有足够多的毯子，但是水从漏洞的屋顶倾泻而下。不

2.6 国际当代青年问题研究所档案，罗马，"少年之城"，卡罗尔—
阿宾摄影集："奇维塔韦基亚少年共和国"的儿童法庭，1948 年。

2.7 国际当代青年问题研究所档案，罗马，"少年之城"，卡罗尔—阿宾摄影集："奇维塔韦基亚少年共和国"的延伸——"马里蒂莫（Maritimo）青年议会"，建于 1950 年。

2.8 国际当代青年问题研究所档案，罗马，"少年之城"，卡罗尔—阿宾摄影集："奇维塔韦基亚少年共和国"的"儿童银行"，1948年。

仅是水，毁坏的屋顶上的泥土也一并落下……我们早7点听着三钟经起床，半小时后做弥撒，但弥撒不是强制性的……弥撒结束后，每个人提着装满水的桶，带着抹布，用布沾水，清洗各自床下的地砖。地面是用砖砌成的，其中有些砖块还是碎的，因为这里曾经是德军的马厩。我们把地砖擦得亮晶晶的，然后通过清洁主管的检查。接着他向我们展示一个啤酒罐，里面有几张纸，上面印着"C"，也就是"早餐"（colazione）的首字母。如果清洁主管认为地板没擦干净，那么打扫的人就不能拿到早餐券……晚餐后，我们回到相同的房间，也就是吃饭和睡觉的房间里集合，讨论时事……我不懂"集会"到底是什么，它是由"市长""法官"和"警察局局长"主持的。每天的"警长"是由老师任命的……

尽管最初的幻想破灭，阿尔曼多和罗科仍然留在村子里，罗科甚至在某段时间成为孩子们选出的小"市长"之一。然而，在他们的讲述中，这个教育项目的矛盾及主要理论家、比利时人丹尼尔·戈恩斯的个性，都暴露无遗。事实上，戈恩斯于1945年8月15日"儿童村"成立之日起就加入其中，他34岁，曾有一年时间担任教学总监和主要现场负责人，前记者彼得罗·隆吉（Pietro Longhi）与妻子玛利亚担任他的助手，而两位创始人——里沃尔塔和卡罗尔—阿宾——则负责获得运营补贴和宣传，以及从罗马到奇维塔韦基亚的儿童招募。

一个有教育意义的发现？

丹尼尔·戈恩斯带着丰富的教育理论和优秀的实践背景来到意大利。当他在比利时天主教鲁汶大学（Katholieke Universiteit Leuven）就读和参与比利时童子军营地期间，天主教运动发展起来。在 20 世纪 30 年代深受新教育运动的影响，戈恩斯从中汲取了灵感。这种教育模式尤其受到来自大西洋彼岸的两种模式的推动，当时在整个欧洲广泛传播。他引用了"乔治少年共和国"的经验，这个组织也被称为纽约的"自由城"弗里维尔，由新教实业家威廉·鲁本·乔治（William Reuben George）于 1895 年创立，以收容社会底层的青少年。他也经常提到"孤儿乐园"，这是由爱尔兰天主教爱德华·J.腓纳根神父于 1917 年在密歇根州奥马哈（Omaha）附近建立的组织。这两次经历很快成为"奇维塔韦基亚少年共和国"的参照。事实上，在这两个案例中，城市主要由被称为"公民"的青少年管理。他们选举自己的"市长"或"总统"，制定"法律"和组建"法院"，任命和组建"警察部队"，通过铸造钱币来管理经济，印刷报纸，经营无线广播电台，在自我管理的综合商店出售消费品……这两种教育模式迅速在美国国内乃至国际上获得了媒体的大力报道。除了在国际期刊和教育杂志上发表的大量文章外，这些案例的广泛传播还得益于成功的电影演绎。威廉·乔治的故事于 1933 年因阿奇·梅奥（Archie Mayo）导演的电影《地狱市长》（*The Mayor of Hell*）而闻名，人气演员詹姆斯·卡格尼（James Cagney）出演了这部电影，而"孤儿乐园"则因 1938 年诺曼·陶罗格在实地拍摄的同名电影而闻名国际。其中，斯宾塞·屈塞扮演腓纳根神父，米奇·鲁尼（Mickey Rooney）则扮演一个年轻的反叛者，他最终通过竞选成为"市长"。

丹尼尔·戈恩斯从"小乔治共和国"那借鉴了"不劳不获"的口号，并将其融入了"儿童村"的第一条规定。此外，他依旧让牧师担任孩子们的监护人。在抵达意大利之前，他已经在尼斯腹地的山区教区塞拉农尝试过他的教育方法，在那里，他将教士住宅变成了供有困难的孩子们居住的高海拔住宅，并且在那里建立了"儿童村"自己的"货币体系"，货币命名为"塔伦"（talent）。1944年4月22日，盖世太保逮捕了他，理由是藏匿犹太儿童。这一教育实践因此不得已被中断了。

正是戈恩斯在奇维塔韦基亚引入了自治教育的制度。正如阿道夫·费里埃档案中保存的新闻剪报和其他文件所显示的那样，他在后来写就的题为《学童自治》（*L'Autonomie des écoliers dans les communautés d'enfants*）的总结性著作中，将这一倡议的"作者身份"还给了戈恩斯。事实上，早在1946年5月，当《日内瓦论坛报》（*La Tribune de Genève*）的记者前往意大利参观各个战争受难儿童接待中心时，他们就去过奇维塔韦基亚了，丹尼尔·戈恩斯是主要受访者，向读者讲述了他们的经验。在题为《一个教育发现："儿童村"》（"Une trouvaille pédagogique : le *villaggio del fanciullo*"）的系列文章中，他阐发了自己的理念，其中最重要的是关于"自由"的学习，以及"居民集会制度"、"司法"公正和经济自给，这一切都与严格遵守"儿童村精神"密不可分。为了获得"选民"资格，孩子们必须宣誓遵守包含70多条规定的"村规"，条款规定了青少年公民的权利、义务、责任和惩罚。不遵守这些规则的人会受到相应的惩罚：

> 谁要是说脏话，我们就把他的嘴巴封住。谁要是拳打脚踢
> 别人，我们就把这种滥用自由权利的人绑起来。要是两人斗殴，
> 我们就把一个人的右手腕和另一个人的左手腕绑在一起。谁要
> 是朝别人扔石头，就罚他将石头含在嘴里。谁要是在物质上或
> 道德上冒犯同伴，都必须向被冒犯的人赠送礼物。谁要是偷盗，
> 就得赔给别人双倍的东西。谁要是骗人，就会像被社会抛弃一
> 样，不可以和大家一起在餐厅吃饭，只能独自吃饭。谁要是把
> 自己用过的地方弄脏又不清理干净了，就必须做额外的打扫。
> 谁要是欠债，就必须卖掉自己的面包来还债。任何滥用自由权
> 利、违反了村庄规定的人，都要根据其过错的严重性被关禁闭。
> 不遵守规定的孩子是无可救药的，所以在他守规矩之前不被允
> 许吃饭。对于那些为了只做自己喜欢的事情、想让全世界怜悯
> 他的爱哭鬼，则要在他脖子上绑一小瓶水……因为爱哭的人必
> 须喝很多水，才能喂饱他的眼泪！

虽然这确实是自治，是一个由儿童建立、为了儿童的"政府"，
但孩子们的自由也仍然是"受控制的自由"，正如后来关于这段历
史的书籍和文章中展示的那样，权威的形象或秩序的保证者仍然是
成年人，他们表现出"深情的严厉"，仿佛拥有"戴着天鹅绒手套
的铁手"。《日内瓦论坛报》上这个系列的最后一篇文章清楚地说
明了这一点：

教育者其实做了一切，但他们必须要显得像什么都没做似的。他们得像是身体里的灵魂，像是机器中的引擎：他们才是本质，但是隐藏起来了。为此，教师需要拥有最起码的谦逊美德和智慧，必须明白虽然一切都取决于他，但还要让孩子们相信可以独立完成任何事情。教师必须想办法让孩子们自愿做，而不是自己亲力亲为。教师做了什么并不重要，孩子所做的才是一切。教师就像面团里的酵母，他退居幕后的那天，就是面团本身能够成为其他面团的发酵剂的那天，他也就达到了他的目标。教师的目的是努力让自己变得无用。

为了佐证这些话，这份报告附上的照片是"儿童村"孩子们的集体照，其中一些孩子坐在其他人面前，其他孩子则围坐在像是临时讲台的桌子旁，图片附注写着："在'儿童村'，青年议会召开会议。后面站着的是教师丹尼尔·戈恩斯先生，他旁听大会的讨论。"

1946 年 8 月，丹尼尔·戈恩斯离开奇维塔韦基亚，这可能是因为唐安东尼奥·里沃尔塔决定接管他的工作，并建立一个永久性的儿童之家。宣传和资金募集活动开始取得实质性成果，村庄终于获得了发展的资本。1946—1948 年的影集显示，"瑞士顿"资助了全新的瑞士式乡村小棚屋，"儿童村"的建筑得以翻新，还开辟了新的学校和政府会议室。建设工程也有"儿童村"村民们的参与，他们拿着铁锹和镐头，在附近实施了第一次"工业村"扩建。在美国捐助者的支持下，这里建造了许多作坊，还有合作社和银行。后来，亨弗莱·鲍嘉和劳伦·白考尔还访问了这里。

丹尼尔·戈恩斯则继续通过在欧洲巡回演讲，在期刊和教育书籍上撰写文章，来推广他的教育体系。他还继续不时在一些夏令营中将其付诸实践，例如1947年在意大利西北部皮埃蒙特（Piémont）的切萨纳（Cesana）村，以及1948年他返回比利时途中去的斯帕（Spa）市。此外，他倡导的自治模式也已经在 "儿童村" 建立了，除了许多照片和记录可以证实外，1947年2月2日开始的 "新公民大会" 的辩论书也证明了这一点：

4月5日："工会" 表示，公民像羊一样趴在草地上吃草是不雅的行为。因此得出结论：被发现吃杂草的人，就得不到应有的权利。谁拿了别人的扫帚，就要扣10个功劳点（mérite）……

4月8日：本地货币 "功劳点" 流通量不足，鉴于此，决定拥有超过50功劳点的人罚款10%……

4月12日：由于旧屋中床铺几乎全都铺得不好，负责检查的人员可以做出罚款1功劳点，直到床铺好为止的决定。不可以在房子前面的露台上打球，因为那样会打坏花朵，还可能打破窗户……

4月13日：凭自由券和出门券才能到餐厅吃饭。忘记带出门券并在没有出门券的情况下出门，要罚款1个功劳点……

4月22日：由于一些 "公民" 私下交换工作券和上课券，给 "银行" 造成了混乱，"银行" 负责人表示，如果出现损失，将不接受任何索赔……

4月24日：所有弹弓予以没收，因为有村民不仅打破了屋顶瓦片，还打到了母鸡和小鸡……

在这些记录中，我们还能看到唐安东尼奥·里沃尔塔作为孩子们新的监护人：

> 4月3日：唐安东尼奥对我们很满意，并告诉我们继续保持……唐安东尼奥告诉我们，要对委托给我们的事情多上心和负责。
> 4月7日：唐安东尼奥对我们的行为感到满意……
> 4月8日：格拉齐亚诺（Graziano）说唐安东尼奥的坏话，他将被剥夺下次看电影的资格……
> 4月11日：唐安东尼奥原谅了格拉齐亚诺……

1947年4月29日至5月2日，里沃尔塔第一次受国际救助儿童会邀请到日内瓦展示"儿童村"的运营情况。他与克莱尔·文纳和阿里亚娜·弗卢努瓦的相识对后续"儿童村"的发展产生了影响。1948年3月，文纳和弗卢努瓦曾告诉国际救助儿童会，应罗马警察局局长的要求，她们与里沃尔塔合作，成立了一个小组，"开始共同严厉打击青少年犯罪，首先是处理被遗弃在罗马街头的儿童"，其人数估计为5000—6000人。这个项目也只是里沃尔塔模式的另一次表现，但是这个小组自6月以来被联盟总部要求移交给地方委员会，后逐步解散。在1948年11月26日寄出的最后一份报告中，克莱尔·文纳在准确说明了所提供的援助的同时，承认违反了对每个机构只提供一次帮助这一不成文的规则：

现在让我们谈谈圣马里内拉村的问题。一开始我们帮了他们很多，他们因此与国际救助儿童会关系密切，我们为他们介绍有用的人，帮他们在几个国家进行宣传，建立他们与"瑞士顿"的接触，等等。

帕特里克·卡罗尔—阿宾继续推广他的村庄模式，他将在意大利救济委员会及美国对意大利救济会内协调的部分援助用于造福"儿童村"，并在美国开展大规模的宣传活动，特别是广播宣传，以说服其主要推动者更加关注这种模式的机构。正如该村成立初期的记载和照片所示，意大利救济委员会动用了很多卡车来运送食物和儿童。虽然早期的美国对意大利救济会公报中没有提到这一倡议，但 1946 年 10 月的《新闻》公报头版报道了卡罗尔—阿宾于 1945 年创刊的《街头孩子们的歌剧》（*Opera per il ragazzo della strada*），文章中倡导创建像圣马里内拉这样的儿童村庄。1947—1948 年起及以后，人道主义组织逐渐撤出意大利本土，卡罗尔—阿宾成功地逐渐将美国对意大利救济会的任务重心重新转移到"儿童村"项目上，因为重建也非常紧迫，必须在国家层面找到接力点。美国对意大利救济会并没有消失，也没有像其他组织一样去其他国家和地区提供帮助，而是转而为意大利的儿童共和国（Boy's Republic of Italy Inc）提供助力。

1948 年 7 月，里沃尔塔被任命为联合国教科文组织举办的特罗根"儿童村"领导人会议的负责人。

REPUBBLICA DEI RAGAZZI

A.D. 1950

2.9 国际当代青年问题研究所档案，罗马，"少年之城"，卡罗尔—阿宾摄影集：连接"奇维塔韦基亚少年共和国"两座村庄的桥梁，1950 年左右。

第三章

一群瑞士理想主义者决定创建一个"小欧洲"

1943 年，一群伙伴计划创建一个村庄，接受来自不同国家受到战争伤害的儿童，其设想是采用瑞士联邦制模式，通过培养国际理解的教育来助力欧洲抚平战争创伤。"裴斯泰洛齐儿童村"是一个雄心勃勃的人道主义、教育和建筑项目，需要筹款来支持其建设。在"为儿童"儿童及青少年保护基金会的支持下，瑞士的接纳政策问题也很快得到解决。"裴斯泰洛齐儿童村"模式迅速上升为一种国际教育模式，同时也促进了瑞士对其他国家战后重建的援助，恢复了瑞士幸免于战争，却被模糊不清的政治中立立场玷污了的国家形象。对于这个有望成为"小欧洲"的儿童团体所能发挥的作用，人们有不同的看法，讨论甚至一度紧张；但是这一项目仍然成功地将创始人的教育理想与人道主义和慈善职能结合了起来。

主要人物

奥托·宾德尔（Otto Binder，1893—1966）：瑞士人，出生于意大利，小学教师，1922 年加入"为儿童"儿童及青少年保护基金会秘书处，1929 年起任副秘书长，1943—1958 年任秘书长。多项儿童事业的开创者。1934 年，他作为联合创始人之一，创立了瑞士徒步旅游联合会（Fédération suisse de tourisme pédestre）。退休后，他搬到了阿斯科纳（Ascona）。

沃尔特·罗伯特·科尔蒂（Walter Robert Corti，1910—1990）：瑞士人，在完成医学院的学习后，出于健康原因，转向心理学和哲学。作为年轻的泛欧洲主义者，强烈的和平主义情绪驱使他与伊丽莎白·罗滕（Elisabeth Rotten）成为亲近的朋友。

玛丽·迈尔霍费尔（Marie Meierhofer，1909—1998）：瑞士人，专攻儿科医学，后研究精神病学，主要方向是儿童精神病学。她曾是科尔蒂年少时的恋人，但是在一场家庭变故后，她取消了与科尔蒂的婚约。他们仍然是亲密的朋友。

鲁道夫·奥尔贾蒂（Rodolfo Olgiati，1905—1986）：瑞士人，1929—1932 年在德国黑彭海姆（Heppenheim）的奥登瓦尔德学校（Odenwaldschule）任教，该学校由神学家保罗·吉布（Paul Geheeb）创立，是乡村新式学校的典范。奥尔贾蒂于 1935—1941 年担任国际志愿服务联盟（Service civil international）秘书，1940—1942 年担任瑞士救助战争受难儿童联盟组织秘书，1942—1943 年担任红十字会—儿童救济组织秘书，1944—1949 年担任"瑞士顿"项目主任。

伊丽莎白·罗滕（Elisabeth Rotten，1882—1964）：瑞士人。早年在德国生活，在那里她与女权主义、和平主义、贵格会和教育改革运动关系密切，1934 年，她回到瑞士的萨嫩（Saanen）定居。她接触了许多社会活动人士，将职业生涯奉献给这些事业，并组织了各种运动。

　　凭借中立政策，瑞士从战争一开始就被视为和平与庇护之地：1941 年 11 月 7 日和 21 日的《飞跃》（*L'Essor*）特刊《瑞士——欧洲儿童的避难所》中写道："受战争影响的欧洲儿童可以在那里重获健康、继续学业，在最有利的条件下继续成长。"教育家阿道夫·费里埃也参与了这本特刊的制作，他于 1921 年成立了新教育联谊会。然而，虽然红十字国际委员会负责救护和照料战争中的平民受害者，但它并不直接参与为儿童组织车队或遣返的工作。为此，1941 年，瑞士救助战争受难儿童联盟与瑞士红十字会合并，更名为红十字会儿童救助会（Croix-Rouge-Secours aux enfants），该组织由医生雨果·雷蒙德（Hugo Remund）上校领导，鲁道夫·奥尔贾蒂任该组织的秘书长。该组织的任务是将儿童从一个国家转移到另一个国家。据瑞士救助战争受难儿童联盟创始人、1946 年维也纳和布达佩斯的红十字会代表阿尔弗雷德·西格弗里德（Alfred Siegfried）称，在战争的最后几年，有 5 万名儿童通过瑞士的红十字会被安置到其他国家。根据瑞士联邦委员会的政策，孩子们可以在庇护地停留 3 个月。由于他们无法长期居留，等到他们返回自己国家的时候，会再次陷入孤立无援的境地。

　　1943 年，"裴斯泰洛齐儿童村"的主角们登场。沃尔特·罗伯特·科尔蒂和玛丽·迈尔霍费尔是该项目的幕后推动者。作为一名儿科医生，玛丽·迈尔霍费尔曾经参与过红十字会在上萨瓦省克吕塞耶（Cruseilles）的任务，即在战争期间把萨沃尼耶尔城堡（Château des Avenières）改建为儿童之家。科尔蒂由于患上了肺结核，不得不放弃医生的职业。自 1942 年以来，他成为文化艺术月刊《你》（Du）的编辑，该杂志的定位是兴趣和交友杂志，因此也涉及与儿童有关的主题。1943 年夏，在《你》的艺术总监埃米尔·舒尔特海斯（Emil Schulthess）和抽象派时尚摄影师维尔纳·比朔夫（Werner Bischoff）的陪伴下，沃尔特·罗伯特·科尔蒂和玛丽·迈尔霍费尔两人在玛丽·迈尔霍费尔位于楚格州（Cant. Zoug）上埃格里（Oberägeri）埃格里湖（Ägerisee）岸边的家中见面了。在战争的冲击下，维尔纳·比朔夫的注意力也转向了社会问题（工厂工人、难民、受难儿童）的摄影报道。他们 4 人详细讨论了在全球危机中的个人义务，尤其是如何对待遭受苦难的儿童，以及如何和平共处，所有这些想法都特别贴近科尔蒂的内心。

正是在那时，一个帮助战争受难儿童的"儿童村"项目开始了。为了纪念瑞士哲学家约翰·海因里希·裴斯泰洛齐（Johann Heinrich Pestalozzi），以及纪念他在实践中发展起来的教学原则与方法，这个"儿童村"以他的名字命名。裴斯泰洛齐曾于 1798 年在施坦斯（Stans）的孤儿院接纳和保护了遭受法军入侵和屠杀的瓦尔登州（Nidwald）的儿童。

支撑网

玛丽·迈尔霍费尔位于上埃格里的家成了该项目的首个发展地点。建筑师汉斯·菲施利（Hans Fischli）受邀加入了该项目。他受过包豪斯的艺术训练，是画家和建筑设计师，加入项目后不久，他开始绘制村庄的初版计划图。但是他们还必须找到个人和机构的支持，以及寻求有人为这项援助战争受难儿童的事业提供财政保障。迈尔霍费尔向他几个月前在萨沃尼耶尔城堡认识的鲁道夫·奥尔贾蒂（Rodolfo Olgiati）求助。奥尔贾蒂于 1944 年担任"瑞士顿"的秘书长，该机构刚刚由位于伯尔尼（Berne）的联邦委员会创建，负责在战争结束时在不同国家（希腊、芬兰、罗马尼亚、苏联、德国、奥地利、匈牙利、意大利、波兰、南斯拉夫）大规模分发药品和食品等物资。奥尔贾蒂将"儿童村"项目的情况告诉了他在"瑞士顿"的同事伊丽莎白·罗滕，罗滕同时也是瑞士文化事务办公室负责人。两个人同属于一个朋友圈，都是贵格会成员，都参与了"儿童村"项目。在他们的朋友圈通信中，沃尔特·罗伯特·科尔蒂的笔名是"巴斯"（Buss），玛丽·迈尔霍费尔是"麦蒂"（Maïti），鲁道夫·奥尔贾蒂是"鲁埃迪"（Ruedi），伊丽莎白·罗滕是"乌维"（Wuwi）。

1944 年 8 月 1 日，科尔蒂署名的第一篇文章《为受难孩子而设的村庄》（*Ein Dorf für die leideden Kinder*）发表在《你》杂志上。这篇文章作为讲述"儿童村"的著名创始文章，被不断转发和引用。文章呼吁帮助战争受难儿童（残疾儿童、残废儿童、患病的体弱儿童、患传染病的儿童、结核病易感儿童、患"战争创伤神经症"

的儿童），促进科学与医学进步。"儿童村"对由玛丽·迈尔霍费尔提出的新生儿童精神病学持开放态度。科尔蒂还希望以柏拉图的《理想国》为蓝本，创造一种原创的、民主的教育实践，在这个理想国里，每一位成员都怀抱正义、和平与理解。科尔蒂将这个村庄视为"教育和普世文化"的中心，并热切希望在波兰、希腊和德国开设类似的村庄。他强调，流离失所的儿童在瑞士受到的生存威胁是非常真实的。对科尔蒂来说，只有当孩子生病需要治疗时，才应该把他们转移到国外。所以他主张在每个国家当地都提供援助，他认为，把孩子们集中在难民接收国需要花的钱，可以在受灾国本地做十倍的事情。因此，"儿童村"项目不仅是慈善和人道主义的，还有人文、政治和科学的目标，同时也发扬了瑞士的好客精神。正如他在《你》杂志上关于战后的文章中所写的那样，科尔蒂眼中的"儿童村"有"一整套机构和组织框架，一整支为生命服务的智慧和善意的军队"。科尔蒂联系了"瑞士顿"和"为儿童"儿童及青少年保护基金会，还有法国家庭委员会（Commissariat général à la famille）、比利时全国儿童工作委员会（L'Œuvre Nationale de l'Enfance，ONE）和其他人道主义组织。但是，科尔蒂还想更多地接触瑞士人民，包括在学校里、在每间教室的每个孩子。

1944 年 12 月，伊丽莎白·罗滕在苏黎世与科尔蒂重逢。他们的友谊变得更加牢固，在通信中将彼此称为"真心兄妹"（frater cordi）。罗滕建议科尔蒂在和平主义评论刊物《等待和平》（Friedens-Warte）和《新约》（Der Neue Bund）上写一篇关于"儿童村"项目的文章，这两份刊物都是由罗滕主编的。[①] 罗滕对这个美好而充满雄心的"儿童村"项目很有信心，帮助科尔蒂打通国际关系，并通过公开讲座和文章促进"儿童村"项目的发展。他们经常通信交流，伊丽莎白·罗滕的许多信件里写着切实的行动计划，逐个编号，还用各色笔迹画线。他们的电话交流就更多了，只是我们没有记录可追踪！

　　还有其他重要的教育家在背后支持该项目：有阿道夫·费里埃，有 1910 年创办奥登瓦尔德学校的保罗·吉布——他自 1934 年后一直在瑞士避难，住在黑湖（lac Noir）边，在那里接收瑞士移民儿童援助委员会（Comité suisse d'aide aux enfants d'émigrés）安置过来的一些战争受难儿童。时任日内瓦国际关系及发展高等学院（Institut universitaire de hautes études internationales à Genève）民权教授的著名和平主义者汉斯·韦贝格（Hans Wehberg）也提供了帮助。这项事业一呼百应。在他们的通信中，罗滕和科尔蒂将汉斯·韦贝格称为"汉斯叔叔"（Onkel Hans），而他本人也在信件上这样署名，显得与科尔蒂亲如一家，这是因为科尔蒂的奶奶也姓韦贝格。韦贝格在他担任编辑的《等待和平》杂志上发表文章，从而使这个"儿童村"项目也在美国广泛传播。这群名人与"裴斯泰洛齐儿童村"的历史密不可分，也是这个"儿童村"成功不可或缺的原因。

　　从 1944 年开始，"裴斯泰洛齐儿童村"，即德语中的"Kinderdorf Pestalozzi"（通常缩写为 KD 或 KDP）得到了媒体广泛报道。《服

---

① 　《等待和平》（*Friedens-Warte*）为罗滕创刊的刊物。——编者注

务》（Servir）周刊曾转载科尔蒂发表在《你》9 月号中的文章。费里埃读后很激动，发现这篇文章与自己的想法很接近。他还利用这种"接近"同时宣传"裴斯泰洛齐儿童村"和他自己的教育理论。这个项目也鼓励阿道夫·费里埃写出了《战后儿童之家》（Maisons d'enfants de l'après-guerre）这本书，并于 1945 年出版。

为了资助要建造的儿童之家，创始人们主要求助于相关公司和"瑞士顿"。1945 年 3 月，他们遇到了瑞士大企业家和政治家戈特利布·杜特韦勒（Gottlieb Duttweiler），他在 1925 年创立了米格罗斯（Migros）集团，1941 年，该集团已经拥有庞大的合作社网络。另一方面，他们拒绝了武器制造商奥立康（Bührle d'Oerlikon）集团的赞助。罗滕在 1945 年 5 月 25—26 日写给科尔蒂的一封信中表示"这笔钱来得不干净"，并说这可能会使他们"不仅背离了社会主义，还背离了这个项目的本质"。因此创始人们更愿意向食品公司雀巢寻求赞助。

根据瑞士联邦委员会的政策，"瑞士顿"拒绝为"儿童村"捐款，因为政策要求他们只能接收日后可以被送回本国的孩子。"儿童村"的创始人们随后求助于"为儿童"儿童及青少年保护基金会——该基金会由瑞士公益协会（Société suisse d'utilité publique）于 1912 年创建，旨在帮助儿童，尤其是防治结核病，协会由前上校乌尔里希·维勒（Ulrich Wille）领导，维勒在宣传活动方面经验丰富。他们有名的项目，如帮助叶尼什儿童定居和同化的项目，就是靠瑞士公立学校的学生出售邮票来募集资金的。自 1943 年以来，奥托·宾德尔担任基金会秘书长，维利·劳珀（Willy Lauper）主管宣传工作。

Apportez votre pierre au village d'enfants Pestalozzi

ACHETEZ DES PARTS DE SOUSCRIPTION

3.1 日内瓦让—雅克·卢梭研究所（IJJR）档案，费里埃基金会（Fonds Ferrière）：号召为特罗根的"裴斯泰洛齐儿童村"募捐的海报。

在寻求资金支持的同时，他们也在与市政当局就位于埃格里河谷的一块土地进行初步谈判，该河谷位于楚格州和施维茨州（Schwyz）之间。然而，1944年底，虽然他们没有放弃争取埃格里的土地，但另一块区域吸引了这些儿童村创办者更多的关注，就是阿彭策尔州特罗根村附近的一块地方。在1945年1月15日的一封信中，科尔蒂告诉曾表示对这个项目感兴趣的奥托·宾德尔，称他的想法是让来自欧洲各地的孩子们自己建造村庄。科尔蒂写道，他深信"欧洲所有青年将本着建设自己的村庄的精神聚集在一起"，并且"他们要建设的还会比这更多"。科尔蒂很高兴能够与宾德尔合作，并邀请宾德尔与建筑师汉斯·菲施利见面。

这个项目还关系到如何把儿童们带到"儿童村"的问题。玛丽·迈尔霍费尔写信给瑞士航空公司的董事，想要让孩子们坐飞机到瑞士，然后用其他交通方式把他们送到"儿童村"。她还与红十字会的雨果·雷蒙德取得联系，但雨果·雷蒙德对这个援助"儿童村"的计划提出了质疑，更愿意按照与瑞士政府达成的协议，在孩子们的所在国提供援助。他的立场在1946年1月23日写给红十字国际委员会驻布鲁塞尔的瑞士代表的一封信中表达得很清楚：

> 瑞士红十字会处于极其艰难的境地：它只能接收很少的外国儿童，因此必须为最需要帮助的孩子们保留医疗资源。而且，帮助比利时儿童的经验表明，孩子们并不是必须得住在这里不走。

迈尔霍费尔将这种有所保留的态度解释为红十字会想要维持其

对难民儿童救助事业的垄断。但无论如何，"儿童村"甚至似乎在正式开始建造之前就已经存在了。

实践中的哲学

创始人们加快了行动速度，并于1945年1月成立了裴斯泰洛齐村协会。这一年，学术界的其他人士也表示支持该项目，例如发起欧洲"心理卫生运动"的德国—瑞士精神分析学家海因里希·孟（Heinrich Meng），还有莫里茨·特拉默（Moritz Tramer），他是《儿童精神病学杂志》（*Zeitschrift für Kinderpsychiatrie*）的创刊人，也是儿童和青少年中心的创始人。他的妻子弗兰齐斯卡·鲍姆加滕（Franziska Baumgarten）是伯尔尼大学（Université de Berne）的心理学私人讲师。还有来自教育科学研究所的几位教师，如罗伯特·多特伦斯（Robert Dottrens）、皮埃尔·博韦（Pierre Bovet）和爱丽丝·德斯克德尔（Alice Descoeudres）也前来支持该项目。1945年8月31日，罗滕还向玛利亚·蒙特梭（Maria Montessor）介绍了她和科尔蒂发起的项目：

发起人是我的一个充满活力的年轻朋友，来自苏黎世的沃尔特·罗伯特·科尔蒂。他本人身体不是很好，这打乱了他的许多人生计划；但他的精神很强健，给了他一种内生力量和动力去拯救被遗弃的孩子，让他们恢复健康。如果我们的计划成功，我们甚至可以给这些孩子比那些经历过所谓"正常生活"

的孩子更好的生活。

现在项目已步入正轨，他们需要加倍努力宣传。第一份计划书是由来自纽约的瑞士人赫尔曼·C.霍内格（Herman C. Honegger）设计的，霍内格是慈善家，也是 1942 年美国裴斯泰洛齐基金会的创始人。《你》杂志的出版商，即康策特与胡贝尔（Conzett & Huber）出版公司同意印刷 150 万份传单用以发放。科尔蒂还准备与宾德尔会面。宾德尔作为"为儿童"儿童及青少年保护基金会的秘书长，是当时为这个项目发放资金的负责人。科尔蒂打算与宾德尔谈谈他的项目，包括在孩子面前砍树的"树木行动"（Baumaktion）。市政当局会提供出售的树木，用于建造"裴斯泰洛齐儿童村"未来的房屋，这些树木也将被砍成木柴，用作燃料。

"为儿童"儿童及青少年保护基金会方面在 1945 年 5 月组织了第一次筹款活动，筹集了 50 万法郎 ①。从 10 月起，宾德尔准备将"儿童村"纳入"为儿童"儿童及青少年保护基金会的工作范围。这是否是为了控制该项目呢？科尔蒂和他的朋友也在继续寻求支持。例如，7 月，罗滕在日内瓦会见了国际救助儿童会的秘书长乔治·泰兰，她在 1945 年 7 月 4 日写给科尔蒂的一封信中称乔治·泰兰是一位"对外联络人"。最后，宾德尔成功说服了"为儿童"儿童及青少年保护基金会来支持这个项目。科尔蒂对这些"新势力"感到高兴，并在 10 月 12 日给宾德尔的一封信中透露，他一直希望"儿童村"能成为"该国宏大的历史性组织"中的一部分。

---

① 即 740 436 瑞士法郎，《晚间画报》（*Le Soir illustré*）7 月 17 日刊记载。——原注

"儿童村"奠基之前就陆续受到许多新闻文章报道。《晚间画报》将该村描述为"未来之城"，一座由"赤膊少年"建造的"世界和平圣殿"。热情的记者总结说，它是"世界上第一个孤儿村"。但是，创始人的队伍内仍然需要更加紧密的联系，因为已经有人担心这场活动丢失了初心。1945 年 11 月 12 日，伊丽莎白·罗滕给"鲁埃迪"（即鲁道夫·奥尔贾蒂）写了一张小纸条，鼓励他参加下一次村委会会议："你绝对不能错过。"她总结了自己与宾德尔长时间的讨论内容，并告诉奥尔贾蒂，"这不仅是金钱和回报的问题"，而是"重新看待自由的本质"，即创造的精神。"为儿童"儿童及青少年保护基金会从募集的钱里抽取了 30% 作为自己的运营资金，但伊丽莎白·罗滕仍然像是在安慰自己似的说，宾德尔想要"整个组织的和谐发展"。但风险也是存在的，宣传工作使资金投入加倍，这很可能会破坏创始人群体的积极性和理想主义愿景。

1945 年 12 月，费里埃写了两篇关于"裴斯泰洛齐儿童村"的文章，一篇刊登在他担任名誉校长的新式学校"小校村"的校刊《新法国学校》（*Ecole nouvelle française*）上，另一篇刊登在《飞跃》上。他在文章中强调了"裴斯泰洛齐儿童村"的精神（一套守护语言和文化的体系，以免这些孩子回到各自国家后"被连根拔起"），还强调了"裴斯泰洛齐儿童村"的独创性，将其称作"建筑师、精神病学家与新教育实践者"的联盟。

12 月 31 日，科尔蒂在上埃格里给宾德尔写了一封长信。他一直写到凌晨，写到了旧一年的结束、新一年的开始。他惊恐地注意到"悬而未决的工作堆得像喜马拉雅山一样高"。他告诉对方，要在特罗根而不是埃格里建造村庄，因为埃格里的气候还是不太适合身体状况欠佳的孩子，尤其是罹患肺结核的孩子。科尔蒂深信，"儿童村"建立的地方首先要是一个风景美丽的地方，这不仅是因为"景观对灵魂的影响"，而且是基于"瑞士的良心"，希望"这样的国际组织能向游客展示瑞士人的温柔，让人们看见我们在美丽的地方创造美好的事业"！科尔蒂还在信里向宾德尔介绍了与联邦委员会、红十字会和"瑞士顿"一起筹款的经过，讲述了他们是怎样最终获得了"大量资金"，也讲了在此之前所有失败的尝试。这封信的结尾笔触温馨、热情洋溢，以"两人的不期而遇"收束，还暗指了宾德尔写的一本关于原始森林的书："让我们一起在欧洲的原始森林中，与你、与我、与所有人一道，用你我都珍视的这种力量建立一个充满美好人性的村庄。"

1946年1月21日，特罗根市政府最终为这块土地报了价，这片区域北临康斯坦茨湖，南临阿尔卑斯山雄伟的山麓，位于湖山之间的丘陵地带。科尔蒂在《为儿童》（*Pro Juventute*）杂志第五期的一篇文章中写道，这里有清洁的空气，周围没有工厂，只有"奶牛夜间返回的牧场"。该建设项目正在加速推进，建筑师汉斯·菲施利也亲临建设前线。

项目的"志愿建筑帮手"都是来自世界各地的年轻人，包括东方国家。整个项目招募了1200名志愿者，他们都来自青年工作营，从1946年4月到1948年7月，这些年轻人一起搭建村庄，这也给所有人带来了精神鼓舞。无论来自哪个国家，"强壮健康的青年们"都一起工作。很快，村庄就在游客、记者和摄影师的注视下建造起来，他们欣赏这项"在瑞士青年的慷慨奉献下"诞生的杰作——正如工作营章程所表明的那样，人们投入了很大的热情。

Photo — Chuck Alexander

FLAG SYMBOL OF HOPE AT PESTALOZZI VILLAGE

3.2 特罗根"裴斯泰洛齐儿童村"私人档案,《瑞士记者报》(*Swiss Reporter*) 剪报,1949 年 2 月 3—10 日:瑞士国旗作为希望的象征飘扬在特罗根的"裴斯泰洛齐儿童村"上空。

人道主义事业和以人为本的事业

从一开始，"裴斯泰洛齐儿童村"的发起人就有极大的抱负：按照超过瑞士红十字会儿童救助会收容期限（3 个月）的标准接收儿童，并让孩子们在阳光充足的地方居住，这需要建造 26 间房子；罗滕在 1946 年 7 月中旬的一篇文章中写道，他们希望全体瑞士人民能够一道参与到这场建设和援助中，"不要再做灾难的旁观者，而要做未来人民群体的建设者"；他们承诺也会在受战争影响的国家（尤其是德国）建设其他"儿童村"，并提供一种结合民族联盟、和平与民主教育以及责任感培养的教育模式，罗滕将其概括为"国际理解"（compréhension internationale）一词。这篇文章撰写于罗滕位于瑞士萨嫩的家中，概括了该项目的本质："我们必须本着积极而中立的精神，将福利提供给尽可能多的国家，包括战争双方的少年儿童！"她总结道，跨国教育正是"裴斯泰洛齐儿童村"建设的核心，它旨在建立一个"超越一切隔阂的坚实的人类社会"。她补充道，"通过这种方式，孩子们将学会尊重其他文化的特别之处，并感受人类文化的丰富多样……孩子们将更深刻地体验作为整体的人类而不是其间的差别"。作为一名坚定的贵格会女教徒，伊丽莎白·罗滕预见到"西方民族和东方民族、新教徒和天主教徒的良性交融，将为整个人类群体赋予意义"。因此，这种"人民的联合"将领导这一切，而所有人都要参与其中。她写道："特罗根的小村庄也许将是地球上独一无二的，那里接纳了来自昔日敌国的小孩，以及世界'和平'时仍然存在的敌人，他们可以在互惠互利中摆脱所有仇恨，成长起来。""裴斯泰洛齐儿童村"会为了那些支持它

的人而变得更好，要成为一个榜样，"使仇恨的结束成为可能"，并建立一个"小欧洲"，这里会有七八个小集体，每个单位里有大约 50 名儿童。他们相信，当特罗根为欧洲的战争孤儿"完成使命"后，它仍将是需要帮助的孩子们的家园，并且已经有计划未来在那里接收孤儿，填补战争受难儿童回到各自的国家后留下的空缺。他们会为回国的孩子们提供居留证或公民资格证明信函，让他们可以在必要的情况下，像瑞士国民一样得到"裴斯泰洛齐儿童村"的经济支持。

科尔蒂让来自不同国家的儿童在尊重国家完整性和主权的情况下共同生活，这个想法与瑞士的政治格局相呼应。瑞士是拥有 4 种官方语言的不同州组成的联邦，这就像是欧洲的缩影。瑞士以这种方式向欧洲展示自己的形象，这一方面是"裴斯泰洛齐儿童村"为代表的瑞士人，以及由于政治中立而作为"儿童村"的东道国的瑞士的成就，另一方面也代表了"小孩共和国"模式和瑞士联邦主义模式。这些模式一起在世界范围内得到传播，也是瑞士联邦委员会修复其受损形象的一种方式：因为，在第二次世界大战期间，瑞士并没有完全恪守其中立的立场。由让—弗朗索瓦·贝尔吉耶（Jean-François Bergier）担任主席的瑞士专家独立委员会的最终报告表明，在 20 世纪 30 年代，德国不入侵瑞士是因为瑞士与纳粹政权的商业政策。就德国的商业、存放犹太人财产，以及驱逐包括儿童在内的犹太人而言，瑞士都是一个"安全岛"。战争结束后，为了在和平的世界中重新站稳脚跟，瑞士必须摆脱"亲德"和"种族灭绝政策的同谋"的形象。

现在，难道难民儿童不会成为这种宣传政策的"人质"吗？

1947年"裴斯泰洛齐儿童村"的年度报告清楚地传达了这一信息："瑞士并没有回避这个问题。"接收和重建难民儿童身心健康是与人道主义传统相符的目标，同时，瑞士也确实需要借此修复自己的形象。因此，他们大力宣传以和平主义、民主精神和国际主义精神建设的"儿童村"，并使其成为政治表达和人道主义援助的一部分。

所有的创始人和推动者在人道主义、政治、哲学甚至宗教层面上的观点远非一致。因此，在整个"儿童村"项目中，首先要做的是将持不同意识形态的成年人聚集在一起。很快，在帮助战争受难儿童的观念上出现了分歧，而对于"儿童村世界"的愿景大家也有不同意见。首先是教育理念的不同：虽然科尔蒂没有明确公开表明过新教育的立场，但事实上，他周围都是新教育活动家和和平主义者。对这个项目的定性也存在分歧，这项工作对某些人来说属于瑞士人道主义政策的范畴；而在另外一些人看来，"儿童村"则是基于新教育实践的人文社会。渐渐地，科尔蒂在思想上似乎变得没那么"开明"了，他转而支持一个依靠权力和金钱的力量完成项目的慈善机构，而这似乎曾是他和他的朋友们所谴责的价值观。

教育和财务目标

奥托·宾德尔自1946年起在"为儿童"儿童及青少年保护基金会的组织宣传活动和筹款方面发挥了重要作用，同样，在"裴斯泰洛齐儿童村"，他同时在筹款委员会和行动委员会（工作委员会）担任职位，因此拥有更大的决策权。科尔蒂则担任理事会主席。作为一名优秀的组织者，宾德尔起草了一个筹款计划，该计划分两个方向。一方面，他同意科尔蒂的想法，即"激发人们积极参与"筹款活动，这也是比较切实的行动，而另一方面则是一些"筹款哲学"，即"没什么意义但华而不实的夸张活动"。但是对于公众而言，这些花哨的活动（还能获得捐款证书），主要是通过在街上出售物品来进行募捐，吸引了人们参与。人们若是想和孩子们联系更紧密一些，还有两种参与的形式：在村里参与志愿工作或收集、维修村里的旧物。宾德尔还建议推广"特别房屋"（Maisons spéciales）行动，即邀请雀巢、科浦（COOP）、米格罗斯等公司冠名"儿童村"里的一些小屋，但是又不能让"儿童村"沦为"广告村"。

1946 年 1 月，"裴斯泰洛齐儿童村"委员会的任命完成。正如罗滕在 3 月 7 日给科尔蒂写的那样："现在这一切变得严肃起来了。"委员会里有一些科尔蒂的朋友，例如他口中的"行动诗人"、当地《新苏黎世报》（Neue Zürcher Zeitung）编辑部主任、慈善家埃德温·阿尔内（Edwin Arnet），还有迈尔霍费尔、菲施利、奥尔贾蒂、费里埃以及他们所招募的优秀人才（学校主任、教师、教区长、医生等），如洛桑医学教学办公室的负责人吕西安·博韦（Lucien Bovet），海因里希·孟教授和教师爱丽丝·德斯克德尔。伊丽莎白·罗滕对于加入这个组织有些犹豫，她认为"他们人并不坏"，但她仍对委员会有"巨大的担忧"。她在 3 月 8 日写信给科尔蒂，向他解释说她不同意建立这个委员会，她甚至称他们为"小团体"。3 月 11 日，她给科尔蒂写的信里甚至有了打退堂鼓的意味，她同意宾德尔的观点，"我看到了这些优秀的女士们和先生们，他们会做得很好，但是会以他们自己的方式，没有我的参与也可以"。

3.4 特罗根"裴斯泰洛齐儿童村"私人档案，1948 年活动报告：
特罗根"裴斯泰洛齐儿童村"接收的首批儿童档案照片。

然而，一周后，事情发生了逆转。她不能放弃她亲爱的朋友科尔蒂，决定成为"'儿童村'最忠实的盟友"，第二天，罗滕写信给科尔蒂说："他们吞噬的是你的事业。"1946 年 3 月 19 日，罗滕加入了"裴斯泰洛齐儿童村"委员会。此后，她坚持不断努力实现章程中提出的目标，那就是：

"裴斯泰洛齐儿童村"委员会的目的是帮助来自国外的贫困儿童，为他们建立一个村庄，在那里他们通常会得到相当长一段时间的照顾。"裴斯泰洛齐儿童村"牵挂着他们的健康和教育。本村的医疗、教育和社会经验将通过专门研究儿童康复工作的医学和教育出版物、会议和代表大会为儿童提供身体和心智方面的帮助。瑞士和其他国家的教育工作者、社会工作者和医生也将在本"儿童村"实习。

还是在 3 月份，"裴斯泰洛齐儿童村"委员会和"为儿童"儿童及青少年保护基金会签订了合同，制订了一项财务计划，不过有些人仍然担心基金会是否想从中牟利。这种怀疑导致局面陷入紧张，迫使宾德尔再次强调资金来源的可靠性。3 月 25 日，宾德尔写信给科尔蒂：

如您所知，我们的基金会从未要求干涉您的委员会事务或恢复筹款。但是，贵机构的各位代表成员非常紧急地向"为儿童"寻求帮助。如果我们在不理想的情况下最终答应了这个紧迫的要求，那只是因为我们认可您在"儿童村"项目中的想法，并认为我们能有所助益。在我们看来，您的委员会确实需要我们基金会的帮助，而"为儿童"儿童及青少年保护基金会需要获得所有参与者必要的信任。不幸的是，今日这些条件似乎难以满足。"为儿童"儿童及青少年保护基金会显然不能接受认为我们有牟利意图的暗示，如果没有充分的互信，我认为慷慨的捐赠将无从谈起。

早在1946年，"儿童村"还没开放的时候，在此问题上就有潜在的分歧了——就像苹果里面的虫子一样。而"为儿童"儿童及青少年保护基金会秘书长宾德尔则"手握刀柄"，一再以辞职作为威胁，可以想象，科尔蒂和他的朋友们必须服从宾德尔，以达成建立"国际儿童村"的共同目标。

特罗根：一个"小欧洲"

1946年4月28日，科尔蒂终于在他的日记本上记下标题"在特罗根铺下第一块基石"（*Die Grundsteinlegung in Trogen*）。这天是裴斯泰洛齐200周年诞辰的纪念日，但对特罗根市政当局来说，也是公民参加州民大会①举手投票的日子（当时只有男性可参与投票！）。

---

① Landsgemeinde，部分瑞士州份所使用的一种古老且简单的直接民主形式。参与集会者是州内拥有投票权的选民，举手表决为其投票方式。——编者注

1946 年 5 月 11 日，第一批 35 名儿童抵达特罗根，他们来自法国南部（土伦和马赛），这多亏了红十字会儿童救助会和新教育联谊会成员们的帮助。两个小女孩在家中写日记时记录下了这些事，记录也被收录于 1948 年的"儿童村"年度报告中：

> 我们法国人是最早到达村庄的……由于村庄尚未建成，所以我们住在"舒尔坦"〔Schurtanne〕，那是特罗根的孤儿院。我们经常查看村庄的建设情况。我们第一次到那里时，只看到吃草的奶牛；当时有两个小女孩直接哭了，因为有人告诉我们，我们之后会住在那里。

在计划建造的 26 座房屋中，有 15 座采用了阿彭策尔当地的建筑风格，临街正面的窗户整整齐齐排成一排。1946 年 10 月 24 日在《晚间画报》上的一篇文章描述了这些"建筑士兵"："这些来自全世界的孩子建造了一座世界儿童的城市。"将 6—14 岁的男生和女生们按国籍分到各个房屋中的想法引起了大批记者以及游客的好奇：这样做的目标是建立小小的国家营地，每个营地都保有自己的语言、文化等特征。为使"裴斯泰洛齐儿童村"取得成功，项目的重点落在 3 个主要概念上。首先是"国际理解"，它强调了国际社会的重要性；其次是由代表不同国家的儿童团体组成的联邦"自治"，它体现了超越国家概念的政府制度；然后是费里埃所珍视的"积极教育"。在 9 月 9 日的信中，费里埃始终关心自己的教育思想实践，询问科尔蒂是否在"儿童村"应用了自己的教育方法，但科尔蒂没有回复他。

3.5 特罗根"裴斯泰洛齐儿童村"私人档案：特罗根儿童村负责人弗里茨·韦策尔（Fritz Wezel）将孩子们召集起来，1949年。

　　"裴斯泰洛齐儿童村"的第一任领导者是弗里茨·韦策尔，他37岁，来自"为儿童"儿童及青少年保护基金会。他的任务包括：培训成年人，包括教师和各类委员会的成员；在工作委员会和"儿童村"之间建立联系；规范行政管理；接待游客；对外代表"儿童村"的儿童。但他似乎未被分配教学任务。对他来说，"儿童村"是一个像家庭一样的团体，老师就像是"一家之主"或"父亲"。在1946年6月的报告中，他用抒情的笔触描述了"'裴斯泰洛齐儿童村'的一天"，在这个"生命共同体"中，音乐、绘画活动和体力劳动相结合，其中，劳动和协作是最重要的，孩子们还会学习他们祖国的语言。韦策尔还说："成年人尽可能地减少干预，但是他们随时待命，担起顾问和朋友的角色。"

　　孩子们的到来，房屋的搭建和安排，学校事务和集体生活也都开展起来，然而这一切并没能让这些创始人之间的矛盾缓和。一方面，以科尔蒂和罗滕为代表的理想主义者正在努力建设"一个博爱的世界"，他们想要把"儿童村"打造成一个"小欧洲"；而另一方面，其他成员中很多人则是现实主义者，罗滕把他们称为"那些没有理想的人"，她在1946年5月给科尔蒂的信中干脆地称他们"精神贫瘠"。从他们的大量通信中可以看出许多冲突，而这些冲突的受害者往往还是那些战争受难儿童。在这个团体的最初几年，对抗、信任危机、以辞职作威胁和实际辞职、工作委员会的内部危机、权力斗争、成员的个人问题甚至道德问题等各种问题一直接连不断，然而，这没能让"裴斯泰洛齐儿童村"的活动家们对这项事业的坚持打折。科尔蒂试图巩固他的工作成果；他结识了很多人——泰兰、费里埃、吉布，还有接替宾德尔担任"儿童村"执行委员会主席的维利·劳珀、联合国教科文组织的贝纳德·杰维茨基；他积极参加各种代表会议，回应记者，主持会议和处理冲突，还以个人名义投入金钱，而与此同时，他还不得不密切关注自己虚弱的身体状况。在 1946 年同年，他与安娜·邦佐（Anna Bonzo）结婚，在信中，他将妻子亲昵地称为阿努蒂（Anuti）①，安娜也成为建设"儿童村"的成员之一。

1946 年底，科尔蒂考虑去美国筹款。迈尔霍费尔则在工作委员会中寻求推进一项"计划"，即在村庄里设立一名"思想监护人"，把孩子们的教育问题与村庄日常运营工作分开，"思想监护人"将负责处理好孩子们各方面的个人问题，解决接收孩子以及跟踪孩子后续发展的问题，最后"思想监护人"还要负责处理与其他国家的关系。显然，在迈尔霍费尔的设想中，这是很适合科尔蒂的工作。但宾德尔对这一设想没有兴趣，他正在考虑一项"推动海外'儿童村'建设的总体计划"，计划重点在德国实施，由罗滕领导。迈尔霍费尔的大部分时间都在村里，尤其是在幼儿园度过。"儿童村"执行委员会里的一些成员甚至觉得她想定居在那里。

11 月 9 日，大雾茫茫，新房落成。1947 年 1 月 10 日的《飞跃》杂志上刊登了费里埃的一篇文章，根据这篇文章的信息，有 600 多名年轻人参与了这项建设工程，并呼吁在世界各地再建造 50 个裴斯泰洛齐村式的"儿童村"。

---

① 意为独特的、唯一的。——译者注

"世界合一的村庄"

1947 年，个人和公众捐赠使得"儿童村"可以建造更多的房屋。在这个时期，"儿童村"盖起的房子有苏黎世市为"金发的波兰人"（即纳粹政权押送到德国的孩子们）捐赠的房子、巴塞尔（Basel）的汽巴精化制药公司（Ciba S.A.）为华沙的儿童捐助的房子；温特图尔（Winterthur）人送给法国孩子的礼物——"蝉屋"；米格罗斯集团员工为维也纳的孩子们捐的房子；匈牙利儿童的房子则是瑞士阿尔皮纳大酒店（La Grande Loge Suisse Alpina）捐赠的；来自瓦杜兹（Vaduz）的奥托·吕克尔—埃姆登（Otto Rücker-Embden）则给汉堡的孩子们捐赠了房子。1947 年 12 月，共有 11 所房屋落成，其中 6 所已经住满了来自 5 个国家（法国、匈牙利、波兰、德国、奥地利）的儿童。此外，还有来自世界各地捐赠的物资和资金：巴勒斯坦送来了水果，波兰送来了煤炭，澳大利亚送来了蜂蜜。荷兰扶轮分社①给特罗根的儿童村捐赠了一台电影放映机。同样在 1947 年，还翻新了原来的旧农舍，行政办公室、小卖部、洗衣房、厨房和两套员工家属公寓都在这栋建筑里。"儿童村"还在比尔（Bühl）购置土地，以德语、法语和英语 3 种语言发行儿童村的报纸《裴斯泰洛齐儿童村新闻报》（*Nouvelles du Village d'enfants Pestalozzi*），借此向公众发出他们的声音。

一个国际化的"小世界"围绕着竖在村前的瑞士国旗组织起

---

① 荷兰扶轮分社即全球性慈善团体"扶轮国际"（Rotary International）在荷兰的分支机构。——编者注

3.6 特罗根"裴斯泰洛齐儿童村"私人档案：沃尔特·罗伯特·科尔蒂(上图)和伊丽莎白·罗滕(下图)与特罗根的孩子们在一起，1949年。

来，村前是这个"小共和国"成员们聚会的场所，他们面临的挑战是不同国家背景的儿童要在此共同生活和工作。为了建设真正的团体，需要在重视集体生活的同时调和每个国家小屋内部的民族认同，以便培养孩子们对他国文化的同理心和理解。英国杂志《图片邮报》在 1947 年 11 月 15 日号以"世界合一的村庄"这一充满希望的标题和相应配图展示了这种新的国际团结。其中一张照片中，一位年轻的法国姑娘正在照料来自"汉堡小屋"的小男孩，而另一张照片则展示了一群孩子在编织的场景，照片配字写道：

> 德国儿童正在忘记战争的创伤和纳粹的教育。他们与法国、波兰的孩子一起长大。几年前，这些孩子接受的教育是要蔑视来自这些国家的人，而现在他们正在学习互爱和相互理解。

这不仅是一种政治理想，更是一种哲学理想。在特罗根，孩子们并不是像雅努什·科扎克或阿道夫·费里埃等新教育的老师所推崇的那样实行自治，而是由成年人引导他们建立民主观念。每个孩子在家庭活动和团体组织中照顾他人。如果说教学活动必须根据每个学生的能力和水平进行个性化设置，比如要尊重每个人的宗教背景，那么集体活动则是让人们超越国界共处的机会，歌曲、绘画、体操、德语（"儿童村"官方语言，也是阿彭策尔州的官方语言）等扮演着支点的角色。法国新教育集团（Groupe Français pour l'Éducation Nouvelle，GFEN）成员热纳维耶芙·德雷富斯—塞（Geneviève Dreyfus-Sée）在 1948 年 4—5 月访问特罗根后登在《新法国学校》的评论中写到这些内容。她对村庄的组织大加赞赏：半独立式的白色小木屋，外观"简单而和谐"，"房间一尘不染、十分整洁"，"孩子们聪慧而善良"。在法国儿童居住的"蝉屋"待了几天后，她目睹了孩子们进行自我管理和参与的形式："每栋房子都由住在那里的孩子们自己维护"，"任务表张贴在门厅"。另一方面，自治的原则甚至被落实到细枝末节的事务中。热纳维耶芙·德雷富斯—塞看到一个小牌子上写着"1948 年 1 月 22 日委员会议"，她描述了她所看到的这种直接民主在实际中惊人的运作方式：

> "委员会"，或称儿童大委员会，显然是在一种半阁楼中开会的，这种半阁楼是由部分教室和教师办公室上方框架中的空隙构成。放置梯子，方便人进入，只要把梯子撤掉，就会成为一个"无法进入的小空间"，接着委员会就可以自由地讨论，是让安妮塔（Anita）接着摆放饭桌，或是接受德德（Dédé）希望继续洗碗的要求。工作并不是按照轮流的方式从一个人到下一个人，因为委员会通常会以开阔的眼界处理问题，接受孩童大众的意见，比如通常会对德德或其他孩子提出的"继续洗碗"的要求予以考虑，并且通常会批准所有合理的请求。

法国精神病学家路易·勒吉扬（Louis Le Guillant）当时也是法国公共卫生部的技术顾问，也在杂志《新法国学校》中对特罗根的国际主义模式感到疑惑：

来自世界各国的儿童，怀揣着不一样的想法、思考，更别提他们的习俗和偏见，他们能否与不同国家背景的孩子们一同实现社会化，创造一个在现有秩序下，使每个族群都受益的、真正的国际社会呢？就像我们心中隐隐希望的那样，各个国家的儿童都为这个村庄作出贡献？这会不会带来新的分裂，成为冲突的根源？我们是否有权让这些年幼的孩子参与这场国际和解的实验呢？

然而，在瑞士联邦委员会、"瑞士顿"和"为儿童"儿童及青少年保护基金会的支持下，特罗根的"裴斯泰洛齐儿童村"还是赢得了全世界的赞誉，特别是在联合国教科文组织 1948 年将其作为典范推广之后，这里还成为第一届国际儿童团体联合会大会和国际儿童团体联合会秘书处会议的举办地，这里还建立了一所联合国教科文组织中心，《教科文组织信使》[①] 在 1948 年 2 月的一篇文章称，"这里是不同国家的儿童团体共同的母校"。在某种程度上，"裴斯泰洛齐儿童村"不仅在行政上成为该项目的承载，而且最重要的是，它成为联邦主义、甚至超国家主义的象征，正如"儿童村"的年度报告所说：1948 年，一个统一的、和平的新欧洲在这里成立了。

---

① *Courrier de l'Unesco*，联合国教科文组织理事会期刊。——编者注

3.7 特罗根"裴斯泰洛齐儿童村"
私人档案：建筑师汉斯·菲施利
从介绍村庄的手册中摘录的景象，
1949 年。

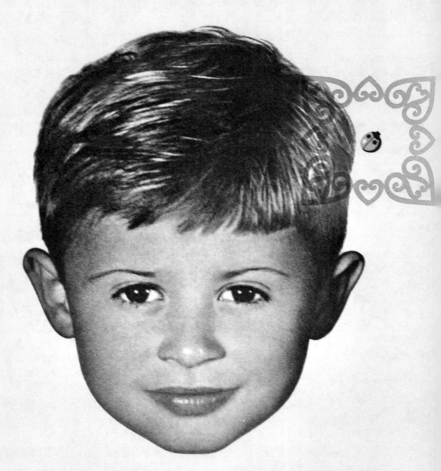

UN ORPHELIN
DU VILLAGE PESTALOZZI
ATTEND UN PARRAIN...

3.8 特罗根 "裴斯泰洛齐儿童村" 私人档案：为 "裴斯泰洛齐儿童村" 的孩子们募捐的传单。

第四章

法国精神病学家的"自治"疗法

两次世界大战期间，一位法国精神病医生经国家教育部批准，在贡比涅（Compiègne）附近的安内尔城堡开设了一所私立医学院，面向巴黎资产阶级招收性格孤僻的孩子。这家以精神病康复为主的机构创新性地将戏剧引入教学实践。德军占领法国后，这场教育实践就被迫停止了。这位精神科医生被任命为维希政府卫生部技术委员会秘书长，并帮助残疾儿童和有道德问题的儿童们。战后，尤其是在"瑞士顿"的帮助下，他在安内尔城堡重新开始，创建了"小校村"。"小校村"也是"小孩共和国"的一种形式，较为广泛地收容了身心有欠缺的青少年。在那里，他使用了新教育的方法，包括"自治"，但把重点放在心理医学治疗性教学法上。①

---

① 本章中，"小校村"里儿童的名字均为化名。——编者注

主要人物

路易·勒吉扬（Louis Le Guillant，1900—1968）：法国人，1931 年任精神病院医生，1944 年开始负责协调对残疾儿童和有道德问题的儿童的帮助。1945 年，他成为积极教育方法培训中心（Centres d'entraînement aux méthodes d'éducation active，CEMEA）的董事会成员。

罗伯特·普雷奥（Robert Préaut，1901—1980）：法国人，天主教徒，父亲是瓦兹（Oise）省一位农业工程师。他于 20 世纪 20 年代成为圣莫里斯国立疗养院（L'Asile national des convalescents de Saint-Maurice）的主任医师。1933 年，他创立了一所为"性格障碍"的年轻人开办的学校，那是 1945 年法兰西岛"小校村"的前身。

吉尔贝·泰里耶（Gilbert Terrier，1921—2011）：法国人，教育家，"隆格伊—安内尔小校村"的助理心理学家。他曾是法国 1940—1945 年在阿尔及尔的童子军领袖，毕业于蒙泰松（Montesson）康复学校，负责管理"小校村"的"小孩共和国"。

　　1945 年的夏天，美丽的巴黎街头是奥斯曼风格 ① 的建筑，在"金三角"② 和香榭丽舍大道旁，有不少沦为战争牺牲品的儿童流落街头。精神病学家罗伯特·普雷奥是圣莫里斯国立精神病院的主治医生，同时在他位于巴黎第八区维也纳街上的家中做私人医生，他计划发起一场有利于儿童的伟大运动，为此作出了各方面的努力，并经过了几年的考虑。从 1933 年到 1940 年，他先是担任了瓦兹省安内尔医学院（collège médical d'Annel）的第一任院长。这是一所医学教育机构，旨在帮助"性格障碍"的儿童，这些孩子们智力正常，甚至智商很高，但是他们的心理处于混乱状态。1943 年，他工作调动，学院也撤回了卢瓦雷（Loiret）河谷。他加入人类问题研究基金会（Fondation d'étude des problèmes humains），即以其理事命名的"亚历克西斯—卡雷尔基金会"（Fondation Alexis-Carrel）。在那里，普雷奥关注"童年创伤的康复"，并于同年被

---

　　①　拿破仑三世时期，由塞纳河省长乔治—欧仁·奥斯曼男爵（Georges-Eugène Haussmann）主持大规模巴黎改建规划。今日巴黎街头约 6 成以上的建筑均为奥斯曼风格。——编者注

　　②　法国"金三角"（Triangle d'or）是由三条马路构成的一个正三角形街区，位于巴黎第八区、塞纳河右岸。香榭丽舍大道、乔治五世大街和蒙田大道构成该金三角的三边。这里云集了众多世界顶级奢侈品牌店铺。——编者注

任命为技术委员会秘书长，该委员会根据 1943 年 7 月 25 日的决议，与法国卫生部合作，旨在帮助残疾和有道德问题的孩子。他积极参与了与患病儿童相关的精神病学术语整理工作，以及对"康复教师"（这些康复教师后来被称为"特殊教育教师"）的培训工作。他还在蒙泰松行政学院任教，那里刚刚开设了培训康复教师的课程。他为此撰写了一份总结报告，表达了他对帮助"精神不健全或有心理危机的儿童融入社会"这一事业的抱负。

对普雷奥来说，在后维希时代帮助所谓"适应不良"的孩子们这一过程进展还算顺利。1945 年 6 月，他试图从 1941 年以来他任职过的各种官方机构中招募精英，以期组成一个庞大的儿童专家和技术人员团队，以"孩子们的伙伴"为宣言，希望通过各种方式提高公众和政治当局对儿童问题的关注度。几周后，他组织了法国全国社会康复协会（Association nationale de réadaptation sociale，ANRS）的成立大会。1945 年 8 月 13 日，该协会正式成立，其总部设在蓬蒂约大街 70 号，离凯旋门很近。该组织有两个目标："保证被排斥在通常社会框架之外的个体——主要是儿童——能够过上正常的生活"和"建立教育和职业活动中心，帮助残疾或处于心理危机中的孩子们重新融入社会，尤其是战争受难儿童"。8 月 20 日，第一届理事会在普雷奥家召开，普雷奥被一致推选为协会理事长，负责管理核心队伍，以使得教育中心尽早开放接待儿童。

作为该项目的核心人物，罗伯特·普雷奥利用自己的社会关系联系了在儿童保护方面有经验的潜在"慈善家"，他们有的是工人运动活动家，有的是反思青少年犯罪问题现状的法律界人士，有的则是公共卫生和儿童保护方面的专家，也有的在行政机构担任职位。普雷奥善于交际，借此，他便可以开始建设儿童康复中心的"冒险之旅"了。他将自己视为一名医生和教育家，并在1945年发表在《人体健康》（*La Santé de l'homme*）杂志上的一篇文章中讲述了自己的角色转换："从江湖医生和个人的保护者"变成了"通过团体病理预防的方式开展治疗的卫生学工作者和精神医学医生"。正如1945年他在技术委员会任职时写到的，这一职能与教师的职能相辅相成，他认为"必须形成一门医学教育学"。普雷奥将"社会康复"视为其项目的关键词。在这个重建国家和振兴经济社会的特殊时刻，那些存在问题的孩子难道不是社会，尤其是援助机构的负担吗？因此，他强调即使是"适应不良"的儿童，在早期教育中学习一门手艺也是十分重要的。更重要的是，社会康复应该在各个层面进行，1946年，他在法国互助会（Entraide française）的杂志《社会一页》（*Pages sociales*）6、7月刊中这样写道：

> 直到最近几年，对社会适应不良儿童（残疾、发育迟缓或有性格障碍）的帮助主要是在教学层面上进行的。然而，这些孩子在适应社会上存在更复杂、更广泛的问题。必须从作为"人"的各个方面来考虑这些孩子的发展：身体、智力、情感和性格，以及他成长、受教育、学习走向工作岗位，最终在社会上立足的环境。

这种"社会康复"将在普雷奥和全国社会康复协会正在努力创建的这个新机构中进行。

从隆格伊—安内尔的农场学校到法兰西岛的"小校村"

他们很快就为这个社会康复中心找到了一个合适的场地。1945年8月底，在1944年接管国家救济部的法国互助会的资金支持下，全国社会康复协会成为隆格伊—安内尔的皮卡第（Picardie）地区一处农场的业主。该协会还租下了城堡及其毗邻的庄园。普雷奥选择这里的理由显而易见，这是他非常熟悉的地方：他自己就出生在附近的菲斯雅姆（Fitz-James），他的父亲在克莱蒙精神病院的附属机构做文化相关工作；他于1933年接手了位于安内尔城堡的一家新医学院的管理工作，直至1940年。后来安内尔城堡被征用，并在军队和维希政府支持者之间数次易手，但该医学院在占领期间仍在运营，他们撤退到了卢瓦雷河地区，在那里，普雷奥的前妻索朗热·卡塞尔（Solange Cassel）负责组织工作，同时，该医学院也得到了精神病学家珍妮·鲁迪纳斯科（Jenny Roudinesco）的支持。

两次世界大战之间，不少城堡开始由私人住宅改为社会机构，这一趋势在1945年之后更盛，这些"属于社会的城堡"遍地开花，这也促进了普雷奥的项目重新在安内尔城堡生根。安内尔城堡位于一个小村庄的中央，坐落在树木繁茂的山脚下，距离瓦兹河4公里，四周一片绿色，离主干道较远，但靠近经济重镇，距离贡比涅仅10公里，距离巴黎85公里。这座路易十五时期的城堡内部为马蹄形结构，保证了它能够容纳很多人住宿，空间也能利用得很合理，可以集中提供公共服务，同时，整个城堡庄园还为青少年的集体活动、运动和休闲生活提供了便利。最后，普雷奥最为得意的资产就是占地110公顷的农场，它构成了康复中心的经济基础。18世纪末法国最早的农场学校之一就坐落在此，此时它有望重获新生，人们对此充满热情。

不过，这些建筑在收购时破旧不堪，所以这些优点也就无法体现出来了。1945 年 12 月，在全国社会康复协会副理事长、精神病学家路易·勒吉扬的帮助下，卫生部和劳工部为此项目提供了 150万法郎的补贴用于修复工程，资助来得很是时候，第一批儿童得以于 9 月抵达。1946 年初，安内尔中心被更名为"法兰西岛小校村"。从那时起，它就在法国甚至海外有一定声誉。它有幸被瑞士教育家路易·若阿诺（Louis Johannot）写进一份报告里——在 1946 年 2月 19 日的《日内瓦日刊》（*Journal de Genève*）中，若阿诺提到法国这所学校："'我们的邻居'在援助有性格障碍和处在心理危机中的儿童方面成就颇丰。"文章后面几段称赞了这个仍处于建设阶段的机构：

> 基于扎实的研究，其充实的计划满足了当下法国、意大利、波兰和希腊的迫切需求。如果这种新的康复形式的发起人通过努力取得了成功，该中心会成为同类机构中的典范。

然而，在 1946 年，安内尔中心就遇到了现金流困难。在这个创纪录的通货膨胀严重时期，政府提供的"日价"，即为每个孩子支付的每日补助，却并没有增加。普雷奥为了获得更多资金，威胁要停止这一项目。在当时的房屋条件下，不能按最初的计划招募80 名孩子，这样才可以维系收支平衡。农场的产出也无法覆盖这些成本了。当时，安内尔中心实际上只收容了 15 名孩子。雷蒙德

（Raymond）就是其中之一。5 年后，他在该机构的青年日报上讲述了他成为"老手"的最初岁月：

> 那是星期一，我记得很清楚。但可以肯定的是，这不是一座真正的城堡。所以我记得雅多先生在一间客厅里（也就是现在的"矢车菊"们的餐厅）接待了我。他问我爸爸妈妈怎么样，然后我看到一个男人，我当时还不知道他就是普雷奥医生。他说："我以前在巴黎见过你……"但是我却不认识他。之后，我们在现在"麦苗"们的餐厅里吃晚饭，有汤和菠菜……啊！我现在还记得那天的菠菜！……然后去现在装上了蜂房的地方睡觉，但当时房间里的景象不太好看：天花板上到处都是洞！我们架起木板，以免跌倒，那景象可以说和真正的废墟差不多。而且我们吃得不好！……不像现在！但是还是那段时光更美好！我们沉浸在友谊中……之后我们渐渐有了更多的建筑：有城堡，有公园……无论如何，我们都在努力。

1946 年 7 月 30 日，"小校村"从卫生部和劳工部又获得了150 万法郎补贴作为"启动补助"，项目得以继续进行。

安内尔中心从建设期间就开始接收 10—18 岁的男孩，他们是"战争的直接或间接受害者"。几个月后，普雷奥在一次演讲中是这样描述这些孩子的：

> 他们中有失去家庭庇护的孩子，因远离社会而茫然无措；有由于战争而未受教育或无法在公立学校继续受教育的儿童；

有因家庭问题（父母缺位、缺乏心理支持、受虐待）而导致或加重行为障碍的儿童；有某些智商在 70 以下的孩子缺乏必要的、临时或长期的教育和社会保护；还有身体有缺陷或身体虚弱的孩子，他们都是战争受害者，但是收养他们的前提是他们是可以康复并能从事有偿工作。

这些孩子大多数是儿童精神病学咨询所和塞纳河公共社会卫生办公室（OPHS）委托来的。1946 年，安内尔中心想收留少年犯——贡比涅少年法院院长认为这是一个新的安置机会，他在同年 7 月给普雷奥写信说："法庭和我本人现在都感到问题棘手。"

重建"小校村"

照片、故事和报告不断展示着孩子和大人们的辛勤工作。的确，对普雷奥来说，这是一个非常好的再教育机会，"小校村"能为孩子们提供"建设性的教育"，同时孩子们也能向当地工匠学习手艺。以重建城堡和农场、为团体建造新的房屋为纽带，这里形成一个劳动性质的儿童团体。各种肤色的人熙熙攘攘，穿过庄园里的小巷，他们是"小校村"接收的第一批孩子、管理人员和来自"小校村"以外的成年人。他们之中还有一些是为重建法国而劳动的德国囚犯，年幼的雷蒙德说："他们是好人，不应该歧视他们。"到 1945 年底，在几周内，这些囚犯中的 3 个人在首席园艺师的领导下修复

4.1 苏黎世，瑞士社会档案馆，瑞士工人互助组织基金会收藏，档案编号为 F 5025-Fb-090：隆格伊—安内尔城堡里的一名儿童，照片由恩斯特·克里（Ernst Koehli）拍摄，时间不详。

了城堡的所有花园。从这个康复中心走出的伤残军人或平民也纷纷定居在安内尔，他们建起了一个小型玩具工厂，打算随后在里面做一些"贴补家用"的工作。

1946 年，"小校村"还受益于国际民众服务组织（Service Civil International，SCI）志愿者的协助，协调各方志愿者、和平主义者和和平活动家团体的帮助。国际民众服务组织于 1920 年正式成立，自第一次世界大战结束以来一直活跃。这些志愿者从英格兰、丹麦和挪威来到法国瓦兹省，之后每年夏天都会再来这里。或许是受若阿诺 2 月份在瑞士发表的文章的影响，"小校村"也得到了"瑞士顿"的支持，"瑞士顿"特别派出了一批工匠和建筑工人，负责帮助修复建筑物、农场，为少年犯建造专门的建筑，同时还担任技术辅导人员。法国全国社会康复协会与"瑞士顿"签署了一项协议，规定了设备、家具和技术人员的出借条件。

这支瑞士队伍由伯尔尼工匠、"瑞士顿"的技术代表保罗·理查德（Paul Richard）领导，直接从诺曼底抵达安内尔。这 25 名瑞士工人还曾参与重建遭轰炸最严重的法国城市勒阿弗尔（Le Havre）。最初该团队计划利用重建勒阿弗尔的剩余资金，在安内尔附近克莱鲁瓦（Clairoix）的一处庄园建造一座专供少年犯居住的房屋。但协会买不起庄园，"瑞士顿"团队只得在安内尔庄园内搭建营房，建造了一座小木屋。这间房子后来就被命名为"瑞士小屋"（Pavillon Suisse）。尽管这项工作原定于 1946 年 10 月开始，但实际开始的时间就被延后了。技术团队成员于 10 月 20 日之前陆陆续续到达，会计师在 12 月 10 日到达，而最后一名泥瓦匠仍在勒阿弗尔忙着拆除托儿所的棚屋和修复医院，直到 1947 年 1 月 3 日才来到安内尔。

1946—1947年冬天的严寒又进一步推迟了工期。到了春天，尽管安内尔中心有15名男孩帮忙建造房屋，但是仍有许多事情要做，他们之中的一些人还是学徒工，有的是瓦工，有的则是木工。1947年秋天，在评估这次合作时，保罗·理查德注意到隆格伊—安内尔项目的团队还存在许多困难和不完善的地方，同时"小校村"的辅导员也缺乏培训，特别是在教学安排上不够专业。然而，他鼓励他在"瑞士顿"的上级继续支持这个实验。鉴于在此期间，法国人力和物力资源短缺，瑞士的帮助对他们来说是很有必要的。为了支持自己的观点，理查德还指出，普雷奥和给予其审批的社会保障中心"希望瑞士工匠像过去一样继续提供支持，这不仅是因为他们的态度从政治角度来看是中立的，而最重要的是因为他们出色的能力和坚定的性格，这会对孩子们产生最卓越的影响"。1947年11月，孩子们欢聚一堂，赞扬和庆祝与瑞士工匠们近一年的合作：

> 过去的一年里，我们做得还不够好；但在这段时间里，我们学会了依恋你们、感恩你们。我们对你们的离开感到不舍，这段时光也将永远留存在我们心中。我们有些人与已经离开一段时间的瑞士朋友们保持着通信。还要感谢你们一年来提供给我们的各种材料和工具，用你们提供的锹、镐、手推车，在你们的指示下，我们的体育场有了模样；用你们的木工模型，我们切割出椽子和桁架……用你们提供的工具，我们完成了许多工作。多亏了你们，我们才能建起来这些营地，在这里过上真正坦诚而团结、伟大而博爱的生活。对我们损坏、弄丢的材料

和工具，我们深表歉意。你们离开祖国前来帮助我们，我们对此特别感谢！

"瑞士顿"的团队很快会离开这里，逐步将这里归还给孩子们。一张传单上写着，9 月 30 日，曾为营地建设工作的德国囚犯们已经开始庆祝"他们终于成为自由的工人了……派对甚至超出了通常的时间"。

第一次评估

虽然困难重重，但是"小校村"逐渐找到了自己的组织方式和建设节奏。普雷奥在 1947 年冬天的一份报告中写道，在工作方面，现在将孩子们根据他们的特点分为 4 个组别。"麦苗组"（Épis）将学习农活和园艺，和他们一起的还有一些"智力发育延缓，但可能被训练为劳动力的孩子"。"海狸组"（Castors）汇集了能够以通常工人的生产速度工作的建筑学徒，"身体健壮，大多数已经年满 16 岁，并且对泥瓦匠、水泥工、油漆工、粉刷匠、木匠、电工、细木工匠、钣金工人等工种有兴趣是他们的共同点"。他们只需要接受以兴趣为主题的定向讨论形式的通识教育。"十字镐组"（Pioches）里的男孩们年纪最小，由于他们性格不稳定、容易冲动，如果从一开始做学徒工，经常受伤，就得接受治疗并学习医学常识。有些孩子在这里读完了小学，其他人则要学完一个基本或额外的培训课程，还有一些人参加预备班或学徒班——通常是培养机械

4.2 苏黎世，瑞士社会档案馆，瑞士工人互助组织基金会收藏，档案编号 F 5025-Fb-103：隆格伊—安内尔"小校村"工作坊中工作的孩子们，照片由恩斯特·克里拍摄，时间不详。

4.3 苏黎世，瑞士社会档案馆，瑞士工人互助组织基金会收藏，档案编号 F 5025-Fb-104：隆格伊—安内尔"小校村"的青少年在集会，照片由恩斯特·克里拍摄，时间不详。

师。所有这些孩子都要在老师们的跟进下接受精神康复训练。最后是"矢车菊组"（Bleuets），他们"发育较为缓慢，智力上存在障碍，或者身体上有残疾"。

"小校村"的团体管理围绕"自治"的原则展开，每周举行一次集会，安排在每周六晚饭后。每周一次的集会上，所有的孩子、教师和辅导员都会出席。每季度评选出一位"小校村领袖"（Capitaine de l'École），由他担任大会主席、主持大会，这位主席必须处理过去一周和未来一周内"小校村"的孩子们关心的一切问题，在处理方式上要践行民主：

> 每个人都可以自由发言，前提是要在前一周报名，将注明发言事由的票投到特殊信箱里。星期六早上，发言人和讨论的主题列表将会被公示。大会是管理者们阐明"小校村"生活方式的一种途径，为所采取的措施提供理由，并激发孩子们对组织的关心，使他们感到自己应成为组织里的积极分子。还有一名孩子专门负责做会议纪要。

"小孩共和国"的雏形于 1947 年在隆格伊—安内尔的"小校村"形成。9 月，又一位瑞士公民抵达，他是通过"瑞士顿"来到这里的"实习生"：教育家阿道夫·费里埃的儿子克劳德·费里埃（Claude Ferrière）。他代表瑞士工人互助组织对"小校村"的运营情况开展为期数周的考察，就教育、心理和职业培训等层面提出意见，从而判断瑞士工人互助组织可以提供哪些帮助。克劳德随"瑞士顿"巴黎代表团待了两天，等待普雷奥医生最终到来。最后，他来到了安内尔，在那里待了12天，在与整个专业团队交谈、观察中心的生活、研究相关个人档案、参与"小校村"辅导员的多次会议、体验"小校村"的团体生活后，他起草了一份大约20页的关于隆格伊—安内尔"小校村"的生活的报告。当时陪同他的可能还有苏黎世的摄影师恩斯特·克里，他在克劳德访问隆格伊—安内尔的"小校村"期间为瑞士工人互助组织拍摄了一系列照片，这些照片展示了儿童、教师和他们的负责人，背景的房舍显得气势宏伟。在这位来自异国的31岁摄影师略显另类的视角下，"小校村"显得更加独特。

克劳德·费里埃形容普雷奥是"法兰西精神的象征和化身，他智慧的头脑里有一连串的聪明观点和才智，闪耀着智慧的火花；与明显缺乏实用性形成鲜明对比，他拥有比现实更理智的组织性；而支配这一切的是他发自内心的慷慨"。然后费里埃提到了"小校村"，他一再强调它的巨大价值，尤其是优秀的教学团队，以及医学教育的偏向性。例如，他认为一项很成功的举措是按工作时间用内部货币支付薪酬的系统，货币单位1"公鸡"（Coq）相当于1法郎。克劳德·费里埃说："这种报酬制度是……一种非常令人愉快的制度，它最大的优势是通过直接利益将孩子与工作联系起来，对于安内尔中心的直接目的而言，劳动创造价值是至关重要的。"

尽管如此，按照这类报告固有的风格，他还是列出了一系列不足之处，但这些不足都是可以通过"瑞士顿"提供的更多援助来解决的。尽管"瑞士顿"团队付出了很多努力，但"小校村"仍然有很多不足之处，农场建造得"与战前相比，仍然显得比较残破"，让"小校村"的生活条件非常艰苦。孩子们的无纪律和不稳定也几乎是普遍现象。教学人员的培训也存在很严重的问题。他指出，由于战争，许多教师没有机会接受系统深入的专业训练，他也没有在现场看到任何人组织教学研究工作，无论是教育学，还是普通或应用心理学。克劳德指出，用于检查儿童心理的材料和方法很少，只有两三个极其简单和笼统的测试，然后根据大概的结果，就将孩子们分到不同的组别。克劳德建议为"小校村"提供更系统的测试方法，结果应由日内瓦教育科学研究所校准，以评估儿童的真实情况。因此，他建议普雷奥医生送一名同事到瑞士进修。克劳德推荐的人选是教师总负责人吉尔贝·泰里耶，原因有两个："第一，泰里耶可以从教育科学研究所的教学中受益最多（他之前是童子军领袖，毕业于蒙泰松康复学校）；二是泰里耶目前极度疲倦，去瑞士学习的这段时间能让他调整状态。他可以在日内瓦修学 3—6 个月，并访问我们在瑞士的一些机构，学习如何帮助少年犯。"

隆格伊—安内尔"小孩共和国"的建立

1948 年初，"小校村"经历了转型，成为"小孩共和国"，拥有宪法，以及孩子们发挥主导作用的新制度以及完整的"特许经营"体系。孩子们组织拍卖会买卖商品，并允许交易（比如他们很成功地开了一家薯片店，还会进行甜点、射击、自行车相关的交易）。这带来了关于教育潮流和教育机会、医学教育实践的深入反思：国外模式如何适应当地？隆格伊—安内尔自治共和国从何而来？

罗伯特·普雷奥是一名精神病学家，他长期关注教育学在儿童疗愈方面的作用。当他在 20 世纪 30 年代担任安内尔医学院的负责人时，他的抱负已经是"在医学、心理学和教育学知识的指导下，实现教育和教学的个性化"——这一观念也被收录在当时的宣传手册里。自治是该机构的长期做法，而由普雷奥招募并在这些新式学校培训出来的年轻老师则积极传播和使用这种教育方法。比利时教师勒妮·旺当·博谢（Renée Vanden Bossche）的笔记本便是证明。这本笔记非常详细，几乎是一本日记，笔记内容详尽，记录了战前安内尔医学院的情况。勒妮出身工人阶级，在布鲁塞尔师从奥维德·德克罗利（Ovide Decroly）和他的妻子阿涅丝（Agnès）。她曾在法国的几所新式学校工作，包括尼斯的星辰庄园（le Domaine de l'Étoile）和磨坊庄园（le Cours Moulin），以及克拉玛尔新式学校（École nouvelle de Clamart）；她还曾在日内瓦学习爱丽丝·德库德雷（Alice Descœudres）的理论，并于 1938—1939 年到安内尔工作。

"小校村"作为战后"小孩共和国"的新定位无疑是与欧洲其他新兴的"小孩共和国"接触的结果。20 世纪 40 年代，法国期刊上涌现了很多与这些教育实践相关的文献。1948 年 1 月 12 日，在一次教研会（也是他们的培训会）上，"小校村"的老师们就曾集体阅读并讨论了一篇关于"奇维塔韦基亚少年共和国"的报告。他们也集体阅读和研讨其他关于"小孩共和国"的评论和文章，特别是天主教杂志《教育，教学与文化》（*Pédagogie, éducation et culture*）。该杂志也介绍了"奇维塔韦基亚少年共和国"的经验，此外，还有《共同体》（*Communauté*），这是一本关于工作团体的杂志。但是创建"小校村"的想法也来自瑞士团队和保罗·里夏尔的建议，普雷奥在自传中说道："普利沙尔（Plichard，书中给里夏尔的昵称）观察到，我们应该从'小孩共和国'的例子中汲取灵感。对我们来说，特罗根是很好的经验。那里为所有国家的战争受难儿童建造了房屋。"

1948年年初，安内尔开始转型。"小孩共和国"的倡议并非来自孩子们自己，而是来自教师团队。安诺尼（A. Annoni）是"瑞士小屋"的第一辅导员，同时也负责农业小组，还负责起草"宪法"。他在1948年1月19日的教研会议上公布了这部"宪法"，"小校村"自此成为一个"小孩共和国"，由孩子们选举出来的一位"市长"和几名"幕僚"来管理。此外，他们还设立了一个"法庭"用来解决争端。孩子们需要符合以下条件才可以获得"公民"身份：在"小校村"生活了至少3个月，能够说出自己做过的3件对"小校村"有益的事情，讲究卫生，举止得体，精神状态积极，行为具有建设性，有良好的心态和自驱力。每两个月进行一次宣誓，以此获得"公民"身份。宣誓内容是："我以我的人格承诺，将努力恪守这一承诺。我将尊重'小校村''宪法'及其'法律'。我会扶弱济贫。我将为安内尔的荣耀拼尽全力。"这种"公民"身份关乎特许权的归属，以及"支队"（manipule，群体的基本单位）领导者的资格和任命。

关于安内尔所发生的转变最为明显可见的记录来自教育工作者，他们密切跟踪记录这个"小孩共和国"建立的进程，也对它进行解释。在"小孩共和国"的新条例下，这种对透明度的要求，一方面是出于民主的考量，对所有决定和讨论都要记录在案；另一方面也是为了在个人、集体两个层面跟进孩子的发展。在普雷奥的档

VISITE AUX CITOYENS D'ANNEL

AU "HAMEAU-ÉCOLE DE L'ILE-DE-FRANCE" 160 ENFANTS APPRENNENT LE DIFFICILE USAGE DE LA LIBERTÉ

PARIS est déjà loin, Compiègne est dépassé, lorsque nous quittons la route nationale, à hauteur du village de Longueil, pour prendre le chemin d'Annel, situé à flanc de colline sur les premiers contreforts du mont Ganelon.

L'abord est imposant. Nous pénétrons dans une immense cour d'honneur, un drapeau tricolore est au milieu ; ce drapeau est en berne, nous saurons tout à l'heure pourquoi. D'un côté, le château, énorme bâtisse du XVIIIe, avec des fenêtres à petits carreaux et une porte en fer forgé, chef-d'œuvre du genre ; de l'autre côté, les anciens communs.

Ne serait-ce le grand nombre de jeunes garçons qui circulent et les divers bâtiments et pavillons essaimés dans le parc, on attendrait le vieux maître d'hôtel en habit pour être introduit auprès du maître de céans, et l'on s'apprêterait à admirer dans le hall des trophées de chasse...

Mais à Annel, il n'y a plus d'équipage, de piqueurs, de valets en culottes courtes, plus de seigneur. Nous ne venons pas pour une battue ou pour un bal, mais pour visiter la « république d'enfants » dont c'est le prototype dans notre pays et même en Europe.

Le maître d'hôtel a fait place à un « vigilant » portant foulard et fourragère blanche et faisant en quelque sorte fonction de planton ou d'huissier.

Le béotien est parfaitement désorienté : Que sont ces bâtiments dispersés à l'ombre tutélaire du château et formant une sorte d'agglomération ?

Le hameau, bien sûr, mais ces noms bizarres, Forgeville, Agricourt, cette absence de tout ce qui est l'arsenal habituel des lycées ou collèges ? Cette simplicité des enfants qui n'ont pas l'air de trouver notre présence extraordinaire ou inopportune ?

Et là-bas, sur le fronton d'un portail, nous pouvons lire « Ferme-École 1771 » car le château est voué aux expériences et Panneler y créa une sorte de forme modèle et y mit au point la charrue à soc métallique.

Annel est sans doute prédestiné aux innovations.

S'il n'y a plus de seigneur, il y a quand même un maître.

Dans une grande pièce du premier étage, le docteur Préaut, médecin-directeur nous reçoit. Il frise la cinquantaine, a des cheveux gris, une allure générale quelque peu britannique, fume la pipe. De sa personne se dégage une impression d'autorité de calme et aussi de bonté. Derrière lui, une longue carrière de psychiatre et de pédagogue.

Réunis autour des immenses tables, ses principaux collaborateurs : M. Leibovici, sous-directeur, détaché par le ministère de la Justice et qui travailla longtemps pour l'enfance délinquante, le docteur Rudrauf, médecin psychiatre adjoint, le docteur Damy, psychiatre suisse en stage à Annel, l'éducateur-chef Dupuis.

— Comment, docteur, en êtes-vous arrivé à la réalisation d'Annel ?

— En 1933, je m'occupais ici d'un collège médical. Pendant la guerre, le château fut transformé en hôpital, puis il y eut les Allemands... En 1945, j'étais secrétaire général du « Comité de coordination au service de l'enfance délinquante ». Ce fut une assemblée de spécialistes détachés par différents ministères, qui fit un gros effort et nous arrivâmes à une entente

◆◆ La suite en page 2

 portail et la cour d'honneur du « Hameau-école ». Ci-dessous : les élèves en classe.

Un mobyliste grièvement blessé par une auto

Un automobiliste, M. Louis Pa lazini, ouvrier agricole, demeu rant à Lévignen, qui regagnai son domicile, circulait hier ver 17 h. 15 sur la route de Senlis Crépy-en-Valois lorsqu'il aperçu arrivant en sens opposé, de l direction de Senlis, un mobylist M. Marcel Goldyka, manouvrie à Saint-Vaast-les-Mello, qui, pou une raison inconnue, se rabatt brusquement sur sa gauche e croisant le véhicule. En dépi des efforts de M. Palazini, la co lision ne put être évitée, et M Goldyka, violemment projet resta sans connaissance sur sol.

Atteint de graves blessures la tête et au corps, il fut trans porté d'urgence à l'hôpital d Senlis. Quant à l'automobiliste heurta un arbre bordant la ro te, et une occupante de la voi ture, Mme Yvonne Bionaz, f blessée.

Les gendarmes de Senlis o procédé aux constatations.

案中，我们可以找到自 1948 年起完整的每日报告记录，会议纪要穿插其中，展示了"小孩共和国"的日常生活和在建立过程中时有发生的混乱。为了让所有孩子都感知到转变的影响，这些报告每天都会被张贴在安内尔城堡的一个房间里。报告最长不超过一页纸，有印好的固定的标题框架，这些标题名称读起来就像一天的许多时刻一样，内容就写在对应的框里。即使在发生重大事件时，报告也依然按照这个僵硬的框架展开：住宿—用餐—俱乐部—集会—作息—整体气氛—事件—显著成就—天气。

自此，安内尔孩子们的风貌焕然一新。"小孩共和国"的故事可以从另一个纬度——以更接近孩子们的日常生活的方式开始书写了。

"共和国"的第一步

1948 年 1 月 23 日，星期五，天气温和。孩子们刚把"瑞士小屋"拆掉，接着就有个孩子逃跑了——这很常见，编订每日报告的安诺尼都不会对这件事做更多的评论。但安内尔村里出现骚动："整个晚上都很吵，支队的孩子头头们回到房间后，孩子们都在兴高采烈地谈论'小校村'成为'共和国'的事。"

第二天，天气依旧温和，没有下雨。这一周情况很复杂，很多孩子被罚了。"小校村共和国"的第一个具体实验富有成效："孩子们在无人看管的情况下自己吃午饭和晚饭，尽管我们一直也在留心提防各种意外事件。'小市长'对食堂全权负责，他和他的'副手们'坐在主桌，有时会提醒大家遵守秩序。"老师们松了口气，密切关注着"共和国"迈出的第一步。

1月26日，星期一，这是个大日子。普雷奥主持召开了教研会，会上宣布有一个委员会即将到访并调研教育与医学之间的关系。其结果关系到"这座村子能否得到社会保障基金（Caisses de sécurité sociale）的支持。因此，安内尔中心需要证明医学、教育、教学三位一体的价值"。那时，新的社会保障体系和1948年起设立的国家健康和社会行动基金（Fonds d'action sanitaire sociale）对当时的"小校村小孩共和国"来说，利害攸关。那天是"小校村"的集会日，必须要对"宪法"进行投票了。但是午饭时发生的事件使气氛紧张起来。孩子们指责"市长"在餐桌上得到了最好的待遇，每日报告对此补充道，这"也许是实际情况，也许是其他孩子出于嫉妒"。于是，"市政委员会"成员和"法官"们坐的主桌决定最后入席吃饭，远远排在其他人之后。随着白日流逝，晚间集会的到来似乎点燃了孩子们的情绪。第一任"小市长"丹尼尔进行了开幕讲话，虽然他本可以借此机会强烈回应其他人就用餐对他提出的批评，但他没有。随后，大会在欢乐的气氛中进行。他向"宪法"宣誓后，大会对"宪法"进行表决投票。孩子们只提出了一项变更，就是想破例给予一名来到村庄仅两个月的男孩"公民"身份。成人提出保留审查的权利，孩子们对此感到愤怒，他们希望"市政委员会"宣布这个男孩得到"公民权"。孩子们的争取成功了，大会恢复了平静。

第二天，在"市政委员会"，一些男孩被允许通过宣誓成为"公民"，这样一来，他们就获得了"安内尔小孩共和国"的"公民"

Election du Conseil Fédéral. Dépouillement du scrutin. Le Gouvernement, élu pour 3 mois, comprend : 1 président, 1 pouvoir exécutif), 1 vice-

4.6 青年司法保护学校历史基金会收藏：诺埃尔·巴永（Noël Bayon）和让·马基（Jean Marquis）关于"隆格伊—安内尔小孩共和国"选举的报道，《科学与生活》（*Sciences et Vie*），1958年1月13日。

身份和相应权利。"市长"宣读了"候选公民"名单。当日报告表明，对每个孩子的"公民申请"都从各种情理的角度进行了讨论。有两名男孩的申请没有通过，其中一名是因为他"精神萎靡不振"，另一名是因为"总是不合群"。那些通过了"公民申请"的孩子在晚上的"小校村大会"上宣誓。宣誓是大会的一个特殊环节，"市长"和"委员们"都要参加。"法官"戴上一条围巾——这是他尊严的象征。最后，一些特许权通过拍卖出售。由男孩们为中心的村庄生活景观就此形成了：他们在"警察局"和"法院"等机构工作，也在油炸食物摊、印刷厂、花园、木材厂、乳品厂，种子、粮食、饲料商店工作，他们可以养兔子和鸡，做"书记官"，开美发沙龙，制作速冻即食配菜、制作徽章、擦鞋、做搬运工或邮差、组织观光旅游，甚至拾荒做破烂买卖……

　　每日报告以其自身篇幅展示了"小孩共和国"如何为教育者们提供了机会，可否观察到孩子们的转变，并参与到他们的疗愈中。例如，1 月 28 日的报告指出："孩子们整体氛围非常融洽。他们都参与到'安内尔共和国'的建设中，开始认真地体会大厅的组织工作。在午饭铃声打响之前，孩子们在大厅里来来回回地看张贴的海报。"2 月 1 日，春天比以往来得更早些，当天的日报也展现出孩子们良好的精神面貌："'市政委员会'，上午 10 点。丹尼尔成为'委员会'正式主席，几名男孩向'宪法'宣誓。会议氛围很好，你可以感觉到男孩们对议题兴致盎然、意志坚定。"这种影响也可以从具体孩子的表现上看到，尤其是那些肩负责任的孩子。在 2 月 16 日的一次教研会上，老师们在检查了男孩们的观测表后指出：

我们都注意到，大家对组织、创建"共和国"以及随之而来的新活动的兴趣越来越大。"小校村"大会特别热闹。新"市长"充满善意，法官很推崇这个制度。在村庄里做工的人也开始对"共和国"产生兴趣，仓库管理员科莱先生还教印刷厂的孩子们如何排版。

但报告显示，成年人设定的这种框架很快就令孩子们不满意了。1948年2月上旬，18岁的新"市长"埃里克（Éric）上任，他曾是"市政委员会"的成员，也做过一段时间的"警察"。老师们对他寄予厚望，他取代了正经历危机的前任"市长"。此前，前任"市长"提出想参军，并抱怨在"小校村"赚的钱不够，这危及了团体的平衡。2月3日的日报是这样写的："男孩们感到失望。我们需要让这些团体更加紧密，并做出一定让步来弥补这一危机。"但后续的多篇日报显示，大家仍然对这位新上任的年轻"市长"的举措感到失望，尽管他的确带来了一些振奋的时刻。

2月23日，星期一，是"小校村共和国"的集会日。一整天都在下雪，到了集合时间，一些男孩子还在忙着分发柴火等各种杂务，但大多数孩子则还在雪地里玩耍。当大会最终开始时，大家认为"大会死气沉沉的"。主要是由于"市长"没有扮演好他的角色，年纪小一些的于贝尔（Hubert）也没有当好"副手"。老师们说：

> 埃里克和于贝尔什么也没准备。埃里克请了整天的病假，没有为集会做准备，因为他的心思全在他非要参加的克莱鲁瓦的拳击比赛那里了。埃里克和于贝尔的"议院"就像资产阶级

式的议院，态度散漫，不好好考虑、准备他们的会议内容。我们必须不断地提醒他们。埃里克没有丹尼尔那么聪明，于贝尔几乎不得不逐字逐句地提醒埃里克该说什么！

3月1日，又一次大会上，埃里克还是只有寥寥数语：

"市长"不懂得如何表达，他有点太小看自己的角色了。为了使"小校村"的青年集会成为真正的议会，需要研究仪式的流程，然后建立一套可以适用于各个集会的标准程序。我们需要让孩子们在这个大会上建言献策，而每个人都需要对会议日程有所贡献。

这个"我们"提醒我们，在"小孩共和国"的团体中，成年人的作用仍然很重要。无论孩子们如何争吵，负责人普雷奥都很受孩子们尊重，他的名字在相关文献里总是出现在前列，被一种神秘的谦恭所笼罩：孩子们尊敬地称他为"医生"。实际上，他才是"小孩共和国"的法定领导人。此外，他还担任心理医生，给孩子们提供心理咨询，和孩子们一起演心理剧，也会参加青年集会。这位身高184厘米的"高大的医生"的超凡魅力不仅存在于"安内尔儿童村"内，许多其他会议上也能看见他的身影。他最常去巴黎，有时甚至会去更远的地方。他的气场在当时确实超出法国了。1948年4月17日，普雷奥收到了哲学和心理学教授玛丽亚·文图里尼（Maria Venturini）的来信。她在前一年10月去过隆格伊—安内尔，她在信中提起这段美好的回忆，随后，她邀请普雷奥去里米尼

Simple citoyen, le docteur Préaut, pendant les élections, lève le doigt pour demander la parole.

4.7 青年司法保护学校历史基金会收藏：诺埃尔·巴永和让·马基的报道，1958 年 1 月 13 日，隆格伊—安内尔小孩共和国青年大会上正在进行"公民投票"（vote citoyen），负责人是罗伯特·普雷奥。

（Rimini）的瑞士社会教育中心（Centre socio-éducatif Suisse），为学校教师、年轻医生和社会工作者们分享安内尔的经验。瑞士社会教育中心于1946年在"瑞士顿"的赞助下于里米尼成立。4月21日，普雷奥收到了保罗·里夏尔的电报，当时里夏尔和"瑞士顿"代表团正在意大利。里夏尔也非常希望普雷奥能去里米尼，而且里夏尔本人也会去。于是，5月3—13日，普雷奥和他的妻子米谢勒前去赴里夏尔夫妇的约。

　　与此同时，在安内尔，孩子们和大人们继续开展建设"共和国"的活动。老师们在行动，是集体的核心，也是这个庞大而复杂的机构的观察者。他们对孩子们及其行为定期观察并记录，为设在城堡中一个大房间的"教研中心"提供研究材料，房间内有块黑板，上面标示着每个孩子每天的位置，及其状态和行为。老师们也参加由普雷奥医生领导的"长者委员会"，这个委员会由知识分子组成，时刻关注着孩子们的日常生活，并对安内尔的"公民决定"加以控制。有时他们甚至会直接干预"共和国"的运作，例如在"特许权"的分配上，老师们可以排除"低能者"，也就是那些没有相应能力承担责任的孩子，这些孩子需要老师的特别照顾，在他们力所能及的范围内进行选择，或者以后再获得其他"特许权"。

　　教师的存在保证着这项"共和制度"的正常运作，"共和国制度"是规范行为的手段。因此，在1948年5月29日的集会上，就孩子们不久前犯下的错误以及日后危及"小孩共和国"的更普遍的潜在状况，安诺尼向孩子们提出了他们的义务和责任。在宣读完"宪法"后——这听起来就像重申一遍法律——教师将孩子们分为3组："新来者""公民"和"小校村共和国冷漠者"（他们没有许可、没有报酬或特殊膳食）。一段时间后，教师公布了被否定"公民资格"的名单，在教师团队看来，这也是一种胜利。1948 年 6 月 6 日上午 10 时 40 分，"市政委员会"召开会议，当天的报告中这样写道：

> 这次"市政委员会"会议的目的是审查前段时间获得"公民"身份的所有孩子们是否仍符合"公民"资格。"市政委员会"经过审慎地考察，批准了一些孩子继续持有"公民"身份，也否决了一些孩子的"公民"资格，并给出了原因。被否定资格的孩子们都很受触动，承诺在接下来的一周里努力表现。

后来，教师团队甚至介入调整了"市政委员会"的人员组成，罢免了"市长"埃里克。7 月 19 日的教研会议记录回顾此事时提到，如果"市长"被停职，他的副手将仍然保留原先的职位，因为他"已经表现得比前任'市长'更优秀"。在副手临时代理"市长"的情况下，老师们也正在考虑"在不违反'宪法'原则的情况下"选举另一名孩子担任"市长"。

然而，在这一段时间"小校村"经历的重新改组的一系列事件中，"普雷奥医生"完全没有出现。1948 年 5 月，他前往日内瓦，作为战争受难儿童之家国际课程的讲师之一在那里发表演讲。1948 年 7 月 5 日至 10 日，普雷奥医生应邀参加在瑞士特罗根举行的国际儿童团体联合会大会。

第五章

一位美国先驱燃起意大利人建设"学校城市"的热情

1943 年，一位美国教育家被美军要求执行一项任务，对意大利教科书和教师进行意识形态"去法西斯化"。为此，他通过新教育的关系网络，与一名共产主义活动家合作。他们一起想出了一个计划，编写了课本，但是方案和文本一发布就在梵蒂冈方面的压力下夭折了。接着在 1944 年，一个新的委员会成立了，这次合作的是一位意大利教育家，他曾一度受到法西斯主义蛊惑。这次会议上，他们产生了在佛罗伦萨创建"学校城市"，并建立联系网络、串联起拥有相同理想的儿童团体的想法。

主要人物

埃内斯托·科迪尼奥拉（Ernesto Codignola，1885—1965）：意大利人，他是佛罗伦萨教育学教师和新教育书籍作者，于1922年参与课程改革，之后成为佛罗伦萨高等教会学院（Istituto superiore di magistero）院长，并掌管新意大利出版社（La Nuova Italia）。科迪尼奥拉曾一度与法西斯运动关系密切。

吉诺·费雷蒂（Gino Ferretti，1880—1950）：意大利人，他自两次世界大战之间以来一直活跃于意大利的教育前沿，参加了新教育联谊会的代表大会。他是一名反法西斯活动家，也是一位坚定的反教权共产主义者。

华虚朋（Carleton Wolsey Washburne，1889—1968）：美国人，他的父亲是产科医生，他的母亲也是一位支持新教育的女权主义者。他于1914年成为旧金山州立师范学院[①]教师，1918年获得教育学博士学位。他在1919—1943年担任芝加哥附近的温内特卡实验学校校长。

---

① 1935年更名为旧金山州立大学。——编者注

1943 年春天，美国陆军召华虚朋前往欧洲执行任务。当时，他是温内特卡一所小型男女混校的校长，温内特卡小镇位于密歇根湖湖畔，距离芝加哥约 20 千米，以其先锋性的教学方法而闻名。华虚朋正是军队需要的教育家。

这次招募标志着美国陆军部战略上的一个转折。该部门自 20 世纪 30 年代中期以来的考量，延续了第一次世界大战的经验，提出了对那些被盟军征服和占领的国家的长期治理问题。随着第二次世界大战的爆发和 1941 年 12 月美国参战，这个问题再次引发关注。虽然人们认为有必要在这些被解放或被托管的国家建立一个保留一定军事能力的临时政府，以等待这些国家逐步恢复和完成政治独立、建立更加民主的政权，但现在人们似乎认可这样的观点：不仅某些军官应该接受"民政事务"的专门培训，召集各个领域的"平民专家"——包括经济、政治、教育等方面的人才——也是明智之举。

1942 年 4 月，坐落在夏洛茨维尔（Charlottesville）的弗吉尼亚大学设立了"军事政府事务学院"（School of Military Government），教室里坐着职业军官和"平民专家"们。他们原本有着较高的地位，现在都变成了学生——我们似乎可以从美国国会图书馆收藏的一系列旧照中他们别扭的姿势印证这一点。教学团队也是由 12 名官员和平民教员组成，教学团队里有耶鲁大学国际关系理论家阿诺德·沃尔弗斯（Arnold Wolfers），他是瑞士裔德国人，曾在柏林完成部分学业；还有建筑师亨利·鲍威尔·霍普金斯（Henry Powell Hopkins），他很了解意大利文化；还有历史学家休·博顿（Hugh Borton），他是日本问题专家。1942—1945 年，有 2000 名"平民专家"在该学院受训，其中 200 名是教育领域的相关人士。

华虚朋就是其中一员，这并不奇怪。事实上，他当时是进步主义教育运动领导人约翰·杜威（John Dewey）的门徒之一。他于 1927 年加入新教育联谊会，并于 1939 年成为进步主义教育协会（Progressive Education Association）美国分会主席。

随着夏洛茨维尔学校和美国陆军部下属民政部（Civil Affairs Division，CAD）的建立，美国陆军部的目标不再仅仅局限于军力方面（尽管这仍然是首要任务），他们也开始做战后的长期规划，以发起真正的意识形态斗争。胜利不仅是要征服领土，还要唤醒良知，特别是要解放那些曾接受法西斯教育的孩子们的思想。

与法西斯教育并驾齐驱的新教育

随着盟军取得军事进展，美国干预的首要目标之一是重建战败的前法西斯国家的教育体系，还要净化学术权威、教师和教科书——因为这些都是毒化青少年意识形态的主要途径。为了消除法西斯教育模式的恶劣影响——它们已经显示出巨大的诱惑力，尽快引入新的教育模式被提上议事日程。这种新的教育模式需要充满吸引力，承载更多自由和民主的价值观，能够取代被认为是法西斯政权固有的学科蒙昧主义。与此同时，在第一次实际行动之前举行的辩论中，特别是在美国有影响力的意大利裔重要人物之间的讨论清楚地表明，无论一个教育系统本质上多么民主，都不能以专制的方式加诸人们。政治再教育需要适应目标人群，并避免触及其敏感问题。

当军事当局联系华虚朋时，他以为自己将被派往德国。但是1943 年春天在夏洛茨维尔的学院进行了为期 4 个月的速成学习后，由于盟军在意大利的战事没有取得决定性进展，华虚朋最终于 8 月踏上经北非前往西西里岛的旅程——他的任务在所谓的"哈士奇行动"① （Operation Husky）框架内，美英加军队自 7 月 10 日起在此登陆。

华虚朋 1943 年 10 月 1 日抵达巴勒莫（Palermo），他的第一批任务是在盟军占领区盟国军政府（AMGOT）设立的教育小组委员会进行的。项目的重担交给了英国人类学家乔治·罗伯特·盖尔（George Robert Gayre），他对教育问题显然没有太多研究，因此华虚朋获得了很大的行动空间，可以以他认为合适的方式实施他的教育方针。后来他逐渐得到了一个美国团队的帮助，团队中 80% 都是美国人，有许多同样受约翰·杜威影响的教育家。

任务的第一阶段是彻底清洗教师中的法西斯主义者，修复被毁坏或征用的校舍。华虚朋在他的报告中提到，在两个月的时间里，

---

① 1943 年"西西里岛之役"的代称。——编者注

在多方合作者的支持下，岛上的所有小学都重新开放了，尽管有的仍设置在如停车场、电影院、教堂或军用帐篷等临时设施中。

华虚朋更具体地参与了第二阶段的工作，即教材的去法西斯化。这一行动首先要仔细审查现行的可能包含宣传法西斯内容的教科书，系统地剔除其中有意识形态问题的内容。华虚朋惊讶地发现，现行教科书的质量非常好。他不得不承认，尤其是基础教育阶段，他们的教科书引人入胜、文字优美，而且本身是基于某些现代理论和方法写成的。墨索里尼①政府成立之初，确实有一些著名教育家与之合作，例如1922年10月29日起任教育部长，并于1923年加入法西斯政党的意大利哲学家金蒂雷（Giovanni Gentile）②。同样，哲学家朱塞佩·隆巴尔多·拉迪切（Giuseppe Lombardo-Radice）以其"宁静的学校"（école sereine）概念在新教育界享有盛誉，这是意大利版的"活跃的学校"（école active）。朱塞佩曾担任初等教育负责人，积极参与了由金蒂雷于1922年发起的教育体制改革③。阿道夫·费里埃1926年曾到访意大利，对意大利首都的小学运作方式表示惊叹，认为其极具创新性，还在同年11月份的《为

①　贝尼托·阿米尔卡雷·安德烈亚·墨索里尼（Benito Amilcare Andrea Mussolini，1883年7月29日—1945年4月28日），1883年出生于意大利费拉拉省，意大利国家法西斯党党魁、法西斯独裁者。——编者注

②　金蒂雷（Giovanni Gentile），意大利著名哲学家与教育改革家，20世纪前半叶占据意大利思想界统治地位的黑格尔唯心主义伟大复兴的领导人物，也是意大利纳粹统治时期（1922—1943年）著名的政治人物及意大利教育体制重大改革的设计家（1922—1924年"金蒂雷改革"），还是《意大利百科全书》总编辑。——编者注

③　即1922—1924年"金蒂雷改革"。——编者注

了新时代》（*Pour l'ère nouvelle*）杂志上发表一篇文章，对此进行了详细叙述。另一方面，华虚朋在翻阅教科书的过程中仍能发现"金蒂雷改革"留下的痕迹，他对后续的教材版本中越来越多的百科知识和极端民族主义倾向内容倍感遗憾，这些问题尤其体现在历史、地理和经济学科的课本中。

在初步审查工作后，华虚朋总结、修改编辑要删除的内容，将审查后被删除或撕掉的页面替换成语法、计算或阅读的练习活页。他采用了之前在温内特卡的学校与其他老师们一起用过的方法，组建了由多名小学教师和一名中学英语教师组成的团队，他建议他们自行设计一系列练习题，插入删改后的课本中，尽量使之保持风格一致、连贯。他自称在1943年12月1日成功完成了此项任务。

在华虚朋工作的最后阶段，他显然有完全的自主决定权。这一阶段的工作目标是更彻底的基础教育改革：要重新设计课程、编写教科书和培训教师。华虚朋为此创建了一个委员会，将与他一起重新编写教科书的教师团队整合起来，同时借助一些人脉，以期找到一位熟悉意大利当地教育系统的顾问。华虚朋选择了巴勒莫大学教育学和心理学教授吉诺·费雷蒂，费雷蒂是公认的自一战后活跃在意大利教育界的先驱之一。除了参加新教育联谊会的会议外，费雷蒂在《为了新时代》的同一期杂志，即1926年11月刊上也发表了值得称道的文章，题目为《我的创造力学校中的诗意教育》（«L'éducation poétique dans mon école inventive»）。尽管费雷蒂最初是理想主义式的"金蒂雷改革"中的一员，在战争期间与他的一些亲密合作者仍保持着通信，但从《为了新时代》上的这篇文章可以看出，他显然明确地和金蒂雷这位法西斯主义部长领导的教育改革划清了界限，他尤其反对在新教育中为宗教元素保留空间。费雷蒂后来自称是早期反法西斯活动家、坚定的共产主义者和"臭名昭著"的反教权主义者。

1943 年圣诞节，出台了针对小学基础教育的学习计划和教学提案。吉诺·费雷蒂受委托撰写了题为《基础教育现代化的建议》（«Conseils pour la modernisation de l'école élémentaire»）的附录手册。这两个文本都强调以华虚朋所重视的进步主义教育为主要方向，尤其是主张书中专门建议的"不同的班级构成不同的小型社会，它们有各自的目标，在这些社会中，孩子们接受所谓'自治'的同龄人治理，根据个人能力和兴趣自由选择共同的文化方向，而这种个性化正是这种团体珍视和强调的"。

但是，第一次实践很快就宣告失败：罗马教廷否决了这一方案，巴勒莫大主教、红衣主教路易·拉维特兰诺（Luigi Lavitrano）发出警告，他担心这个新的教育计划会是教育去基督化的开始。华虚朋前往刚解放不久的那不勒斯，就"成沓的纸张"①的印刷和购置轮转印刷机事宜进行谈判，以便印刷更多被改写的课本和教学提案，乔治·罗伯特·盖尔本来就对华虚朋的新顾问费雷蒂的政治倾向颇有顾虑，在华虚朋离开的空当，他便向教会当局妥协了。他不仅同意停止出版新教材，还同意停止发行费雷蒂所写的附录手册并将其销毁。教育小组委员会在政治方向上专制的逆转彻底暴露了盟军当局在政治上的犹豫拖沓。教育问题总是需要平衡两方，也需要寻求意大利本土战略支持——尤其是寻求罗马教会的支持，尽管罗

---

① 指课本。——编者注

5.1 比萨高等师范学院档案中心，埃内斯托·科迪尼奥拉基金会收藏:1954—1955年，佛罗伦萨学校门口的学生。

马教会在冲突期间立场暧昧，但它仍然是保证局势稳定的角色，也是防止其他更令人担忧的极端主义形式崛起的保障。

从那不勒斯回来后，华虚朋只能成立一个新的委员会，把费雷蒂排除在外，而让红衣主教拉维特拉诺（Lavitrano）的秘书加入，由其负责编写复兴"宗教教育"相关的会议方案。尤其是在梵蒂冈出版社1944年6月（此时罗马刚刚解放）提供的纸张支持下，新文本被印刷了数百万份，这带来了一场倒退，几乎再现了20世纪20年代法西斯化之前的传统方案。

然而，在1944年2月，美国芝加哥大学哲学教授托马斯·弗诺·史密斯（Thomas Vernor Smith）取代了乔治·罗伯特·盖尔，史密斯曾在政治上有所建树，华虚朋在1943年初于夏洛茨维尔接受军事培训时和他一见如故。此外，随着罗马的解放，在伊万诺·博诺米（Ivanoe Bonomi）的领导下，去法西斯化的民主政府被组建。1944年6月至12月中旬，历史和哲学教授、罗马大学前校长圭多·德拉吉罗（Guido De Ruggiero）任教育部长，他一上任就立即表示有兴趣与教育小组委员会密切合作。他建议华虚朋加入1944年7月28日成立的修订委员会，起草新的基础教育课程内容。

华虚朋在委员会里遇到了同样属于新教育领域的另一位老熟人埃内斯托·科迪尼奥拉，他们曾在1932年7月29日至8月11日在尼斯举行的新教育联谊会第六次代表大会上见过面。新教育中不同流派的代表已经习惯于在国际联盟的赞助下定期开会，成员也越来越多，但是在这次大会上，他们第一次出现不可调和的分歧。至此，围绕唯心主义和人文主义价值观的共同理念，以及以儿童个性化发展和个性文化为中心、开展必要的教育改革的理念共识已经让位，人们如今关注建设更加务实的乌托邦，关注政治斗争和强烈的政治分歧。

这些不同意见的交锋引发了深刻的批判和争议，导致新教育联谊会部分解体，威权主义的兴起更加剧了分裂。埃内斯托·科迪尼奥拉在这次大会上的干预相对温和，尽管他对墨索里尼才谴责过的蒙台梭利教育法[1] 以及联谊会内部提倡的国际主义提出了一些批评，但他也反对"特定民族优于其他民族"的观点，呼吁权威成为自由的保障。另一方面，两年后，他在《为了新时代》英文版上发表了题为《法西斯教育的目标》（ "The aims of fascist education" ）的文章，昭示他成为当局的捍卫者，不过，从 1936 年起，他就与当局保持距离了。

从吉诺·费雷蒂到科迪尼奥拉，华虚朋似乎从 20 世纪 30 年代新教育联谊会内部意见分歧的一个极端跨越到了另一个极端。实际上，即使在墨索里尼政权压迫最严苛的时期，这两人之间的通信联系也一直没断，时至今日，收藏在比萨科迪尼奥拉基金会的档案也证明了这一点。这些档案也清楚地表明，二人虽然政治立场不同，甚至极端对立，但还是有共同的教育理想。他们在往来信件中小心地避免提及当前的政治问题，但在教育问题上都以极大的热情和合作精神来对话。费雷蒂会定期向科迪尼奥拉的期刊投稿，对其出版社的最新出版物和翻译作品发表评论，还试图离开巴勒莫，想要加入科迪尼奥拉在佛罗伦萨的教师培训学院，因为那里有更多践行现

---

[1] 20 世纪 40 年代，蒙台梭利在世界范围内引起了一场幼儿教育的革命，倡导以儿童为中心，学校应为儿童设计量身定做的专属环境，反对填鸭式教学等。——编者注

代教育的自由，但他最终没有成功。与此同时，根据 1946 年成立的净化委员会（commission d'épuration）的报告记录，科迪尼奥拉宣称"自己之前就不是、现在也依然不是政治家，自己一直从教育的角度来思考政治"，试图以此来为他亲法西斯的错误思想辩护。

费雷蒂、科迪尼奥拉和华虚朋三人寻求通过合作实现新教育运动理想，即在更大范围内传播参与这一体系的教育工作者的理论著作、方法和实践经验，以使其尽可能影响并从根本上改革官方教育体系，使其现代化。3 位著名新教育家在战争之交选择了截然不同的道路，而他们之间密切友好的联系则在某种意义上象征着新教育联谊会的韧性。这种联系由于法西斯专制政权的崩溃，再加上苏联模式不断强大，而这两种模式不再为教育改革运动提供可行的政治支持，"重建"的时机似乎已经成熟，但是从整体上来说，政治局势仍然很紧张。

华虚朋新的基础教育修订委员会在科迪尼奥拉的帮助下于 1946 年 7 月成立。这次教育改革没有像 1944 年初在西西里岛与费雷蒂进行的第一次尝试那样遭到否决，但它仍然不得不满足教会在宗教教育和牧师参与方面的要求。1945 年 2 月 9 日出版的教科书同样涵盖了新教育运动理念的箴言，特别是对"自治"的重视，以此培养孩子们的社交能力和公民意识。在新的计划中，小学被视为"一个社会团体，与家庭合作，肩负着巩固儿童的性格基石、培养他们成为新意大利公民的责任"。他们认为"通过组织由学生自己任命的小组，负责清洁、维护校园秩序等活动，以此激发学生直接、自发地参与班级管理"是有益处的。另一方面，很明显，在课程设置和学科结构层面，小学仍然保留了传统和保守的一面，而对学校和教师的改革要求很大程度上仍然只是虔诚的愿景。此外，华虚朋通过修订委员会对意大利教育部所能产生的影响式微，最终，他在1946年4月退出。当时盟军在托管监督方面的权力已经极弱了，1946年6月2日的公投后，全新的意大利共和国成立了，所有权力移交给天主教民主党政府。[①]

裴斯泰洛齐式的学校城市，"小世界"（Piccolo mondo）树立的典范

在1946年4月修订委员会解散、主要成员返回美国几个月后，华虚朋于1946年夏天再次去往意大利北部，执行另一项任务。他被派往美国新闻处（USIS）米兰分部，任分部负责人，他的职务看起来主要是文化相关的，但是还有亲美宣传的任务，以及实际上更隐蔽的与情报活动相关的工作。这一次，他与埃内斯托·科迪尼奥拉重新建立了联系，科迪尼奥拉向华虚朋介绍了他在战后开设的学校，及其更多的本地经验。在多次访问佛罗伦萨以及几番书信交流后，华虚朋欣喜万分，于1947年6月25日写了一封信，信中对科迪尼奥拉的学校的赞美溢于言表：

> 我曾到访全球大部分地区的许多学校，而且如您所知，我

---

① 1946年5月，翁贝尔托继任意大利国王；6月2日，举行制宪会议选举和决定国制的公民投票；6月18日，意大利共和国宣告成立。1948年4月，意大利第一届共和国议会选举，天主教民主党人组阁。——编者注

5.2 比萨高等师范学院档案中心，埃内斯托·科迪尼奥拉基金会收藏：1947—1948 年，由佛罗伦萨学校的孩子们经营的合作社。

5.3 比萨高等师范学院档案中心，埃内斯托·科迪尼奥拉基金会收藏：1948—1949年，佛罗伦萨学校的户外课程。

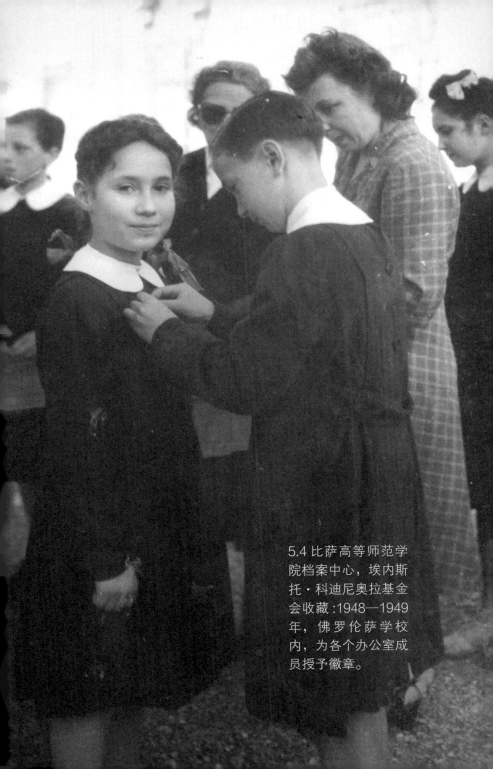

5.4 比萨高等师范学院档案中心，埃内斯托·科迪尼奥拉基金会收藏：1948—1949年，佛罗伦萨学校内，为各个办公室成员授予徽章。

已经在伊利诺伊州温内特卡公立学校当了 25 年校长了。这就是为什么我看一眼就知道，裴斯泰洛齐的学校是所好学校，而且我敢说它是世界上最好的学校之一。在考察学校期间，我观察到那里的精神和氛围正是现代教育理念的最佳体现。我看到学生们的作品，极富创造力，我看到孩子们在车间、花园里协同合作，我看到他们对校园清洁的投入、对学校公物的爱护。孩子们维护了整个学校的正常运作，他们充满责任感，把一切组织得井井有条。孩子们的原创作品和作文真的很棒。这所学校正在培养美好明日的未来公民。您是少数不仅思考、阐述教育问题，还展示了将理论付诸实践的能力的教育家。……若您能在佛罗伦萨再创办一个培养现代教育教师的中心，那真是再好不过了。

这项实践为什么了不起呢？这所学校于 1945 年 1 月 15 日开学，第一次共招收了 85 名学生。第二届有 171 名新生，第三年又收了 277 名新生。学校最初的教学场地是位于佛罗伦萨历史地标圣十字广场上的托马塞奥（Tommaseo）小学，它在战争爆发后被废弃。过了几个月，他们又换了两次地址，最后安置在圣朱塞佩大街（Via San Giuseppe）9 号的维托里奥·韦内托（Vittorio Veneto）学校。这个校园更大，从建筑破旧的程度来看，同样曾遭废弃，门窗上的玻璃已经不见了，风拍打着门。这里有一个大花园，但今天的我们（尤其是战争刚刚结束的这段时间）是很难想象战前那里是一幅怎样的景象了。在这所新学校理事会撰写的前几份报告中，1945 年 11 月 25 日的报告提到，这片区域的工人阶级团体人口繁杂、声誉不佳，报告还指出，他们收容的第一批学生是一些问题儿童和街头儿童，"不遵守规则、桀骜不驯、游手好闲，其中还有几个混黑帮的小头头，眼神狡黠毒辣"。这一批学生都来自非常贫困的家庭，家人也没有受过教育、缺乏道德意识。战争使佛罗伦萨本来就悲惨的生活条件变得更加糟糕。在德军为期一年的占领后，1944 年 8 月 11 日，盟军在拥护者的帮助下解放了这座城市，但生活在这座城市的居民也付出了沉重的代价，在密集的轰炸下，部分老居民区已被夷为废墟。由于德军的轰炸和采矿活动，除了留存下来的维琪奥桥（Ponte Vecchio）之外，横跨阿尔诺河的 9 座大桥全部被毁。除了大量人员伤亡之外，停水、停电、燃料和食物短缺的情况也很普遍。在学校前几年的年鉴记录中，有 69 个孩子，也就是占总数三分之二的孩子，得到了"poverissimi"（非常差）的评语。

自成立以来，这所学校就受意大利教育部和战后援助部（Ministero Dell'Assistenza Post-Bellica）的双重管辖，其地位实际上非常特殊。一方面，它被定性为公立小学，但从 1946 年 8 月 10 日起又获得了督学团授予的"差异化教育"学校的具体定位。这个头衔使学校可以从省内获得一定数量指派的正式教师名额，并根据教师们融入团队的情况来选择是否留用他们。另一方面，这所学校还接受私人赞助，因而还有一定的自主权。提供赞助的"朱利奥·戈里（Giulio Gori）基金会"成立于 1945 年 2 月 14 日，以在解放佛罗伦萨的战斗中牺牲的实业家的名字命名。该基金会的董事会由朱利奥·戈里的遗孀、实业家玛丽亚·卡萨诺娃·戈里（Maria Casanuova Gori），实业家和艺术收藏家恩佐·因佩杜利亚（Enzo Impeduglia）以及几位名人组成，包括女伯爵南尼娜·福西

（Nannina Fossi）和玛丽娜·卡瓦扎（Marilina Cavazza）、画家菲力德·拉瓦斯第（Fillide Lavasti）和埃娃·卡罗奇（Eva Caroci），当然还有埃内斯托·科迪尼奥拉和他的妻子安娜·玛丽亚·梅利—科迪尼奥拉（Anna Maria Melli-Codignola）。该基金会募集、管理私人资本，使学校能够凭自有资金聘请额外的非正式教师进行下午时段的一些活动。在意大利，小学通常只在上午进行教学，普通公立学校在下午时间段不安排活动。学校指导委员会及其主任每年由基金会任命，校长拉法埃拉·安泰扎（Raffaella Antezza）也是由他们任命的。1946 年 9 月，学校终于从战后援助部获得了大量资金，为来自需要救济的家庭的 120 名儿童建立了一个长期营地。

这所学校与其他小学的区别首先在于其教学方向和运作方式。校园守则和朱利奥·戈里基金会的第一份活动报告明确指出，该学校的目标是建立按照公民自治制度管理的工作团体，在教师和学生自治的基础上，要为小学生树立道德和社会观念。指导委员会的会议记录详细说明了为实现这一目标而做的组织计划。首先，计划明确表明，各个学科的教学本身并不是目的，而应是一种途径，通过具体有效的生活体验重建孩子的心理，形成"社会人格"，扫除"精神文盲"。学校不应该只是传播知识，而要变得富有生命力。重要的不是传递某种确定的知识或教义，而是发展孩子的心智，这种发展不应仅考量认知能力，而要从孩子整体性格的全面发展来衡量，例如餐桌礼仪、问候方式、尊重他人财产的意识，等等。

为此，在上课时间外，学校还设置了轮班制：每名学生在校期间都要承担作为团体"公民"的责任义务，并互相合作，以保障团体正常运转。食堂工作人员、卫生监督员、饮食管理员、帮厨、护士助手和门房等都是由孩子们轮流担任的。学校并不将这些任务视为"杂活儿"，它们是学校学习的自然延伸。此外，课外活动一直持续到下午 5 点，这些活动往往按性别区分，男孩通常做园艺和木工，而女孩会做缝纫和打字，但也有很多活动是男孩和女孩都参加的，如绘画、装饰艺术和语言学习。其中，由作曲家、音乐学家维尔吉利奥·多普利凯尔（Virgilio Doplicher）指导的合唱团很受欢迎。此外，学校还设立了互助基金来帮助最弱势的学生。通过互助基金，食物、衣服、围裙和鞋子都被大量分发下去。孩子们自己经营的商店也可以让他们以低价额外购买一些物品，补充生活需要。

学校还有自己的"公民组织"：在老师的指导下，从预备班到五年级的 9 个班级的学生组成"选举委员会"，然后选出几名"选举人"，产生"公民委员会"。"公民委员会"会任命负责纪律、卫生、财务、教育和娱乐的孩子。在任命仪式上，负责相关工作的孩子们会在胸前戴上一个徽章。他们还成立了一个"少年法庭"，设置"院长"和一群"官员"来协助司法事务。

这种团体运作方式的作用在假期期间得到了充分发挥，在"营地"，他们招收的是那些一年中大部分时间都生活在营地外的孩子，这些孩子只在假期的时候全天候生活在这个合作团体里。1947 年，除了在维托里奥·韦内托学校及小公园内建立的营地外，学校还在佛罗伦萨以西约 130 公里的维多利亚阿帕那（Vittoria Apuana）地区建立了一个海上营地，在佛罗伦萨以南 154 公里的阿尔奇多索（Arcidosso）建立了一个山区营地。他们每年还会免费将大约 60 名儿童送到恩里科·裴斯泰洛齐营地，这是一个由新教牧师于 1929 年在瑞士洛迦诺（Locarno）附近的阿尔切尼奥（Arcegno）建立的假日营地。

尽管多次出现财务困难（这在各种报告中都有体现），并且创始成员还经常自掏腰包，或偶尔从"瑞士顿"、联合国善后救济总署以及其他外部慈善组织获得资金帮助，但是指导委员会还是对学校运营之成功及其影响力感到十分欣慰。不少来自意大利和其他国家的访问者蜂拥而至，有时还有整个教师研修班前来，经意大利教育部批准，学校还开设了专门的教师培养课程。此外，罗马还建起了另一所学校，科迪尼奥拉的档案显示，在意大利，还有30多所类似的学校。教育家们梦寐以求的小学教育革命正在发生，但是，革命的主体仍然以官方系统之外的学校为主。

同时，尽管学校反复强调给予教师和学生完全的自由，但是对教师的培训却显得过于严苛和谨小慎微，这看似自相矛盾，实际目的恰恰是保证这种自由。学校及其暑期学校的运作指导方针或管理措施等大量文件往往具有法规和指令的性质，尽管他们不会直说。这些文件不断重申着，所有人都必须遵守纪律，出于任何理由的违规行为都是决不被允许的。教师对任何集体或个人的违纪行为都要负责任，包括未能保持整洁、行为不得体这类问题。在这种情况下，学校里的教师们必须轮流担任监督员，以持续监督学生的活动，这在学生中引起了一些抗议。事实上，任何散漫、懈怠的行为都被认为是严重的违纪，也会收到"没有理解学校精神"的批评。

暑期在学校通过实习参与到这种创新式教育的第一批教师中，有一些人清楚地表明，这种教育方式远没有突显成年人有必要监管的重要性。例如，1946年8月1日，一位经验丰富的女教师在日志中留下的批注中写道：

　　我必须承认，我第一次见到这些孩子的时候，幻想就破灭了，我开始想回到我原来工作的学校了。我在学校和夏令营教了这么多年课，从来没有遇到过1个、2个、5个、10个厚脸皮的小家伙当面嘲笑我，这些孩子不听我的，继续想怎么样就怎么样，就像我没在对着他们说话，而是对着墙说话一样。到了晚上，气氛才平静一些。这些孩子并不坏，但是受教育程度低而且很叛逆。既然其他老师似乎都已经取得了不错的成绩，我希望只要有诚心，我也能做到。

　　学校行政部门迅速回应了这位教师，从所接收学生的特殊性和"他们需要耐心和时间，而不是施压和怒火"的哲理上作出解释：

　　不，小姐，其他人也不是一夜之间改变学生的，你也没法指望在两三周内就让他们变好。您的前任和继任的老师们只能努力做到这一点：在恶劣而顽固不化的"花岗岩"上努力用锤子和镐子修整几下。在进入学校之前，他们所受的家庭教育是很差的。在这种基础上，孩子这座"建筑"，没法一砖一瓦地"被建起"或是一下子"被推倒"。老师（自己或在团队几人的帮助下）就像石匠，需要给孩子十次、百次、千次的"锤击"，需要付出4小时、8小时、10小时的持续努力，但一旦这些孩子回到家中或跑到街上14、16、20、24个小时，他们又会被其他孩子教坏，又找回了已经被老师们"敲打"掉的邪恶……所以！所以这就是为什么我们要不断地努力，我们会赢的！

1945 年 9 月，孩子们出版了第一份校报，该报纸主要由孩子们自己绘图和撰写，由自制的油印机印刷，后来被命名为《我们的小世界》（ *Il nostro piccolo mondo* ）。这份小报之所以后来出了名，是因为它反映了自治运作中固有的矛盾。

刊登在报纸头版的文章直接面向学生读者，来自五年级的小学生在文章中热情地分享了他的校园生活：

> 这所学校就像一个大家庭，我们从早到晚都在这里生活；我们在这里很开心，因为这里独一无二。我们在这里学习和工作，简而言之，我们在这里学会生活。然后，我们听所有老师的话，但我们也自己发号施令。听起来很惊讶吗？然而就是这样，我们发号施令，我们管理自己，我们组织工作，我们还要与其他同学合作完成某些任务。……我们是一个大家庭，我们都有事可做，我们工作得很开心、很满足。那么你是不是确信我们都是好孩子了呢？可不是这样！确切地说，我们中也有坏孩子的："法庭"经常会开庭，审判那些做了错事的孩子，他们必须受到惩罚。但实施惩罚的不是老师，而是由我们这些学生组成的"法庭"，你可以去听一次！

第二篇文章是朱塞佩·亚库奇（Giuseppe Iacucci）写的，他是学校最早的老师之一，后来成为佛罗伦萨西部小镇锡尼亚（Signa）分校的校长。他的这篇文章详细记录了夏令营期间针对一起"严重违纪行为"的"审判"过程。如果不是考虑到卷入事件的孩子在学校的职务，这其实是一件小事：11 岁的学生吉诺（Gino）追着另一个孩子打，10 岁的玛丽亚—安东涅塔（Maria-Antonietta）去阻止他，然后挨了一拳。问题的关键在于，玛丽亚—安东涅塔在"司法办公室"担任职务，"司法办公室"在学校里地位神圣。访问营地的亚库奇认为这是一个好机会，想要利用这个机会教孩子们些东西，因此要求进行"审判"。为了吸引孩子们的注意力，确保取得相应的教育效果，他自己担任"原告"，通过模仿和比较来揭示"罪行"的严重性。然而，"儿童陪审团"的一部分成员宣布的判决是把"被告"吉诺永久驱逐。这个判决显得过于严苛了，亚库奇的目的是教育孩子们如何开展自治以及学会谅解，亚库奇称之为"伦理—社会"教育。他在文章里坦率地描述了他随后是如何找其他老师来说服了一些"陪审团"成员，因为他对"孩子们幼稚的心理"及法庭上宣布的决定感到不安且难以接受，最终，他利用自己的权威修改了判决。他让年幼的孩子们回到他们的班级，站在其余的"法庭"成员面前，在流泪的"被告人"面前，又扮演起"律师"的角色：

> 我指着他们，沉声道："你们对同学过于严苛了，你们说：'要么他走，要么我们走。'现在听我说：你这么严厉地斥责别人，如果有一天你站在吉诺的位置，你会怎么做？"我的食指还竖着，所有孩子的眼睛都盯着我。有个小孩子举起手说："我想说实话。""说吧。""我要是他，我可能也会犯同样的错。""非常好，你诚实又勇敢。"我把他从座位上请出来，让他站在我旁边，面对无情的"陪审员"们……

5.7 比萨高等师范学院档案中心，埃内斯托·科迪尼奥拉基金会收藏：1946—1947 年佛罗伦萨学校召开的学校会议。

　　他以这样的方式继续向"陪审员"施压，最后的结果是吉诺被禁足，但获得了通过良好表现来重新赢得出门权利的机会。亚库奇满意地准备离开，发现自己把包落在房间里了，正当他准备回去时，他看到"陪审员"中的一名孩子迎着他跑来，一脸容光焕发，手中挥舞着他忘拿的公文包。亚库奇更高兴了，对他来说，这样的处理方式是完全成功的。但通过这个例子，人们不禁要问，儿童自治是否与民主相容，尽管它只是小规模的。无论在实际的日常实践中遇到多少限制，学校的经验都堪称典范，够资格登上 1948 年 7 月的特罗根会议。华虚朋和埃内斯托·科迪尼奥拉这两位好友都在会议上发表了演说。

第六章

"圣洁"的瑞士成为欧洲和平实践的大熔炉

1942 年底，一对俄罗斯裔无国籍犹太教育家夫妇从法国偷渡到瑞士。在日内瓦教育科学研究所相关人士的支持下，他们获准为人道主义组织工作，负责难民儿童之家的教学指导。1943 年，他们参加了一个工作组，为战后儿童教育事业做准备，考虑本着新教育精神对来自世界各地的教育管理者进行培训。1944 年 2 月，第一期儿童之家辅导员培训班开班，紧接着，1946 年，在日内瓦国际学校所在的大布瓦西耶（Grande Boissière）地区开设了国际课程。这些课程由一位瑞士教师主讲，他组织教学旅行等活动，并邀请来自不同国家的儿童之家的主理人担任讲师。与此同时，在苏黎世，瑞士的医学、心理学专家们聚到一起，创建了战争受难儿童国际学习周（SEPEG），同时致力于为教师提供培训，助力实现儿童的身心重建。因此，他们在洛桑为医学教学团队开设了进修课程，并在多个欧洲国家开设了短期培训课程。

主要人物

吕西安·博韦（Lucien Bovet，1907—1951）：瑞士人，法国文学教授之子，洛桑青少年精神病学家，洛桑大学和日内瓦教育科学研究所讲师。1936—1942年担任塞里医院（Hôpital de Cery）副院长，1938年协助创建了沃州医学中心（Office médico-pédagogique vaudois），1942—1951年任该中心第一位主任医师。

奥斯卡·福雷尔（Oscar Forel，1891—1982）：瑞士人，精神病学家奥古斯特·福雷尔（Auguste Forel）之子，医学博士，在伯尔尼专攻精神病学研究。20世纪20年代，他是尼翁（Nyon）梅泰里（La Métairie）私人诊所的主任医师。1934年创立了名为"普朗然河"（Les Rives de Prangins）的私人诊所。他是战争受难儿童国际学习周（SEPEG）的联合创始人之一，于1945—1951年担任主席。

朱丽叶·古芬凯尔—普加奇（Juliette Gourfinkel-Pougatch，1903—1950）：来自敖德萨的无国籍难民，世俗犹太家庭的女儿，她在巴黎做记者和翻译工作，笔名朱丽叶·帕里（Juliette Pary）。前夏令营负责人，积极参与教育运动。

安德烈·奥尔特拉马雷（André Oltramare，1884—1947）：瑞士人，拉丁语教授之子，1926年起任日内瓦大学拉丁语言文学教授。1923年起加入社会民主党，前日内瓦公共教育国务委员。1946—1947年在伯尔尼任国家议员。

伊萨克·普加奇（Isaac Pougatch，1897—1988）：无国籍难民，来自乌克兰一个非常虔诚的犹太家庭，出身贫寒，在日内瓦度过了青年时代，从20世纪20年代开始在巴黎生活。后来他成为犹太复国主义激进分子，并于 1931 年与朱丽叶·古芬凯尔结婚。1940—1942 年在法国南部经营一个青年农业营地。

居伊·里塞尔（Guy Ryser，1911—2008）：瑞士人，日内瓦大学拉丁语教授，与安德烈·奥尔特拉马雷关系密切。从 1947 年起，安德烈·奥尔特拉马雷与里塞尔夫妇一起，成为"战争受难儿童之家"（1944—1950 年）组织教师培训课程的主要力量。

　　1943 年 10 月，国际贵格会中心召开了一次战后工作的交流会，会后有片刻的讨论交流。该中心原址位于威尔逊宫顶层，1942 年搬到了在费利克斯（Félix）和维尔莱特·安瑟莫兹（Violette Ansermoz）位于孔塔米讷（Contamines）大街 3 号的公寓里。正如在国际教育局（IBE）[①] 档案中一份两页纸长度的报告所述，当天会议的主题是"学校项目的管理：辅导员培训中心"。

　　教师安娜·西姆森（Anna Siemsen）第一个发表演讲，她来自德国，是一名社会主义者，自 1933 年起以难民的身份在瑞士生活，西班牙内战后已经拥有人道主义活动经验。她提议召开一次大型会议，召集所有对教育感兴趣的瑞士和国际组织，以期建立一个"战争孤儿国际营地"。她从社会主义经验中汲取了这一想法的灵感，安东·马卡连柯曾在苏联建立"小孩共和国"，巴勒斯坦也曾有过"儿童村"。巴勒斯坦的"儿童村"指的当然是犹太复国主义和社会主义乌托邦"卡法尔—耶拉迪姆儿童村"——1927 年约瑟夫·克塞

---

　　① 　国际教育局，联合国教科文组织的下设机构之一，设在瑞士日内瓦。其任务是协助筹备和组织一般为两年一次的国际公共教育会议，出版《国际教育年鉴》和《比较教育研究》丛书，建立国际教育情报交流网等。——编者注

尔在《爱之地》（ *Terre d'amour* ）中提到过那里，此外，可供参考的实践案例还包括 1927 年创立的 "本·谢明（Ben Shemen）儿童村"。

另一位女士，朱丽叶·帕里谈到了管理者培训的紧迫性问题。帕里的真名是朱丽叶·古芬凯尔，她为安东·马卡连柯做过翻译，也是一名记者。自她为巴黎儿童开办夏令营以来，她一直参与大众教育实践。1938 年，她在《我的 126 个孩子》（ *Mes 126 gosses* ）中讲述了这段经历，在教育界取得了一定成功。自 1942 年 12 月以来，她和犹太人丈夫伊萨克·普加奇（同样无国籍）从法国塔恩和加龙省来到瑞士，以难民身份生活。1940—1942 年，他们夫妻在以色列童子军联合会（Éclaireurs israélites）[①] 和儿童救济会（OSE）的支持下，在穆瓦萨克（Moissac）的高山上开办了一个乡村青年营地，培养了很多优秀的青年干部。

在日内瓦，帕里和普加奇也是被 "收容" 的，因为他们在瑞士仍没有合法居留权，就算普加奇青年时代曾在这座城市生活过一段时间也不行。在向警方提供了担保人信息后，他们很快就从沙尔米耶（Charmilles）接待分流营地释放了。帕里提供的担保人是皮埃尔·博韦、阿道夫·费里埃和让·皮亚热（Jean Piaget）；普加奇则由儿童救济会、他的父亲和他住在日内瓦的兄弟担保。这对夫妇因此可以自由行动，但受到监控。瑞士人道主义组织招募他们来帮助教育难民儿童。1943 年，瑞士移民儿童援助委员会邀请伊萨克·普加奇管理在日内瓦开设的儿童之家，开设犹太文化课程：首

---

① 以色列童子军联合会是以色列唯一的无党派青年组织，该组织加入了国际男女童子军组织，其名誉主席是以色列总统。——编者注

先是 2 月在维塞纳兹（Vésenaz）的"度假屋"，然后是 3 月在韦尔苏瓦（Versoix）的"犹太儿童之家"，那里的孩子们准备去巴勒斯坦，10 月在由儿童救济会管理的"森林之家"（La Forêt）。同年，朱丽叶·帕里也从劳教所释放，到"森林之家"教书。

在贵格会中心的会议上，朱丽叶·帕里提出"要建立培训学校，为所有希望积极参与战后教育工作的人员提供基本培训"。随着战争结束，的确需要考虑在瑞士国土上生活的孩子们的教育问题，以保证他们返回祖国时仍然认同自己的民族身份，其中一些孩子是犹太人。她表示，有能力疗愈孩子们在战争中所受创伤的教育工作者和社工少之又少，尤其在老师们也是战争受害者的情况下。然而，全球冲突造成的这种局面下，人们急需一支一流的教育团队——能够理解儿童所遭受的苦难，运用教育方法，能够本着和平、民主和国际精神来培养新公民。因此，身心重建将是教育者的重要任务，孩子们的肉体和心理都遭受了创伤，但同时，他们拥有开创新世界的能力。

因此，难民儿童的故事背后还暗含着另一个故事：负责跟踪记录他们情况的辅导员的故事。

为难民儿童之家培训辅导员：既是紧急情况要求，也是为战后做计划

1943 年 10 月，朱丽叶·帕里在日内瓦展开了她的战后教育工作计划。招募和培训足够数量、符合要求的辅导员这一事项已经被

提上日程，更重要的原因是，教育科学研究所所长皮埃尔·博韦对此表达了关切："准备投身辅导员这种组织形式和教育实践的人可能依然非常少。"帕里随后提议从瑞士本土的志愿者和其他外籍人士中招募志愿者或实习生，甚至邀请来自教育科学研究所和社会学校的教师和学生，他们或是接受短期培训"以使他们初步了解未来战后工作的特殊情况"，或是"将在一贯制学校担任核心骨干，这些学校是为那些有志成为教师，但尚未接受培训的年轻人设立的"。他们预计将会接受至少3个月的培训。

在讨论中，符合未来儿童之家需求的辅导员形象在人们脑海中成形。这个形象接近于法国几所几乎同时、刚刚开办的学校里的"复健师"，是一个将团体生活、真情实感和共同理想融合在一起的人物：

> 这些儿童"教练"和学校教师一样重要。几百名精力充沛、热情洋溢的年轻人，只要具备足够的理论和实践知识，在和平精神的驱动下，就能为战争孤儿创造奇迹。培养尽可能多的此类教育工作者，将是瑞士能为新世界作出的最大贡献。

上述这种模式当然部分是基于法国的教育系统建立的，但也明确体现了整个瑞士教育传统：童子军领袖营地、"军队与家园"流行文化中心（这是针对平民、负责传递"精神防御"精神的信息单位，其媒介是体育赛事、会议、电影和无线电广播等）、联邦预备指导课程，还有针对孩子们及老师们的宗教营地，如纳沙泰尔（Neuchâtel）山区的沃马居（Vaumarcus）的一处营地。而且，即使报告没有提及，人们也能找到日内瓦教育科学研究所的影子，该研究所自 1912 年成立以来就一直接收来自不同国家的学生和"辅导员"学员，以新教育、心理教育学和医学教育学的精神培养教师和教育工作者。

　　这项事业呼吁所有随时准备投身其中的年轻人了解一定的"儿童村"文化、具备一定的教育背景，特别是关于儿童集体管理的知识，以填补因战争弃儿、战争受难儿童越来越多而不得不面临的照护者短缺。阿道夫·费里埃非常关注学校发展，他在 1944 年 1 月 7 日的《飞跃》中描述道：

　　　　管理课、领导课。当我们想到数百万的弃儿，我们感到有义务帮助他们，并且尽可能地带领他们走上正确的轨道。我们必须重建这数百万被战争摧残，且往往具有破坏性的孩子们的身心，我们认识到，培养负责任的教育工作者是首要工作。

　　该项目并没有就此止步，在瑞士的机构和国际组织的协调下，它取得了长足的发展。报告称，瑞士公民教育的先驱、瑞士救助战争受难儿童联盟的联合创始人弗里茨·瓦滕魏勒（Fritz Wartenweiler）和鲁道夫·奥尔贾蒂与教师培训学校接洽。他们在项目中深化了要在"营地学校里培养和选拔战后教育救援团队"的想法和精神。为了测试候选人的团体生活能力，教师培训以"宿营地""巡查"或"学校营地"的形式规划展开。教师培训的日子很充实，有体育锻炼、劳务、游戏，以及作为一种反馈形式的集体会议等，还有职业"启蒙"的日常课程，如技术、智识生活、集体生活（自治、青年充权）、教育（儿童心理、德育、学习方法）、健康生活（体操、营养学等）、休闲活动（手工、园艺、戏剧和其他晚间娱乐）。报告上热情洋溢的描述体现了教育工作者培训项目的精神："为公民和人类服务的崇高理想""完成使命的喜悦""责任感""感受这份事业的美好"。

但是他们还需要寻找场地，理想的场地是有 8—12 个房间的公寓或别墅。

在儿童救济会的档案中，我们可以发现早期讨论以及直接后续行动的记录。1944 年 1 月 11 日，一个致力于"社会救助和组织"的委员会在日内瓦总部召开会议。苏联文学教授雅克·布洛赫（Jacques Bloch）来瑞士寻求庇护之前，还曾是法国儿童救济会一个儿童之家的负责人。他就"辅导员培训"的情况发表了观点。他希望为日内瓦地区的儿童之家辅导员组织培训课程，以便"更新他们在教育学和普通心理学领域的专业知识……同时要为他们概述难民儿童身上存在的特有问题"。这一倡议得到了广泛的响应，从国际救助儿童会和瑞士工人援助会（OSEO）的档案中题为《预备课程：战后儿童援助》的培训课程计划及其参训者名单便可看出这一点。

培训于 2 月 21 日下午 6 点在"森林之家"开始，由约瑟夫·魏尔（Joseph Weill）医生主持。约瑟夫·魏尔曾帮助组织解救和转移儿童救济会营地的犹太儿童，而他本人也自 1943 年 4 月起一直以难民身份在瑞士生活。当天的培训主题是"卫生保健、饮食、维生素缺乏症"。第二天，培训的主题切换到另一方面，在教育科学研究所举行，仍然由魏尔主持。办讲座的地点交替表明了在该项目中医学和教育的相互影响。培训过程中，教师们还多次造访日内瓦的教育机构，从许多实际的案例中学习：比如儿童诊所、"小孩之家"（应用了教育科学研究所理论的学校）、学校观察服务所（提供医学教育服务）、国际学校、"奥尔默之家"（foyer des Ormeaux）、"夏弥耶之家"（maison des Charmilles）和"梅伊学校"（école du Mail）。

这种课程在当时是实验性质的，以夜校的形式开展，基本都安排在下午的晚些时候和傍晚，面向那些已经有经验的教师。在大约30名登记报名的教师中，一半是瑞士人，另一半是难民和一些无国籍人士。在这些教师中，有一位教师叫恩斯特·雅布隆斯基（Ernst Jablonski），别名是恩斯特·儒希（Ernest Jouhy）。他是德国犹太人，于1933年移居法国。他热衷于实践新教育和阿德勒[①]心理学。战争爆发前，他上完了大学，主修心理学，也曾加入保罗·吉布的"奥登瓦尔德学校"，后来在法国负责管理拉盖特城堡的一个"小孩共和国"——此项目于1939年由阿尔弗雷德（Alfred）和弗朗索瓦丝·布劳纳（Françoise Brauner）联合儿童救济会一起创立。这所"儿童村"接收来自奥地利和德国的儿童。随后，恩斯特·雅布隆斯基又成为"夏巴纳（Chabannes）儿童救济会儿童之家"的教师，直到1943年参加抵抗运动。

这次培训在瑞士移民儿童援助委员会和儿童救济会的主持下举行，并得到了教育科学研究所和国际教育局教授的协助，参加者还

---

① 阿尔弗雷德·阿德勒（Alfred Adler），奥地利精神病学家。人本主义心理学先驱，个体心理学的创始人。——译者注

包括安德烈·雷伊（André Rey）、皮埃尔·博韦、爱丽丝·德库德雷、安德烈·奥尔特拉马雷、罗伯特·多特伦斯、雷蒙·乌尔德里（Raymond Uldry）、佩德罗·罗塞洛（Pedro Rossello）、约瑟夫·魏尔等。伊萨克·普加奇还与心理学家玛格丽特·卢斯利—乌斯泰里一起讲授了关于弃儿心理创伤的课程。

　　培训于 1944 年 3 月 30 日结束，这次培训成为战后第一次在瑞士举行的教学管理人员培训。阿道夫·费里埃在 1944 年 4 月 14 日的《飞跃》中是这样评价这次培训的，"此次培训是由两位难民倡议的，他们在法国南部经营了两年农业青年营地，现在他们负责管理难民儿童之家"，他指的就是帕里和普拉奇。普拉奇在瑞士有点名气，1944 年 12 月 29 日，费里埃曾在写给鲁道夫·奥尔贾蒂的一封信中称，从普拉奇培训干部的服务记录上可以看出他"品质杰出"。至于朱丽叶·帕里，费里埃则又施以援手，帮她从沃州的司法和警察部获得居留许可，这使得她可以和费里埃在他的住处共事几个月。费里埃的住所位于沃韦（Vevey）高地布洛奈旁七星山（Pléiades-sur-Blonay）。他们一起开展的工作是筹备"战后儿童之家"。

　　日内瓦随后成为国际培训的中心，或者用雷蒙·乌尔德里的话说，至少是"欧洲教学培训中心"。在成为辅导员教学课程负责人之前，雷蒙·乌尔德里曾是一名教师，后来做了督学，在 1944 年 2 月的这一届培训上负责"学童营"课程。瑞士德语区也不甘示弱，1944 年 5 月，在瑞士工人援助会的雷吉娜·卡吉—富克斯曼（Regina Kägi-Fuchsmann）的带领下，苏黎世女子社会学校（École sociale pour femmes de Zurich）开设了"战后社会援助辅修课程"。

伊萨克·普加奇在那里教授儿童之家相关课程。他们的目标是培训大约 50 名的专业能手，使其可以在瑞士和其他国家的难民营和移民之家工作。以瑞士公民和难民各一半的名额招聘，参加招聘的难民是由人道主义组织确定和选择的。1944 年的秋季，普拉奇又在日内瓦大学社会研究学院用法语讲授了这套课程。

这些培训都属于重建计划的一部分，该计划由一些人道主义组织协调，也就是儿童救济会和瑞士工人援助会档案中提到的"战后研究小组"。这些组织共同成立了一个委员会，致力于"行政教师培训"，其中的成员有国际救助儿童会、瑞士工人援助会、瑞士移民儿童援助委员会、世界犹太人救助大会（Union-OSE）、世界基督教协进会（Conseil œcuménique des Églises）、一神教普世派服务委员会（Unitarian Service Committee）和基督教青年女子联盟（Union chrétienne de jeunes filles，UCJF）等。委员会于 1944 年 6 月 21 日召开会议，改名为战后社会指导和培训中心（Centre d'orientation et de formation sociales pour l'aprèsguerre，COFSAG）。1944 年夏天的一份文件（没有标注日期）中列出了当时正在进行的事项和未来的计划。在一系列培训（参与者包括社会辅助人员、托儿所保育员、幼教、护士、医生，还特别提到了消毒、除虫和除虱方法培训）中，秋天开始的"日内瓦儿童之家辅导员培训课程"被摆在尤为突出的位置。

1944 年 7 月 13 日，"儿童之家辅导员培训课程（战后援助预备课程）"的特别倡议委员会在日内瓦举行了首次会议。该委员会由前拉丁语教授、反军国主义者、社会主义者安德烈·奥尔特拉马雷担任主席。他一直致力于将工人和知识分子团结在一起，同时也鼓励工人阶级的孩子努力学习。作为教育家和政治家，奥尔特拉马雷也参与人道主义行动，自 1942 年以来一直是瑞士移民儿童援助委员会日内瓦委员会的成员。奥尔特拉马雷找来居伊·里塞尔担任该课程的首位主任，但里塞尔因病没有出席倡议委员会的第一次会议。那年他患上了肺结核，因此有段时间都在疗养院。

委员会的第二次会议于 7 月 21 日举行，会议纪要表明，课程变得日益具体。他们计划将名为"灯心草地"（La Jonchère）的克拉默别墅（villa Cramer）定为培训地点，地址在小撒孔奈路（chemin du Petit-Saconnex）26 号。关于培训候选人的招募，委员会决定与伯尔尼司法和警察部的海因里希·罗特蒙德（Heinrich Rothmund）接洽，以"希望他们为释放 20—30 岁的被拘禁者提供便利"。寻求资金扶持是另一个重点。瑞士移民儿童援助委员会日内瓦分部赞助了课程委员会，儿童救济会、国际救助儿童会和一神教普世派服务委员会也提供了资助。第一期课程原定于 1944 年 11 月 14 日开课，但筹备和启动都很困难。拉绍德封（La Chaux-de-Fonds）中学和师范学校的前校长奥古斯特·拉利韦·德皮奈（Auguste Lalive d'Épinay）在妻子的帮助下担任此次培训的代理主任，但是没多久他也病倒了。当年 12 月德皮奈便去世，继任者路易·若阿诺还没来得及交接。后来，路易在 1946 年报告了关于安内尔的研究成果，并在 1947 年成为萝实国际学校（école internationale Le Rosey）的校长。但是回到当时，路易·若阿诺在 1945 年 1 月就放弃了这次培训的负责人职务，因为他应征入伍了。后来负责人又转由奥利维耶·勒韦丹（Olivier Reverdin）担任。尽管开局艰难，但培训还是按计划在 1944 年 11 月 14 日开始，持续到 1945 年 3 月 31 日。

此次课程开始时，伊萨克·普加奇仍在日内瓦的儿童之家为他在"穆瓦萨克农村青年营地"两年的回忆录手稿进行最后的润色，题目为《查理：青年团体的生活》（*Charry: Vie d'une Communautaire de jeunesse*），这本书于 1944 年由巴孔尼埃尔出版社（Éditions de la Baconnière）出版。朱丽叶·帕里于 1944 年年底返回法国，前往马赛地区，担任刚刚设立的囚犯、被驱逐者和难民部联络官一职。这对夫妇从此分隔两地。

日内瓦儿童之家辅导员课程：为国际教育服务的教学实践

第一轮辅导员课程的 40 名学员，部分是来自法国、荷兰、比利时、捷克斯洛伐克、波兰、匈牙利的年轻人，他们刚从拘留营出来；另一部分则来自瑞士。培训地点在一处寄宿学校，这是因为辅导员们得和孩子们生活在一起，也要住在寄宿学校。在几个月的时间里，他们学习了教育学、医学的基础理论知识，许多课程由教育科学研究所的教师们讲授，其他课程由儿童救济会的成员授课，其中伊萨克·普加奇开设了一门关于难民儿童心理的课程。

由于课程委员会对部分候选人的学习能力有所怀疑，因此在心理学家安德烈·雷伊的指导下，他们对每门科目都进行了选拔测试，同时组织了实践考试，以评估候选人是否具备与儿童一起工作的能力。安德烈·雷伊来自教育科学研究所，此前他还负责过对日内瓦家庭儿童的心理测验。1945 年 1 月 22 日执行委员会的会议记录显示，最后只有 4 名候选人落选。

第一期课程的目标是树立某种"精神"：这些辅导员将在国外代表瑞士的形象，简而言之，"他们得替我们还点债"，1945 年 1 月 20 日的《教育家合作简报》（Éducateur et Bulletin Coopératif）中，负责"休闲活动组织"这门课程的老师伊万·马蒂勒（Iwan Matile）这样打了个比方。通过集体生活的教学、承担家务、良好的个人行为、守序、守时、男女同校、和谐生活，创始人们还希望在战争的混乱之后传递一种重建的精神。

1945 年 3 月 15 日，当委员会再次齐聚一堂时，大家松了一口气："瑞士顿"同意捐款，原来的赞助方也将继续提供支持。因此，第二期课程得以于 4 月 15 日开启。第一期课程的成功有目共睹，表现在入学名额变得紧俏：儿童救济会已经预订了 20 个名额，南斯拉夫驻马赛总领事也为本国国民预留了几个名额。同时，该组织也在扩大规模、改变运营模式。在管理方面，委员会收到学员的反馈来信（无疑是表达批评的），因此决定在日后的课程中重新确立自己的主导地位。他们设想"在第二期课程的负责人中安排一位瑞士人，面对难民学员，瑞士人更易施展威信"。这个责任最后落在学院老师让·勒奇（Jean Lerch）身上，他的妻子陪同。在招生方面，这一期对每位候选人都进行了面试，以确定他们有能力完成课程，最终入选名单由特设委员会批准。完成课程后，辅导员们要承诺返回祖国，并至少为战争受难儿童服务一年。

从 1945 年 12 月 15 日到 1946 年 3 月 9 日，勒奇夫妇又负责了第三期课程，之后他们撰写了长达 11 页的报告。第三期课程接收了 41 名学员，他们来自瑞士、法国、荷兰、比利时、意大利，其中一人甚至来自伊朗。有 10 名学员是无国籍的，4 名来自集中营，还有十几名学员在此前已经四处躲藏了几个月。勒奇夫妇还发现学员们的健康状况不佳。因此，从第一堂课开始，受训辅导员和他们将照顾的儿童之间就如命运共同体一般。

　　这期课程第一次关注到学员的宗教信仰，有过学员经验的辅导员们可以参加宗教文化选修课程。学员中有 18 名犹太人，10 名天主教徒，8 名新教徒，1 名贵格会教徒，1 名穆斯林和 3 名无宗教信仰的学生。他们中的一些人通过由儿童救济会开设、日内瓦大学统计学和人口学教授利布曼·赫尔施（Liebmann Hersch）讲授的课程了解了犹太文化。开设宗教课程的想法，一是向学生们介绍他们未来会照顾的犹太儿童的文化背景（包括宗教、民俗、犹太语言研究、犹太教教义、犹太文献阅读、《圣经》、《塔木德》、犹太作家、犹太历史、现代发展和趋势、犹太教伦理学），二是实现赫尔施教授在他 1945 年 6 月 1 日的演讲中所呼吁的：希望进步的犹太教育家可以重建犹太民族。安德烈·布维耶（André Bouvier）牧师和雅克·哈斯（Jacques Haas）神父则为新教徒和天主教徒履行相应职务。

　　战争结束。1946 年 6 月 20 日，奥尔特拉马雷在委员会全体会议上回顾第三期日内瓦国际辅导员课程的成果时，还不忘提及这项事业的前景和他的希望：他希望这些课程能一直继续下去。由于小撒孔奈路 26 号的业主终止了租约，选址问题成为重点。随后，奥尔特拉马雷宣布下一期课程将在大布瓦西耶的橡树路 60 号开班。这里是 1929 年开办的国际学校所在地。这处 18 世纪的旧宅最初是出租的，自1934年起大布瓦西耶为意大利大使馆所有，后来日内瓦州从意大利大使馆处买下这座旧宅。1946年1月28日，国际培训的新校址落成，场地更大，能够容纳更多学员。国际学校提供了一个国际化和团体化的生活空间，体现了新教育精神，如今因为新的选址，这种象征意味更加强烈：这所旧宅之所以被选中，是因为它曾用作隔离营，后来在1944年又作为难民营收容了不同国籍和族裔的人。

在第三期培训就参与过管理工作（根据1946年6月20日委员会会议纪要）的居伊·里塞尔在他的妻子维拉（Vera）的协助下，从9月1日起正式成为第四期课程的总负责人。居伊·里塞尔是日内瓦加尔文学院的拉丁语教授，以前是保罗·吉布的学生，他对辅导员培训事业充满热情。他专门参加了1946年8月在巴黎举行的欧洲新教育大会（Congrès européen d'éducation nouvelle）来宣传这项事业。这场大会标志着战争后的"重聚"，其中一个环节的主题就是帮助战争中的受难儿童。当时里塞尔显然向日内瓦教育界表达了"参与再教育工作"的愿望，并把自己的简历发给大家。他的声誉很好，还来自一个有"高度互助和合作精神的大家庭"，贵格会的拉兹洛·哈默里（Laszlo Hamori）在1945年5月给精神病学家奥斯卡·福雷尔的信中就是这样形容里塞尔的。

让我们接着讲第四期培训课程的情况。里塞尔接收了41位辅导员，其中一半来自法国和波兰，其余主要来自瑞士、意大利和捷克。该课程的国际性尽管从未消失，但在1947年，这一属性又被再次强调，这大概是因为冷战的阴影？正如里塞尔在演讲中提到的："因此，我们的培训课程不仅要参与对战争受难儿童的再教育工作，而且还要传播一种不可分割的国际合作精神。"该课程的跨信仰和无党派性质也被再次强调："瑞士的联邦主义精神就是我们的榜样。"自 1946 年年中以来，他们会向以往学员传发通函，了解彼此的近况，以培养一种同道互助的精神。次年，《我们的家》（Le Home），也就是日内瓦战争受难儿童之家辅导员校友会的会刊开始出版，它让人们想起让—雅克·卢梭研究所的《教育者媒介》（L'Intermédiaire des éducateurs，让—雅克·卢梭研究所是日内瓦教育科学研究所的前身）。阿道夫·费里埃很高兴，送上了他最美好的祝福："为'我们的家'加油，万岁！"本着这种快乐、友好和发展的精神，大家举办了很多场晚会，其中包含由学员们组织的小短剧和戏剧评论等活动。

培训课程从实践上践行教育学理念。除了完成以儿童心理学为中心的教育理论课程外，学员们还需要完成实习。1947年，里塞尔被任命为评审老师，并与雅克·布洛赫和雷蒙·乌尔德里组成了"教育学小组"。他们三人在"灯心草地"和学员组建了类似儿童之家的组织，根据各组学员的报告组织讨论，所有记录汇总成一份51页的报告，涵盖了儿童之家生活的各个方面，形成一部教育学虚构作品：包含从一般组织管理到休闲活动，从家庭经济、会计再到"集体生活组织小组"的各方面内容。事实上，从课程一开始，培训就被认为是针对团体生活实践的教育。乌尔德里就团体组织形式、集体生活影响因素和成就讲授的课程都提出了新教育式的概念：男女同校、以自治为原则的秩序和纪律、活动（特别是体力劳动）和共担责任。自治的概念也是一条主线。在1947年10月、11

月合刊的《迈向新教育》（*Vers l'éducation nouvelle*）上的一篇文章中，儒希写道：

> 毋庸赘言，对教育工作者的教育，肯定要比对孩子的教育投入更多，这种教育必须通过自我管理、自我批评、集体创造、总结经验教训的制度来完成。

在这种"精神"中，"责任"一词是基础，每一期课程都有严格的"宪法"纪律，"宪法"规定必须以"自主"的方式组织团体。第六期课程的《临时宪法》中这样规定："团体应尽可能自治，不诉诸其他领导，学生有责任参与团体生活。"

学员们从一开始就有实习安排，地点是在儿童之家和教育机构，具有很强的实操性（包括家务、体力劳动、急救、健美操、远足等），最后还要完成一份实习报告。就像阿道夫·费里埃的"积极教育"一样，只有在亲身实践之后，才能深入研究理论：儿童心理学，特别是战争受难儿童的心理、行政管理、财务等理论……在特罗根的"裴斯泰洛齐儿童村"，在吉布的"奥登瓦尔德学校"，在黑湖岸边，在红十字之家、夏令营、防疫所、疗养院和康复之家，都有学员们实习的身影。1947 年开始，学员们甚至可以去日内瓦的小学实习。

最后，国际课程按照鲁道夫·特普费尔（Rodolphe Töpffer）《之字形旅行》（*Voyages en zigzag*）沿途写生的形式组织短程游学，此前，爱德华·克拉帕雷德（Édouard Claparède）已经为让—雅克·卢梭学院的学生组织过此类活动。这些"远足"或"赛跑"在这里被称为"caravane"（旅行队），也呼应了19世纪以来法国课外的大背景"学生旅行队"（caravanes scolaires），以及1945年以后青年客栈的"工人旅行队"（caravanes ouvrières）。这些都是可供发现的机会，就算不是发现其他儿童团体的机会，也至少是参观本国其他地区的机会。他们的任务几乎是民族志式的，收集沿途的各种信息和观察到的现象，大家会绘制地图和草图，解释在当地遇到的问题、民居形态、人口、文化、习俗、地理、建筑、历史、民族心态、学校制度等。每个"caravane"要带回一份财务报告、一本日志、一份生活报告（由至少一名学员撰写），以及其他所有相关文件，甚至是植物标本。"caravane"还要回答十几个有关儿童营地或儿童之家的问题，比如当地是否已有相关机构，或者是否已有建造的计划。

　　第四期培训课程于1947年4月结束。入选的41名学员中，只有2人中途退出。此次培训的参与者主要是女性：共有35名女性，6名男性。第五期也正在按计划组织面试招生。雅克·布洛赫在巴黎面试了一些人，而里塞尔则在瑞士面试了一些人。在其他国家，则由"瑞士顿"的代表担任面试官。4月17日的委员会会议纪要上说："第五期培训的命运就托付给里塞尔夫妇了。"

为欧洲儿童培训医学教育团队：战争受难儿童国际学习周的课程

在日内瓦的辅导员培训课程稳步发展的同时，在不远处的洛桑，

"医学教育团队高级培训课程"也开课了。这项课程是"战争受难儿童国际学习周"的成果，"战争受难儿童国际学习周"由瑞士医学教育界的一批专家于 1944 年创立，其中包括教育家海因里希·汉泽尔曼（Heinrich Hanselmann），还有最重要的奥斯卡·福雷尔，他在尼翁附近开设了普朗然河精神病学诊所，于 1945 年接任战争受难儿童国际学习周主席。这不是这位精神卫生和精神病学的专家第一次从他日内瓦湖畔的豪华诊所中走出，为他祖国的孩子们奔走了，但这次他倾注了超出以往数倍的信念。他一直很关心涌入瑞士的难民的命运，将他诊所的一部分改造成了儿童之家，自 1944 年初以来，他就代表瑞士移民儿童援助委员会接收了大约 20 名难民儿童。

正如 1944 年 11 月 8 日创始会议的记录所述，福雷尔壮志满怀，目光放得更长远，在他的设想中，战争受难儿童国际学习周将是开展"所有治愈战争受难儿童的情感和智力创伤的行动"的协调者。我们在阅读这份记录时，发现情况随着战争的局势发生了变化：

> 教育家、心理学家、医生等将不得不面对新的任务：需要对孤儿、无国籍人员、移民、精神失常患儿、神经病患儿等提供援助，需要对战争、移民、家庭和重新融入社会带来的心理创伤"解毒"，需要提供专业的认知指导和精神诊断。

当前的局势迫切地需要能应用适当的方法来治疗数百万身心受创儿童的专业人士提供帮助。正是在这种情况下，福雷尔提出"组建特殊任务小组"，正如他在 1944 年底的声明中所详述的那样：

原则上，这些小组将由受战争影响国家的本国国民组成，因为他们最了解当地的情况，知道如何帮助当地的孩子们。此外还有瑞士的技术人员加入。这样我们就解决了合格的辅助人员不足的问题。

在 1945 年 1 月的一篇未发表的文章（保存在私人档案中）中，福雷尔很快想到了培训地点的问题："在本国培训团队吗？我们在几个城市已经这样做了。我们会被问到地点问题吗？或许吧。我们只能得体地表明他们的存在，因为我们已经组建了最有效的团队，并将在当地发展更多的团队。"他还提到了苏黎世培训社会工作者的倡议，还有日内瓦的辅导员培训课程。

但福雷尔已经在为苏黎世举行的战争受难儿童国际学习周国际会议做筹备。这次大会于 9 月 10 日在洛桑联邦理工学院（École polytechnique fédérale）隆重开幕，汇聚了来自 20 个国家的 200 多名医生、心理学家、青年法官、教育工作者和社会工作者。大会持续近 3 周，既像是科学大会，也像是培训。大会日程包括会议时间、工作组时间，访问瑞士相关机构，以及旨在建立联系和未来合作的休息时间。会议上大家一见如故，从代表们的陈述中，我们可以感受到能够再次在欧洲旅行、在战后重新相聚在一片"净土"上的喜悦——尽管防疫线还是将波兰人拦在了边境，他们被要求填写表格并接受 DDT 消毒。据布鲁塞尔的社会工作者艾梅·拉辛（Aimée Racine）说，会议讨论常常带有强烈的情绪化色彩，特别是因为一些代表曾参加抵抗运动，一些代表甚至付出了生命的代价，他们曾长时间被关在集中营，手臂上还带着遭迫害留下的伤疤，情绪就更加高涨了。

会议上除了有与会者讲述战争受难儿童的教育状况之外，还讲解了一些教育中的要点，其中以讨论和祝愿的形式重申了"家庭"的作用，各国自身提供援助的必要性，以及需要为所有儿童进行医学教育方面的检查（还要为每个人创建一份"医学教育档案"），此外还讲到了法院和专业法官的作用，以及新教育如何通过关注儿童的自治和通过和平与国际理解教育来消除战争的"毒瘤"。在这些丰富的交流中，大会还在论文中如此阐释医学教育团队的定义：

> 在为战争受难儿童提供任何教育援助之前，必须先对儿童及其身体、智力、心理和人格进行研究。如果可能的话，这种诊断应由医疗—心理—教育团队进行，原则上团队中要有一名专业的儿童精神病学方面的医生或儿童精神病学家，并由心理教育者和至少一名社会工作者协助。我们呼吁那些幸免于战争的国家向受灾地区提供这样的团队作为帮助。

但是很快，人们就发现将瑞士团队派往国外似乎并不可行，因为连瑞士本国的专业人员都不够。此外，在1945年底，根据苏黎世会议的情况，倡议委员会设想通过"进修课程"培训医学教育团队。精神病学家吕西安·博韦自1942年以来一直担任沃州教育医学办公室的主任医师，"进修课程"由他负责，因为他已经担任战争受难儿童国际学习周医学教育部主任。作为兼任讲师，1946年在洛桑，他还负责一门儿童和青少年精神病理学课程，以及日内瓦教育科学研究所的另一门课程。由于他既了解教学，也了解临床实践，吕西安·博韦顺理成章地成为这一新国际课程的纽带。

与此同时，他在 1945 年底向"瑞士顿"提出对课程的期望，其结论与日内瓦辅导员课程的结论有许多共同点。他提出的目的同样是通过瑞士的教育、医学优势，以及政治中立和地理中心位置来帮助战后重建，为瑞士偿还二战中的"道德债务"作出贡献。关于学员的选择和课程的国际性质，博韦的想法是不直接向这些国家派遣瑞士专家团队，而是在瑞士专业人士的监督下在海外就地组建团队。因此，该课程只面向那些已经有较强基础知识，并在他们返回本国后能立即付诸实践的教育和医学专家。课程包括理论课程、实践练习（特别是在外国儿童收容中心），以及参观相关机构。但在这个培训课程里没有安排在瑞士的实践课程。博韦说：

> 儿童精神病学的实践，尤其是随之而来的社会、预防和治疗措施，要求参与其中的人对当地情况有透彻的了解，并对父母和孩子对此种心理干预的心理反应有敏锐的感知。

第一期进修课程于 1946 年 9 月 16 日在前洛桑医学院的礼堂正式开课。受训者共计约 40 名，来自法国、荷兰、意大利、英国、希腊、卢森堡、德国和奥地利，为了筛选学员，此前所有候选者的技术背景、专业资格和他们参与过的与战争受难儿童相关的活动都被作为参考。学员甄选从 9 月持续到 10 月 12 日。当我们浏览受训人员名单，我们会发现这些学员已经都是各个领域的专家了。在这个丰富多样的学员阵容中，有德国"奥登瓦尔德学校"的新任校长明娜·施佩希特（Minna Specht），还有奥地利教育家和"红隼队"

成员，一些精神病学家如乔治·厄耶（Georges Heuyer）的助理临床主任，还有一位意大利哲学和心理学教授，一位来自"奇维塔韦基亚少年共和国"的比利时神父丹尼尔·戈恩斯，一位来自卢森堡的儿科医生，一位英国精神病学社会工作者等。

该培训项目以多种儿童观的方法论来组织教学，内容包括医学教育团队的定义、智力开发、情感探索、职业规划指导、教育医学临床、战争受难儿童的心理病理学、新生儿医学、缺陷儿童的教育、寄宿学校和寄养问题、休闲活动的组织、辅助人员的技术培训要素、法律和医学伦理等。除此之外，就这些主题，还开设了有关少年儿童的各种主题的教学讨论、公共讲座、短途游学等活动，他们当年游学去了蒙泰（Monthey）镇的马莱沃兹（Malévoz）诊所、难民儿童营、难民儿童之家，还去了日内瓦教育科学研究所。学员队伍中有些人已经参与到辅导员培训课程之中。团队大部分来自儿童精神病学领域，其余由教育科学研究所的教授、教育家和心理学家组成，其中有福雷尔和博韦，还有安德烈·雷庞（André Repond）、乔治·厄耶、安德烈·雷伊、爱丽丝·德库德雷、玛德莱娜·朗贝尔（Madeleine Rambert）等。

在洛桑的培训项目中，没有寄宿学校可供学员们体验团体生活，他们都被安排住在私人家宅里。尽管如此，他们也像在辅导员课程中一样，希望通过参与者之间的交流来打造兄弟般的国际精神。一些课程的直接目的就是建立欧洲人民之间的兄弟情谊。例如，那一年，法国记者朱尔—安德烈·耶格（Jules-André Jaeger）负责的一门课程就是着眼于"重建欧洲精神的有关问题"。他是占领军文化专员，事实上也是德国问题专家，刚刚重启在斯特拉斯堡

（Strasbourg）的欧洲研究所。1946 年 10 月 8 日，他在《洛桑公报》
（ *La Gazette de Lausanne* ）上发表了一篇题为《世界青年》（ «Jeunesse
du monde» ）的文章，就一个尖锐的问题发表了他的观点：要想德
国青少年摆脱极权主义思想的污染，必须进行彻底的基础工作，因
为"现在的德国年轻人从孩提时代起就走上了军旅之路，只受过军
事纪律的训练，他们不具备任何其他方面的视野。他们想不到他们
可以为国家的重建贡献力量"。

国际课程中的欧洲"儿童村"和"共和国"

基于这些深刻的观察，1946 年 10 月，福雷尔制订了来年的计划。
除了在苏黎世召开新一期国际会议之外，他还希望战争受难儿童国
际学习周把活动重点放在前轴心国。在这方面，他得到了"瑞士顿"
的资金支持，"瑞士顿"在 1946 年春天发起第二次募捐，资助了
战争受难儿童国际学习周在瑞士以外的地区开展的活动。此后，活
动的范围就取决于"瑞士顿"的干预了。

意大利首先成为接受此类援助的国家，它是接受援助的核心地
域。自 1943 年以来，那里的战争一直很激烈。意大利也像是一片
试验田，许多外国专家都在那里开展活动。1947 年 2 月 26 日，在"瑞
士顿"执行委员会面前，福雷尔这样阐释自己支持意大利的想法：

> 法西斯已经在意大利大学和研究所的课程中取消了教育心
> 理学和新教育方法。这会造成严重的后果：意大利的教学系统

会忽视整个教育体系中非常重要的一部分。

    从 1947 年 5 月起，福雷尔开始定期率领战争受难儿童国际学习周代表团前往意大利访问，与教育、护理和社会工作领域的专业人士举行会议，并在那里传播医学教育的理念。5 月 4 日，在短暂的米兰之旅后，福雷尔与博韦、普拉奇、科迪尼奥拉和沃什伯恩等人一起前往里米尼。在这个半废墟状态的亚得里亚海 ① 小镇上，仍然可以看到轰炸和激烈战斗留下的痕迹。当时它已经依靠酒店业和旅游业恢复了部分经济。"瑞士顿"代表、意大利瑞士教育中心主任玛格丽特·策贝利（Margherita Zoebeli）希望战争受难儿童国际学习周提供帮助。当地的孤儿院最初被命名为"'瑞士顿'重建中心"，于 1947 年由一所小学改造而成，设有幼儿园，以积极教育的原则和民主组织为基础。到 5 月 14 日为止，战争受难儿童国际学习周在这里为约 40 名意大利教师和社会工作者提供了进修课程，目的是让他们熟悉医学教育，并通过课程传播新的教学方法，同时让他们不再孤立无援。

    5 月 7 日，福雷尔和博韦应佛罗伦萨市市长和大学的邀请前往佛罗伦萨。这一次培训显得更加郑重，来自意大利医学（精神病学和儿科）和心理学界的知名人士以学术研讨会的形式授课。和里米尼相比，佛罗伦萨的听众较少，构成也有所不同，主要是教师、护士、修女、心理学家和儿科医生。尽管如此，福雷尔仍印象深刻：

---

    ① 亚得里亚海位于意大利与巴尔干半岛之间。——译者注

在访问的机构中，我们特别赞赏科迪尼奥拉教授及其夫人的"学城"，当我们想到里面的孩子都是来自佛罗伦萨最贫困的团体，更觉得他们能够实现大规模自治是令人惊讶的创举。

埃内斯托·科迪尼奥拉在 1945 年就被正式邀请参加苏黎世会议了，但未能出席。因此直到 1947 年，福雷尔才在佛罗伦萨和这位裴斯泰洛齐"学城"的创始人建立了持久的联系，他们甚至建立了合作关系，科迪尼奥拉成了福雷尔的"联络官"：

考虑到我们从"瑞士顿"的合作者那里获得的充分信息、全面考察该"学城"后留下的良好印象、对里米尼和罗马提供的重要技术支持，还有最为紧迫的教学问题，以及考虑到科迪尼奥拉教授在国际组织的支持下已在密切跟进这些事宜，我们认为最好让科迪尼奥拉做战争受难儿童国际学习周在意大利中部的代表。我们向他简单介绍了正在进行中的实践的指导方针，特别是社会工作者的培训问题。

应意大利战后援助部的邀请，从 5 月 12 日起，培训在罗马新的社会工作者学校继续进行。这次培训主要内容是医学心理学、犯罪学以及犯罪预防，这提醒了老师们，一些令人担忧的社会因素也威胁着战后的孩子们。佛罗伦萨二人组再加上巴塞尔少年法庭的法官埃尔温·弗赖（Erwin Frey）一起担任意大利精神病学和心理卫生的座谈嘉宾。5 月 13 日，吕西安·博韦在那里进行了关于医学教育团队的培训，在数场会议和经验交流之余，他们还留出了 5 月

15 日这一天专门用于访问该地区的代表机构。代表团访问了"罗马的各种医疗和教育机构，特别是'奇维塔韦基亚儿童村'——该机构是为战争受难少年儿童而创建的"，这个机构指的就是里沃尔塔的"少年共和国"。意大利的几个"小孩共和国"从此受到了战争受难儿童国际学习周的资助。

一回到瑞士，福雷尔就拿起他的朝圣者手杖，戴上"瑞士顿"的臂章，越过德国边境前往"奥登瓦尔德学校"，于 1947 年5 月 27 日抵达那里。在那里，他见到了德语区的战争受难儿童国际学习周成员，有伊丽莎白·罗滕和鲁道夫·奥尔贾蒂。这所学校的建设被搁置了几年，自 1946 年 3 月由德国社会主义教师明娜·施佩希特接管。施佩希特 1933 年在丹麦避难，1938 年则在英国，为德国教育重建委员会（German Educational Reconstruction Committee，GER）工作。因此，正是在这个具有象征性的地方，战争受难儿童国际学习周的人员休整了几天，并协调瑞士教育家和心理学家同来自不同政治团体、专业背景的德国教育家和社会工作者召开会议，参会人员全部是由施佩希特邀请的。

1947 年夏天席卷欧洲的热浪短暂消退之际，居伊·里塞尔与吕西安·博韦取得了联系。9 月快到了，他们两人都该准备各自负责的课程了。在 7 月 13 日的云信中，里塞尔询问博韦是否有可能让日内瓦的辅导员与洛桑的学员一起参加法国教育家费尔南·德利尼（Fernand Deligny）的讲座，德利尼当时刚刚发表了名为《高效流浪》（*Les Vagabonds efficaces*）的抨击小册子。博韦没有同意在洛桑接待辅导员学员："因为各组织希望将参与者的总数限制在 40人，以便能更自由地讨论和快速培养团队精神。"或许他也不希望辅导员们加入这个由专业精英组成的培训：那一年，洛桑课程的学员有精神病学家克劳德·科勒（Claude Kohler）、勒内·迪亚特金（René Diatkine）、利内·泰弗南（Line Thévenin）、汉斯·阿斯佩格（Hans Asperger）和胡利安·德·阿胡里亚格拉（Julian de Ajuriaguerra）。里塞尔还请求博韦给辅导员们讲授关于当时流行的儿童木偶使用的讲座。吕西安·博韦将这个请求转发给已经在该领域开展过一些工作的精神分析家玛德莱娜·朗贝尔，同时指出"除非掌握扎实的心理学知识，特别是精神分析方面的知识，否则木偶教学法很难有成效"。

两人最终没有会面，但是1947年秋天，日内瓦和洛桑的课程宣传海报上都出现了"儿童村"。来自特罗根的"裴斯泰洛齐儿童村"的玛丽·迈尔霍费尔和来自"佛罗伦萨学校"的埃内斯托·科迪尼奥拉加入了洛桑课程的教学队伍。这期培训甚至组织了一次对特罗根的"裴斯泰洛齐儿童村"的实地访问。课程一结束，战争受难儿童国际学习周国际会议就拉开了帷幕，主题是"对教育工作者的教育"和重建相关原则。这是一个总结欧洲各"儿童村"经验的机会，在鲁道夫·奥尔贾蒂的提议下，9月26日的会议专门就这一主题展开，邀请了与"瑞士顿"合作的"儿童村"的几位负责人。那天，在奥尔贾蒂的主持下，来自各个"儿童村"的负责人轮流上台交流经验：有来自特罗根的"裴斯泰洛齐儿童村"的沃尔特·科尔蒂，来自法兰西岛"小校村"的罗伯特·普雷奥医生，布达佩斯"高迪奥波利斯"创始人、路德教牧师加博尔·什泰赫洛（Gábor Sztehlo），在默热沃（Megève）开设了"儿童村"的教师、工会会员和抵抗运动成员马里于斯·布洛涅（Marius Boulogne），以及来自"奇维塔韦基亚少年共和国"的唐安东尼奥·里沃尔塔。

在日内瓦，参与辅导员课程的学员以及安德烈·奥尔特拉马雷的朋友和同事们某种程度上成了"孤儿"，因为奥尔特拉马雷于1947年8月25日死于心脏病发作，那时第五期课程已于4月开始。大家在《我们的家》上向故人致敬。往期学员乔治·科昂（Georges Cohen）回忆说，这门课程实现了他一个最珍视的想法："国际友谊和各国人民的相互理解。"至于里塞尔，他回忆起奥尔特拉马雷——既是他的老师，也是他的老板——委托他负责培训的那一天说："不要忘记，成功的前提是让与你一起工作的人感到快乐。"国际教育局的联合创始人、日内瓦大学教育学讲师罗伯特·多特伦斯接替了奥尔特拉马雷的工作，由让·皮亚热协助。据报告显示，到那时为止，已有近200名辅导员接受了培训，并已在多个国家开展工作。根据1947年8月1日第一次述职评估总结的记录，有相当数量的学员仍在欧洲国家或巴勒斯坦的儿童之家担任辅导员。

第六期课程于1947年10月20日开课，有来自12个国家、15个族裔的65名教师参加。培训时间更长，从6个月到9个月不等，并且还为社会工作者提供课程。新的"外国"伙伴和更鲜明的"儿童村"标签强化了课程的核心宗旨。从1948年5月起，除了通常的教师队伍外，还有新的加入者：来自"人文学校"的保罗·吉布、来自丰特奈—欧罗斯（Fontenay-aux-Roses）的恩斯特·儒希、来自"老磨坊"的亨利·朱利安和亨丽埃特·朱利安夫妇、来自隆格伊—安内尔的罗伯特·普雷奥、"奇维塔韦基亚少年共和国"的丹尼尔·戈恩斯、特罗根"裴斯泰洛齐儿童村"的玛丽·迈尔霍费尔。

因此，这形成了一个小小世界，致力于救助战争受难儿童的专业人员在培训中学会相互了解。他们在日内瓦、洛桑和苏黎世这些城市，以及其他欧洲国家之间穿梭。1948 年春天，国际儿童之家网络是否已经形成了呢？

　　人们由此萌生了将"儿童村"的领导者和专家们聚在一起的想法。

第七章

为什么有人去了特罗根会议，有人没去？

国际儿童团体联合会的筹备开始于 1948 年年初。联合国教科文组织尽己所能让尽可能多的相关人士参加，他们联系了许多国际和国家组织、儿童问题领域专家和有实践经验的专业人员、部长级政府代表，以及一些普通观察员。在邀请和回应的来回之间，不同背景和地位的人物彼此开始产生交集。尽管大家都是为了同一个目的：帮助战争受难儿童进行身心重建，但是他们各不相同的经历和观念可能会导致交流的极大困难。来自不同国家、专业背景的代表，组成了儿童团体的地缘政治地图，但更值得关注的是大量没有到场的人员。有几个儿童团体虽然已经建立起来，拥有自己的"小市长"，但孩子及他们的代表都没有受到邀请。

主要人物

泰蕾兹·布罗斯（Thérèse Brosse，1902—1991）：法国人，父亲是上校。神智学者[①]、医学博士、心脏病科医生，参加过抵抗运动。1944 年被盖世太保逮捕，1945 年被任命为多姆山（Puy-de-Dôme）省公共卫生督察，1946 年外派到美国研究当地婴幼儿卫生系统，1947 年进入联合国教科文组织工作。

贝纳德·杰维茨基（Bernard Drzewieski，1888—1953）：波兰人，曾在华沙任大学校长，新教育运动家。1940 年，他加入了流亡伦敦的波兰政府[②]，与盟国教育部长会议[③]合作，后于 1945 年任波兰驻伦敦大使馆的文化专员。1946 年进入联合国教科文组织工作。

汉斯·扎卡赖亚斯·霍克斯特（Hans Zacharias Hoxter，1909—2002）：英国人，出生于德国，曾在法国避难，后移居英国。20 世纪 30 年代末，他为国际联盟和贵格会工作，负责接收难民。战时在英国中央难民署（British Central Office of Refugees）工作，后担任英国幼儿园协会（British Nursery School Association）秘书长。

约瑟夫·A. 劳韦里斯（Joseph A. Lauwerys，1902—1981）：英国人，

---

① 神智学者，也称"见神论者"，他们主张通过冥想、祷告等方式获得对上帝、自然、灵魂等的直接体验。——编者注

② 波兰流亡政府（1939—1990 年）是第二次世界大战时波兰被德国占领、波兰人民共和国建立后的波兰流亡政府，长驻伦敦，领导境外波兰人的抗战活动。——编者注

③ Conférence des ministres alliés de l'Éducation，CAME。1942 年，正值第二次世界大战战火肆虐之际，抗击德国纳粹及其盟国的欧洲国家政府在英格兰召开盟国教育部长会议，思考一旦恢复和平，应该如何重建教育体系。——编者注

出生于比利时，1914 年到英国避难。1932 年加入伦敦大学学院教育学院担任讲师，随后被任命为教育研究委员会主席（Chairman of the Board of Studies in Education）。1944 年，作为新教育联谊会的副主席，他应盟国教育部长会议邀请，担任解放国家特殊教育问题调查委员会负责人。次年，他成为联合国教科文组织教育问题顾问。

西蒙娜·马库斯（Simone Marcus，1911—2012）：法国人，师从乔治·厄耶，精神病学家，抵抗运动成员，她在战争期间为患有精神疾病的孩子们开设诊所，并提供社会卫生方面的帮助。1945 年，她受盟国教育部长会议的委托，撰写关于战争对法国儿童心理造成的影响的报告。1947 年，受联合国教科文组织委托在全球范围内开展相应工作。

1945年春天，阿道夫·费里埃与朱丽叶·帕里合作撰写的《战后儿童之家》出版，其中描述了帮助战争受难儿童的各种教育实践经验，这些实践往往基于当时的情况、在各小型自治团体内部发挥功能，因此各儿童团体之间没有联系。最后，费里埃逐字引用了帕里的话。帕里这番话是从战争期间的倡议中汲取的灵感，她曾经也参与其中。她向国际社会发出强烈呼吁，要求协同努力、成立建设性的组织。她写道，这是一个"创建一个由儿童之家、培训辅导员的学校和儿童团体组成的庞大网络，使各方凝聚于'培养健康、团结、有责任心、有能力建设新世界的公民'这一目标下"的问题。

虽然这本书的两位作者都是国际教育网络的观察者和行动者，但是我们并没有看到他们的行动与1945年成立联合国教科文组织之间有任何直接的相关性——联合国教科文组织在这个意义上构成了"儿童村"历史的转折点。然而，联合国教科文组织对战争受难儿童的救助并非从零开始。这个新国际组织建立在那些已经在行动的专家网络的基础上，它们还为这个新组织提供支持。1942年，教育重建已经成为盟国间讨论的重要议题，在英国教育大臣的倡议下，欧洲一些国家政府在伦敦成立了盟国教育部长会议。加入这一行列的除了英国教育大臣，还有来自比利时、希腊、卢森堡、荷兰、挪威、波兰、捷克斯洛伐克、南斯拉夫以及流亡中的法国的部长级教育官员。后来，一些新的国家，如美国，在1944 年也加入其中。盟国教育部长会议是旨在帮助饱受战乱的国家的临时机制，也尝试重建教育体系。盟国教育部长会议便是联合国教科文组织的前身。

早在 1945 年，盟国教育部长会议就研究、梳理了战争对儿童影响的第一条专业知识脉络，成立了一个调查委员会，调查解放国家的特殊教育问题，这项调查于 1945 年 4 月 1 日开始，于 1946 年1 月提交了最终报告。该委员会由比利时裔伦敦大学学院教育学院教师、新教育联谊会的杰出成员约瑟夫·劳韦里斯担任负责人，他组织编写了一份关于战争对儿童影响的长篇报告。这份报告基于劳韦里斯在几个国家（法国、比利时和卢森堡）的实地调查，参考了已经就该问题开展研究的英国心理学和教育学专家们的意见[1]，还用到了相关专业人士（尤其是教师）提交的问卷，涵盖了对儿童营地与儿童之家的考察访问，一些实地教育组织如联合国善后救济总署等提供的报告和描述，1945 年 9 月战争受难儿童国际学习周在苏黎世的工作成果（劳韦里斯也参与其中）等。最后加入一些国家层面的研究后，这份报告已经非常全面了。

该参考报告呈现了欧洲儿童在身、心层面遭受的疾病和痛苦，回顾了他们的行为（特别是犯罪行为）和受教育情况。报告重点突出了教育缺位以及战争对学校教育和教学的影响（纳粹教育、学校教育中断等），合理详尽地列出了战争和占领对儿童健康和行为造

---

[1]　包括安娜·弗洛伊德（Anna Freud）、唐纳德·温尼科特（Donald Winnicott）、大卫·威尔斯（David Wills）、约翰·R.里斯（John R. Rees）等。——原注

成的后果，如身心健康方面、情绪方面、行为问题、身心恢复方面、道德价值观方面和犯罪行为等。该报告还特别关注到了特定族群或类型的儿童和青少年，例如附敌分子①的子女和犹太儿童。报告还观察到，在这阴郁的大背景中，一些对青少年有益的特殊措施已经在施行了，人们对重新教育那些受到战争影响儿童的实验早已表现出兴趣。这些此前的实践包括1944年在萨瓦（Savoie）成立的"默热沃儿童村"——劳韦里斯曾访问过那里，以及当时尚处于计划阶段的"裴斯泰洛齐儿童村"。裴斯泰洛齐儿童村在报告里被列为"未来的希望"（以英文"Hopes for the Future"写出）之一。

在联合国教科文组织，战争受难儿童问题逐步提上议程

随着联合国教科文组织规模日渐壮大，对相关领域的专业知识储备逐步增长，其对实地参与战争受难儿童救助的愿望愈发强烈，这个体系复杂得让人难以理解的新国际组织正在逐渐将支持新教育实验提上日程。联合国教科文组织不仅负责制定国际标准，也是战后重建事业的探索者，不断摸索、寻找数据和信息。它就像管弦乐队的指挥，将各路专家、组织编织成一个网络。1945—1947年，在伦敦、巴黎和墨西哥相继举行多次大型会议，在这些经过打磨和去政治化处理的报告背后，我们可以发现一个由多样类型的文件编织起的"儿童村"会议群像，它们具体描述了组织"儿童村"会议

---

① 指法国被占领时期与德国法西斯通敌的法奸。——译者注

的日常工作，有工作计划、信件、清单、笔记，还有实地救助的详细报告乃至电报。

随着时间的推移，联合国教科文组织愈发倾向于使"儿童村"成为战争受难儿童恢复身心的家园。联合国教科文组织的筹备委员会接过了盟国教育部长会议的旗帜，预定于 1946 年 11 月在巴黎举行第一次大会。它的首要任务是扩充团队人手，起初只有大约 30 名员工，到几个月后大会开幕前夕，已经有来自 28 个国家的 376 名参事、顾问和助理参与筹备。更重要的是，根据筹备委员会的工作纪要，其目标是"立即采取措施，在教育、科学和文化领域，应对战乱国家重建的迫切需要"。他们希望任命"一个专门的技术委员会，在其他国际组织已收集的信息和已开展的工作的基础上，研究战乱国家在教育、科学和文化领域的需求与相关问题，尽可能完整全面地陈述这些问题的范围和性质"。

大会于 1946 年 11 月 20 日在巴黎隆重开幕，由莱昂·布鲁姆（Léon Blum）[①] 主持。该会议意味着教育重建计划正式启动了，它呼吁提供新的专业报告来了解受战争影响国家的儿童的状况。会议的头几天主要是讨论确定教科文组织的内部架构，并就各个国家的情况听取代表团的意见。参会代表轮番发言，发言环节的设置旨在进行有助益的分享，尽管发言者的陈述和讲演激情澎湃，但是重点经常放在讲述儿童经历了多少痛苦上，这并没有对教科文组织提出更多文化或科学方面的论点带来更多助益。在教科文组织出现

---

① 莱昂·布鲁姆（Léon Blum），法国左派政治家和作家，知名的文学和戏剧评论家。法国第一位社会党籍（也是第一位犹太人）总理。战后成为法国主要的元老政治家之一。——编者注

Visitons
la maison
de l'Unesco

7.2 比萨高等师范学院档案中心，埃内斯托·科迪尼奥拉基金会收藏，1948 年由联合国教科文组织出版的小册子。

之前，这些工作是由国际智力合作研究所（Institut international de coopération intellectuelle，IICI）[①]进行的。

本届会议结束时，成立了"教育、艺术和文化重组委员会"，轮值主席国是波兰。当时，波兰正夹在大国之间利害关系博弈中，这种任务分工似乎具有象征性，但也具有政治意义。11 月 25 日，星期一，该委员会召开第一次会议，贝纳德·杰维茨基坐上了头把交椅，奇怪的是，他似乎并不在提名委员会的候选人名单中，而是直接由大会主席团任命的，这是很不合常规的特例。这似乎是由于利害关系，也可能是时局紧迫，又或是贝纳德·杰维茨基本人的形象。杰维茨基在这些国际圈子里已经是熟面孔了，他曾参与过盟国教育部长会议的工作，也曾是联合国教科文组织筹备会议上波兰代表团的成员，后来还成为筹备会议的副主席。

六届会议后，委员会已完成其工作，开始展望未来的行动。讨论的内容仍然主要针对学校和教育制度的重组问题。联合国教科文组织委员会的任务和使命也是讨论的内容。讨论最终决定，教科文组织不应扮演实际组织救援行动的角色，而应"鼓励恢复和重组工作，在协调重组工作方面作出贡献"。这一使命可以通过直接行动来完成，也可以通过支持"小规模试点项目"来完成。对这些任务的叙述还是较为笼统的。另一个辅助的工作组——教育小组委员

---

① 1920 年 1 月 10 日，国际联盟在第一次世界大战留下的废墟上诞生。不久，联合国教科文组织的前身——国际智力合作研究所也随之建立，其宗旨是关注多边主义，遏制导致战争灾难的民族利己主义。1922 年国际智力合作委员会成立，1925 年国际智力合作研究所成立，它们都是联合国教科文组织的前身机构，被称为"被遗忘的联合国教科文组织"。——编者注

会——也成立了。提交大会讨论的项目中，有一个项目被归为"A"级，根据联合国教科文组织的编码规范，这意味着它是一个"紧急"项目，根据后者"研究战争对儿童的影响，以及已经采取的干预方法中最能成功帮助那些身体、智力和心理发展受到战争影响的儿童的方法"的标准得以投票通过。

组织国际儿童团体联合会大会

贝纳德·杰维茨基一直担任教育、艺术和文化重组委员会主席，直到于 1947 年 1 月正式加入联合国教科文组织秘书处担任教育系统恢复与重建司司长后卸任。"重建"（reconstruction）一词取代了"重组"（reconstitution），这或许昭示着联合国教科文组织希望将工作推进至第二阶段的愿望。很快，杰维茨基进入角色，前往实地考察，并以报告和任务说明（mission statements）的形式将考察进展直接汇报给教科文组织秘书长朱利安·赫胥黎（Julian Huxley）。杰维茨基的考察计划像是政治议程一样，在各地的停留时间会根据情况每日做调整，考察目标也根据不同谈话对象合理确定。根据安排，杰维茨基的角色像是联合国教科文组织的大使，开展大量外交性质的工作，目的是消除各国在认知上对这个新兴国际组织作用的模棱两可之处——教科文组织致力于筹款和搭建教育重建的专业知识系统，因而对各"儿童村"项目展现出极大的兴趣。

杰维茨基第一次以类似外交官的角色履行职责，是 1947 年 1

月在联合国教科文组织发起国英国的考察。正如他在一份报告中所写，他来到英国主要是为了与联合国善后救济总署的成员取得联系，而当时联合国善后救济总署正在解体，教科文组织试图吸纳继承该组织过去几年积累的人员和知识，包括培训计划、战乱国家的相关数据以及可能招募到联合国教科文组织的成员。他的另一个重要使命是宣传联合国教科文组织的工作，特别是支持儿童在重建和恢复中的参与。

下一次考察任务时间更长，强度也更大，针对的是另一片"势力范围"：北美。1947 年 3 月初，杰维茨基飞往大西洋城参加全美校长协会（Association nationale des proviseurs）年会。这次考察之旅持续了几个星期，去到了纽约、华盛顿、多伦多、蒙特利尔、费城和芝加哥。他此行的任务是与教育系统中的相关人士会面，会面多是利用他们所在的代表团、教育委员会或学监委员会举行的大型会议进行。尽管美国有一些历史悠久的"儿童村"，如"孤儿乐园""小乔治共和国"，甚至"多布斯费里（Dobbs Ferry）儿童村"，但令人讶异的是，它们都没在杰维茨基的访问日程上。

杰维茨基的考察更像是他自己所说的那样，是一场"宣传巡游"，这当然是为了了解美国和加拿大的教育体系，但最重要的目的还是向大家解释联合国教科文组织的角色。这其实很困难，因为一些教育活动家把联合国教科文组织当成一个不做实事的组织，因此对它没什么信任。杰维茨基向赫胥黎吐露了外界的批评："联合国教科文组织只是在纸上谈兵，没有行动。"这在杰维茨基 1947年 4 月 21 日的报告中也有提及。同时，杰维茨基还担起"筹款人"的角色，试图从美国政府那里筹款，分走一部分美国从欧军赚取的钱，同时他也向洛克菲勒基金会等私人资助者寻求赞助。最后，教科文组织也保证与其他国际组织坦诚合作，包括联合国儿童基金会（UNICEF）以及美国国际教育重建委员会（Commission for International Educational Reconstruction，CIER）。这无疑解释了为什么杰维茨基在访问期间行程如此紧密，参加了大量的活动——据他自己统计，他一共参加了 52 场会议，有在大西洋城近 5000 人参加的大型会议，还有面向个人或团体的 38 场会面或聚会，此外还有新闻发布会和无线电广播节目。

毫无疑问，杰维茨基在返回时已经筋疲力尽，但他满意地发现，根据巴黎大会的决定，国际教育重建临时委员会（Temporary International Council for Educational Reconstruction，TICER）于 1947 年 3 月启动。这个新组织代表了一个新层级，旨在协调国际组织的倡议，教科文组织将其作为资源和顾问库，设置秘书处工作。国际教育重建临时委员会迅速集合 31 个国际组织，其中，美国国际教育重建委员会自身就汇集了近 200 个国家组织。这样，这个领域的活动家网络就准备妥当，可以开始运作了。

1947 年 5 月，为了继续执行巴黎决议，国际教育重建临时委员会聘请了一名代表来研究战争对儿童的影响。她就是法国人泰蕾兹·布罗斯，她是医生，也曾是抵抗运动成员，刚从美国游学回来。她在联合国教科文组织的个人档案中显示，几周前，她曾申请一个"战争期间儿童心理卫生和儿童的去社会化"的相关职位。法国公共卫生和人口部最终将她借调给联合国教科文组织两个月，以调查捷克斯洛伐克和波兰的教育、科学和文化需求，尤其是评估儿童的心理状况。

泰蕾兹·布罗斯于 1947 年 5 月 29 日至 6 月 20 日在波兰进行了为期 3 周的考察。她的报告重点回顾了教育系统、课外活动和青年运动这些方面，也没有放过当地孤儿、无家可归的孩子，以及身心有缺陷的孩子的情况。她强调了战争对儿童心理的影响，并说"如果该国失去 110 万名 16 岁以下的儿童，这就意味着，几乎所有幸存的孩子都因此遭受身体和心灵的折磨。由于纳粹压迫，孩子们经受的暴力创伤或多或少程度不同，但创伤是普遍存在的"。报告中提倡对教育学、精神病学和儿童心理学研究给予大力支持，同时强调了基于现代教学方法的一些创新实践经验的价值。

6 月底，泰蕾兹·布罗斯人在捷克斯洛伐克，与她同行的是联合国教科文组织负责教育事务的工作人员莫妮卡·卢夫曼（Monica Luffmann）。此次，部分重点仍然放在非正规教育和儿童的身心缺陷上，特别强调"战后心理学家和教育学家关于教育与再教育方法改革的研究"。她指出捷克斯洛伐克政府在照顾孤儿方面存在偏见：他们将孩子们安置在收养家庭，而不是孤儿院。另一方面，她强调了当地对残疾儿童之家和诊断中心的巨大需求，战争使得有这方面困难的儿童大量增加。

当泰蕾兹·布罗斯完成考察返程时，她的领导杰维茨基则要出发了。他要前往瑞士，以完善与许多总部设在瑞士的国际组织的联系。1947 年 7 月 5 日星期六晚，杰维茨基抵达日内瓦，两天后，那里将会召开联合国教科文组织经济委员会会议。他在午餐期间与总部设在日内瓦的非政府和私人组织联合会的主席乔治·泰兰讨论，还在午餐时间见到了大约 20 个组织的代表，后续还与一些人私下会面。他提交的报告提到了与国际救助儿童会（UIPE，自 1946 年起改名为 UISE）、基督教女青年会（Young Women's Christian Association，YWCA）和基督教青年会（Young Men's Christian Association，YMCA）的会议，他通过那些机构募捐到了各种语言的书籍，此外他还与在那里举行会议的国际教育局工作人员会面了。

离开日内瓦后，杰维茨基又前往瑞士联邦的政治中心伯尔尼。他首先拜访了"瑞士顿"的总部，因为他想了解其开展的救济活动的概况。他很快就意识到，"瑞士顿"不再仅仅关注儿童的生理需求，也在重建方面提供帮助。在报告中，杰维茨基专门提到了"瑞士顿"在培训管理人员（教师、学员）方面提供的支持，这无疑指的是日内瓦的国际辅导员课程，也提到了他们对国际营地以及"儿童村"的帮助，例如在波兰华沙附近的"奥特沃茨克（Otwock）儿童村"。1944 年以来，他还与自 1944 年以来担任瑞士联邦政治部①负责人的马克斯·珀蒂皮埃尔（Max Petitpierre，他的职位实际上类似"外交部部长"），以及同一部门的国际组织司司长进行了会谈，这些会谈是为了在外交层面做出有利于联合国教科文组织的措施。杰维茨基对这次拜访很满意。

杰维茨基写于 1947 年 7 月 21 日的这两页报告，更多的笔墨着眼于此次访问的最后一段行程：他从伯尔尼前往特罗根，并于 7 月 13 日星期日在"裴斯泰洛齐儿童村"度过了一整天。伊丽莎白·罗滕给佩德罗·罗塞洛的一封信显示，她和沃尔特·科尔蒂当天也在场。杰维茨基的访问已经是联合国教科文组织与"裴斯泰洛齐儿童

---

① 1978 年改名为瑞士联邦外交事务部。——编者注

村"的第二次接触了。早些时候，联合国教科文组织广播部门的詹姆斯·道格拉斯（James Douglas）曾听过罗滕用英语就"裴斯泰洛齐儿童村"所做的一次"座谈"，那是在苏黎世的一个国际论坛上。在报告中，杰维茨基回顾了"裴斯泰洛齐儿童村"这个"战后欧洲最具创造力和最令人兴奋的团体"的起源，这个"儿童村"最初一穷二白，由来自瑞士各地的捐款，以及来自欧洲各地的数百名志愿者建立。对他来说，这是国际理解的象征，这个"儿童村"汇集了来自法国、波兰、匈牙利和奥地利的约100名孤儿，他在场的那一周还有两批来自汉堡的德国儿童来到"儿童村"。对眼见的困难，杰维茨基并没有避而不谈，例如，这些德国孩子将不得不与波兰孩子见面，但这正是"裴斯泰洛齐儿童村"的挑战：让来自曾经敌对的国家的孩子们共同生活。

杰维茨基也在专业方面给出了他的意见。他将"裴斯泰洛齐儿童村"视为未来在其他国家开展"国际儿童村"的实验田。他提到，特罗根团队会很乐于接受联合国教科文组织提供的支持。而且，由于其他国家（匈牙利、波兰、丹麦、德国等）也存在这样的"儿童村"，"裴斯泰洛齐儿童村"的成员建议联合国教科文组织召开"儿童村"领导人会议，为未来的发展制订蓝图。杰维茨基认为召开一次这样的会议非常必要，因为尽管现在已经有在"儿童村"事宜上经验丰富的成员，如伊丽莎白·罗滕，但这种运作模式仍然需要进一步的思考，而且还需培训更多的专业教育人员。"裴斯泰洛齐儿童村"给了杰维茨基很大的希望，他敦促联合国教科文组织负责教育事务的部门研究召开此会议的可行性并具体落实。

寻找欧洲的"儿童村"

杰维茨基意识到，是时候执行前一年通过的决议，即"战争对儿童的影响，以及已成功应用于德智体发展受战争扰乱的儿童的疗法"的研究计划了。他在 1947 年夏天谨慎地发布了一份关于战争受难儿童问题的初步报告，以设置议题、促进讨论，并为这一议题提供了专家支持。秘书处没有花多久时间，就在 1947 年 8 月聘请了精神病学家西蒙娜·马库斯作为实地调查员（field worker）进行为期 3 个月的考察。在战后的法国，马库斯曾经从事过各种薪水低得多的职业，她对这份有吸引力又报酬丰厚的工作感到很高兴，于是投入工作，扩充了此前在 1945 年为盟国教育部长会议写的一份报告内容，并着手联系了许多国际组织。

马库斯的报告中对局势的描述相当笼统，指出了几种类型的战争影响（物质、身体和心理方面），报告第二部分则着重写重建的实践经验，特别是教育方面的经验，但同时也强调了其中的医学—心理学色彩。在所记录的教育实践中，"儿童村"被认为是战后最有前景的教育实践之一，这是由于其教育价值：它体现在给予儿童广泛的自主权，同时在相当的地理范围内都存在"儿童村"这种教育实践。特罗根的"裴斯泰洛齐儿童村"最具象征意义，因为这里汇集了 10 个不同国家的孩子，各族群的孩子都有自己的小屋和老师，这里的老师们本身也是战争受害者，而且，"裴斯泰洛齐儿童村"在儿童健康以及社会康复方面已经取得了显著成果。然而，在马库斯看来，"儿童村"的形式多种多样，但并非没有问题。马库斯提到了英裔在美国或巴勒斯坦的先行经验，据她说，似乎不同的村庄都能发展出不同的形式，"儿童村"有时会给人一种"万金油"的印象。马库斯对于给予儿童的自主权和自由也提出了疑问：她质疑成年人在其中的位置，同时也对这些机构与儿童个性有关的集体性和群居性发问。"裴斯泰洛齐儿童村"的国际性（尽管它目前还只局限在特罗根）在马库斯看来也是一大问题，因为之后返回自己国家的孩子们会像是"异乡人"。因此，她认为还需要更多的时间来考验"儿童村"的独创性和优势，或许由此能找到更普适的方法。

这份报告于 1947 年 11 月完成，正值联合国教科文组织第二次大会在墨西哥城的国立师范大学（Escuela Nacional de Maestros）开幕。这次又有 4 个新成员国加入，分别是奥地利、匈牙利、意大利和瑞士。会议期间，杰维茨基在重建部的一次会议上呼吁所有代表与重建部秘书处合作，1947 年 11 月 17 日的会议报告这样写道：

> 杰维茨基博士……呼吁联合国教科文组织支持"国际儿童村"，它代表着教育领域的一种新举措，其重要性日益增加。瑞士、意大利和匈牙利已经建立了这样的村庄，专门接收战乱国家的儿童和孤儿，更多这样的村庄也将很快建成。他建议召集这些儿童村庄的领导人召开会议，研究如何将它们整合成一个可在不同国家开展的正式的教育体系。他呼吁在这方面具有专业知识的代表向秘书处提供建议。

在教科文组织的工作单元中，教育和重建部门此时被置于同一组织级别。大会还以决议的形式委任杰维茨基"与有关国家和国际组织合作，就饱受战争之苦的孩子们的教育问题，研究并制订工作

计划……请各国专家提供详细信息和报告，力求通过实地研究得出该领域最具说服力的经验"。最后，他还需要"浏览收集的文件、编订报告"。因此，战争受难儿童成为一个特定的新领域，由几个部门协同合作。在会议结束时，重建部为自己制订的计划是："与教育部门、社会科学部门合作宣传，通过传播成功经验、召集各'儿童村'领导人、出版小册子等方式，支持战争受难儿童的康复与再教育。"

在这些决议的鼓励下，重建部和负责教育事务的工作人员开始在几个方面推进工作。首先，必须制定一个专门针对战争受难儿童的具体方案，并且必须找到专家来领导执行该方案。正如杰维茨基在 1948 年 1 月 14 日给乔治·泰兰的秘密信件中解释的那样，在他看来，需要"一位儿童再教育专家，或者更广泛一点，一位对教育事业颇有志趣的心理学家，再或者，一位心理学专业人士（这样一来最理想的是一位儿童心理治疗师）也行"。他提到了两个名字。一位是安娜·弗洛伊德，对她杰维茨基已经无须多言，因为她在相关领域已经非常有名，特别是她于 1946 年 11 月在巴黎的联合国教科文组织大会上就战争对儿童的心理影响做过演讲。另一位是泰蕾兹·布罗斯，她没有安娜·弗洛伊德那么出名，但她自 1947 年起就为联合国教科文组织工作。那次任务后，布罗斯在联合国教科文组织和卡内基基金会的支持下，在塞夫勒（Sèvres）就国际理解教育针对教育工作者开办了一门课程。从她的履历也可看出，她逐步转入心理学和教育领域，更确切地说，是转向"心理生理学"，这使她能够"结合教育和再教育方法的改革，深化战后心理学家和教育家的工作"。1948 年 3 月，泰蕾兹·布罗斯上任，4 月 1 日，她签订了为期一年的可续约合同。

与此同时，贝纳德·杰维茨基成立了一个特别工作组，负责"儿童村"负责人会议的组织事宜。这个小组第一次会面是在1948年2月6日下午3点，在杰维茨基的办公室。参会人员中有两位来自重建部的官员：P. L. 安林（P. L. Ainley），负责与有关组织和国际教育重建临时委员会联络；格林斯·琼斯（Glenys Jones），前盟国教育部长会议调查委员会的助理秘书，负责协助建立"儿童村"。陪同两人的是负责教育事务的莫妮卡·卢夫曼，她负责"儿童村"教育方面的工作。这第一次会议是梳理重点的契机，除了预算（当时估计约为3000美元）问题外，还有一个首要问题是议程。与会者一致认为，会议应安排在初夏的6月或7月举行，即在联合国教科文组织国际教育局联合会议前后举行。另一个问题是场地。显然特罗根的"裴斯泰洛齐儿童村"是公认的首选地点，这不仅是因为该"儿童村"的国际性使其成为同类的典范，而且会议在那里举行也能使代表们直接置身于国际化"儿童村"的氛围中进行讨论，直接面对他们所面临的可能性或问题。

最后，还要整理出一份清单，列出现有的"儿童村"及其特点（国际或国家、规模、性质、教育特色等）。到当时为止，似乎只有特罗根"裴斯泰洛奇儿童村"符合"国际儿童村"的概念，它就像是一座灯塔，在背后实际还藏着很多没被看见的其他经验。而据这次会议记录描述，当时联合国教科文组织已知的儿童村庄仍然非常少——在法国、意大利、波兰、匈牙利各有一个，还有几个在德国。因此，委员会决定联系在实地开展活动的组织，如国际教育局、战争受难儿童国际学习周和国际救助儿童会，并和已认定的"儿童村"的负责人取得联系，看他们是否有意愿参加会议，并在会上分享他们的想法。

接下来的几周，他们确定了"儿童村"的清单。这是一项持续进行中的工作，涉及大量的分类、筛选和不断的调整，工作人员们因此在联合国教科文组织和各个"儿童村"之间来回奔波，联系各地人员。会议组织者面临的第一个困难是要收集"儿童村"的信息。经过适当挑选后，他们给一些组织去了信，但这些信就像扔进海里的漂流瓶一样没有回音。1948年2月13日，联合国教科文组织明确希望战争受难儿童国际学习周在名单上列出"儿童村"准确的数量、位置、名称、管理者的姓名、组织方式、教学方法。战争受难儿童国际学习周无疑是这个领域中信息最灵通的组织之一，1947年9月，在他们的苏黎世大会期间，曾有一场会议专门评估欧洲"儿童村"的实践经验。但联合国教科文组织还需要更精确的文件资料，希望获得那次会议的记录和报告。但是他们没能找到这些资料，因为战争受难儿童国际学习周的主席奥斯卡·福雷尔承认，由于缺乏足够的资金，那些会议记录没能出版留存。但是，第一个"儿童村"联合圈借此形成了。

在2月27日的信中，杰维茨基向国际教育局的让·皮亚热坦言："我们既不知道这些'儿童村'的名字，也不知道其所在，如果你能向我们提供一份尽可能完整的'儿童村'清单，列出它们的名称和地址，我将不胜感激。"很明显，由于"儿童村"形态繁多，就算是国际教育局这些组织也很难获得足够全面详尽的信息。3月9日，国际教育局表达了他们的疑虑："这份清单并不是完整的，要获得各国涌现的众多'儿童村'的确切信息是相当困难的；

此外，许多机构虽然以'儿童村'为名，但是它们实际上是营地，甚至只是一处儿童之家。"

尽管如此，一个初步的"官方"名单还是被整理出来了，所涉地理范围甚广，超出了最初的普查范围。名单上总共有22个"儿童村"，仅在意大利的就有6个，其余的分布在比利时、法国、瑞士、匈牙利、瑞典、芬兰、英国和德国。尽管还有很大的不确定性，但是这份名单肯定了他们在进行的工作。这份名单按国家分类，以字母顺序排列，分层展开，名单上还有修改和加注的痕迹，例如，"莫伦贝克（Molenbeek）儿童城"就被添加到了列表的末尾，但清单上还明确标出一些存疑的地方，比如，在芬兰的部分，清单写道，"在博尔加（Borga）附近有一处为战争孤儿建立的'儿童村'，但我们尚不清楚它的名字和确切地址"；在法国的部分，清单则在"上萨瓦省的'儿童村'项目"处批注了问号。

第二阶段于1948年春季开始，这一阶段包括新的调查活动，也包括检查名单选择是否合理，根据教学和组织标准，剔除一些不符合要求的"儿童村"，并添加一些此前未被收录的团体。详细来说，一些"儿童村"存在争议，而这份清单就像一张缺乏背景考证的全景图，抹去了各个村庄的特点。比如位于索恩和卢瓦尔（Saône-et-Loire）省的马西里（Massilly）的"小孩城"（Cité des gosses）就在国际教育局的观察中，这是因为它收容了战争孤儿，还是由法国克吕尼（Cluny）福音派团体的瑞士人创立的，并得到了《日内瓦论坛报》主编加斯东·布里代尔（Gaston Bridel）的赞助。但是，国际教育局经过调查，发现关于这个儿童村庄的更多信息少之又少，只有一篇基督教青年会杂志上的文章，以及《新教生活》（*La Vie protestante*）杂志上的一篇文章提到了它。该"儿童村"最终从名单上被撤下，也许是因为在战争结束时，"瑞士顿"已经不再对它提供资助了，他们认为它规模太小了，正如联邦档案馆中的信件强调的那样。还有一个"小使徒之业"（Opera Piccoli Apostoli）的例子，它位于意大利北部城市摩德纳（Modène），与其他"儿童村"的情况有些不同，国际救助儿童会的让娜—玛丽·斯莫尔（Jeanne-Marie Small）向国际教育局提供了一些乏善可陈的描述："这个机构是由一位想照顾被遗弃儿童的宗教人士创立的，他对这项事业非常投入，但组织得不是很好。"

在没有一个统一的定义的情况下，任何帮助战争受难儿童的新机构都可能以"儿童村"的名义建立，但不一定遵循新教育的方法，而是使用传统的教学方法和组织形式，这与传统的儿童之家或寄宿学校没有区别。在芬兰社会事务部的要求下，芬兰的"儿童村"最终从国际教育局的名单中被删除了。根据芬兰社会事务部的说法，该"儿童村"实际上只是一个"儿童之家"，而且他们提出，在芬兰，不存在联合国教科文组织定义的那种"儿童村"。同样，在联合国教科文组织及其合作伙伴列出的清单中，英国的情况也引起人们的注意。成立于19世纪的"巴纳多之家"（Barnardo's Homes）在一战后就以"儿童村"闻名。但是在1948年4月5日，格林斯·琼斯写信给总部位于伦敦的新教育联谊会秘书长佩姬·沃尔科夫，提到了拟召开的特罗根会议，还附上了一份儿童团体的名单，在信里她使用了英国对"儿童村"的表达方式，这也是1944年一本书的标题——《儿童团体》（*Children's communities*）。10天后，佩姬·沃尔科夫回复说，自己并不真正确定这些乡村孤儿院能否被视为"儿童村"，肯定还有其他更符合"儿童村"标准的"孤儿院"，而且它们远不止是"小村屋"。

正是在清单列举过程中表现出的这种不连贯性中，我们可以看到欧洲各国在"儿童村"概念上的不统一。例如，在荷兰，并没有所谓的"儿童村"，而这似乎是有意而为之的政策使然。1948 年 3 月，国家儿童保护局（Bureau national de protection de l'enfance）局长、国际救助儿童会和战争受难儿童国际学习周成员、教育学家丹尼尔·奎赖恩·罗伯特·马洛克·豪威尔（Daniël Quirijn Robert Mulock Houwer）在写给安林的一封信中解释说，荷兰之所以没有"儿童村"，是因为荷兰认为，如果可能的话，儿童应该安置在家庭中；只有那些已经误入歧途的孩子才应被安置在寄宿学校中，在那里他们可以得到特殊的教学、心理或精神护理。在 1947 年战争受难儿童国际学习周苏黎世会议上，豪威尔已经对"儿童村"的原则表达了此项保留意见。他当时说："人们为这些'儿童村'提供服务的热情非常高涨，但是在技术和教学安排方面还可以做得更好"。

1948 年 4 月中旬，一份新名单被公布，上面有 26 个"儿童村"，列在 3 张纸上，一个新世界在这份名单上展开。法国、意大利和德国这 3 个国家就有 20 个"儿童村"。其中，德国"儿童村"（Kinderdörfer）的创立算是一个很新奇的创举。这项计划从 1947 年就开始了，并从 6 月开始，由"裴斯泰洛齐儿童村"协会成立的"德国儿童村发展活动中心"的推动下逐步发展。在国际教育网络中，最著名的德国"儿童村"是位于华尔维斯（Wahlwies）的"裴斯泰洛齐儿童村"（Pestalozzi Kindersiedlung），它位于法国占领区，康斯坦茨湖附近，在 1947 年由瑞士医生和音乐学家埃里克·菲舍尔（Erik Fischer）和医生兼农学家阿达尔贝特·冯凯泽林伯爵（Count Adalbert von Kayserling）建立。在瑞士红十字会儿童救助会的支持下，这个"儿童村"代表了一部分德国重建的希望。根据"裴斯泰洛齐儿童村协会"主席奥托·宾德尔在 1947 年 4 月 14 日的计划，"裴斯泰洛齐儿童村协会"把在德国发展"儿童村"作为自己的主要任务。然而，不久之后联合国教科文组织公布的下一版名单却没有包括任何德国的"儿童村"，毫无疑问，这是因为当时他们只能邀请联合国教科文组织成员国的代表。

和所有名单一样，"儿童村"名单中也有一些明显的遗漏。令人惊讶的是，名单里没有那些"历史悠久"的"儿童村"，即第二次世界大战前建立的"儿童村"。虽然联合国教科文组织关注的重点是战争时期儿童的教育，但事实上儿童自治的模式本身在更广泛的地理范围内有更悠久的历史。也许是为了给这项刚流行起来的运动找到更久远的经验参照，赋予其更大的合法性，伊丽莎白·罗滕作为"瑞士顿"的文化交流负责人，希望借鉴两次战争之间的经验和犹太复国主义的经验来重新点燃"'儿童村'之梦"的火焰。1948 年 5 月 1 日，她与巴勒斯坦驻日内瓦办事处联系，希望能获得关于巴勒斯坦的"儿童村"的信息。罗滕回忆说："众所周知，巴勒斯坦开展'儿童村'等此类活动早于欧洲，在此之后他们也一直在为此项事业而努力。"罗滕没有明说，但她指的是最早的"小孩共和国"之一、成立于 1921 年的"卡法尔—耶拉迪姆儿童村"，1924 年，普加乔夫（Pougatchev）加入这座"儿童村"，作为一名受科尔恰克（Korczak）影响的波兰教育家，他完善了这座"儿童村"。罗滕无疑还想到了德国儿科医生西格弗里德·莱曼（Siegfried Lehmann）在1927年建立的"本·谢明儿童村"，莱曼在1931年的《为了新时代》中描述了这一经验，在那里，犹太儿童以先锋和犹太复国主义的精神，"用自己的双手建造了此后一直由他们自己管理的村庄"。然而，在1948年6月，她还是没有收到"本·谢明儿童村"的回应，也许是因为巴勒斯坦不是联合国教科文组织的成员国。

联合国教科文组织"招兵买马"，世界在特罗根紧密相连

1948年春天，筹备会议的工作日渐繁重。会议定于7月5日至11日在特罗根举办，尽管据劳韦里斯说，直到4月底，只有两三个机构回应了他们的邀请。杰维茨基表示，尽管他承认预算不多，但他希望他在特罗根的团队还能包含专家。他提议由12名"儿童村"负责人和12名专家对半组成团队，以便能为联合国教科文组织提供支持，特别是向泰蕾兹·布罗斯提供资料和建议，为11月的大会撰写报告做准备。部分预算用于组织会议以及赴欧洲各国出差，但实际上，大部分资金都用在专家的会务开支上了。正如杰维茨基所解释的那样，招募专家是为了达成共识，因此应该保证平衡，以避免杰维茨基所说的"事实上，专业人士都会有自己的一些偏见，他们会从特定学派（如弗洛伊德学派、机械论等）来处理心理和教育层面的这些复杂问题"。尽管如此，秘书处对邀请专家的范围也给出了指示，他们需要采用更多元化的方法，首先被列入计

划的有心理学方面的夏洛特·比勒（Charlotte Bühler）、亨利·瓦隆（Henri Wallon）、奥古斯特·艾克霍恩（August Aichhorn）和安娜·弗洛伊德；至于具体学科方面，拟定邀请"教育社会学家和人类学家，也许还有过去联合国善后救济总署的工作人员，他们都是懂得应对儿童问题的人"。

泰蕾兹·布罗斯于1948年4月前往瑞士，目的是与各国际组织和国家组织重新建立联系，为大会收集数据，进行磋商以完善拟邀人员名单，并研究会议的物资和技术问题。她于1948年4月19日抵达日内瓦。在那里，她见到了国际教育局局长罗塞洛，国际救助儿童会的泰兰和斯莫尔，以及战争受难儿童国际学习周的福雷尔。此时，他们的想法是将这些组织所收集的信息出售给联合国教科文组织，并建立长期的合作，并从中盈利。泰兰和福雷尔都表现出了兴趣，但留给他们的时间很短，事实上，这个合作协议一直推迟到1949年才建立。在接下来的日子里，泰蕾兹·布罗斯还会见了来自"瑞士顿"的伊丽莎白·罗滕，以及红十字会的代表们，借此得知了由她赞助的一个意大利"儿童村"的近况，这座儿童村叫"兰恰诺之子村"（Villaggio del fanciullo de Lanciano），地处阿布鲁齐（Abruzzes），由唐圭多·维森达兹（don Guido Visendaz）管理。布罗斯还遇到了玛丽·迈尔霍费尔，迈尔霍费尔答应作为专家参会。后来布罗斯去了特罗根，在那里她与一些教育工作人员交流，并参观了"儿童村"和孩子们的小屋。但是，访问瑞士的目的之一是为夏季会议招募与会专家，他们认为这些专家是信息和资料的宝库。她见了让·皮亚热，皮亚热承诺尽快提供一份清单；她也与吕西安·博韦会面，博韦向她介绍了1946年以来在战争受难儿童国际学习周的主持下开设的洛桑国际医学教育培训。

布罗斯最后在英国找到了"主场"。毫无疑问，我们在这里能看到吕西安·博韦在 1948 年 4 月给杰维茨基信里的建议："要充分阐明'儿童村'的儿童如何重新融入正常生活的问题，有必要考虑心理学，特别是精神分析心理学的最新数据。也许你会在伦敦的医学心理学界找到这方面的专家。"这证实了自 20 世纪 40 年代初以来，英国学者无论在理论领域还是在医学教育学方面都表现出众。布罗斯在 4 月 26 日结束对瑞士的访问后便立即前往英国，一直待到 5 月 7 日。此行有两个明确的目标，一是参观学习英国的经验，从战争爆发以来，他们经历了频繁的轰炸和疏散，人们认为英国的经验是标志性的、开创性的；二是为特罗根会议招募一些专家。她参加了各个机构的会议，例如，在和英国教育部、卫生部代表的会面中，她获得了关于"战争儿童计划"（War-Children Program）的相关资料。此外，她还接洽了英国全国精神卫生联合会（准备参加于 8 月在伦敦召开的国际大会）、新教育联谊会，以及其他代表性机构，如塔维斯托克诊所（Tavistock Clinic）、儿童心理学研究所（Institute of Child Psychology）和位于爱丁堡的戴维森诊所（Davidson Clinic）。

布罗斯主要采用一对一会面的方式招募专家。她拜访了儿童精神分析领域最杰出的人物之一——安娜·弗洛伊德，但安娜谢绝了参加特罗根会议的邀请，因为她正忙于在伦敦举行的国际精神卫生大会（Congrès international d'hygiène mentale），但她承诺会将她的报告交给布罗斯，并允许特罗根会议免费使用她的书《战时的孩子》（*Young Children in Wartime*）。布罗斯还见了心理学家露丝·托马斯（Ruth Thomas）。她是弗洛伊德的学生，但没有超越弗洛伊德的成就。不过，她邀请到了格温德琳·切斯特斯参与会议，切斯特斯是中央儿童护理培训委员会（Central Training Council in Child Care）的心理学家，也曾是联合国善后救济总署的成员。她同意参加特罗根的会议，提供关于儿童和战争的资料。布罗斯最后访问的对象显然给她留下了深刻的印象，她见到了汉斯·扎卡赖亚斯·霍克斯特，霍克斯特曾担任英国幼儿园协会秘书长，布罗斯称他为儒雅的"绅士"；这位"社会工作者"受邀为特罗根提供有关儿童团体中再教育问题的信息。泰蕾兹·布罗斯显然为霍克斯特的魅力所折服，甚至提议他加入联合国教科文组织。

5月中旬，专家的数量又增加了，逐渐达到了重大会议的体量。根据大型国际活动特有的模式，联合国教科文组织为与会者设置了各种级别的称呼：负责起草报告的"专家"、"儿童村负责人"、代表国际和国家组织的"观察员"，还有的人收到的邀请信上写的是"启蒙专家"，他们将被称为"顾问"。"顾问"作为级别很高的专家，不需要做报告，但大会希望他们提出自己的意见。组织者还希望日内瓦教育科学研究所的心理学家安德烈·雷伊可以同意他们邀请奥地利的奥古斯特·艾克霍恩也加入此次会议。那段时间，艾克霍恩刚刚重回大众视野。他于1946年重建了维也纳精神分析协会（Association psychanalytique de Vienne），并于1947年9月成为苏黎世战争受难儿童国际学习周的特邀嘉宾，并于1948年3月在洛桑与吕西安·博韦一起授课。但收到邀请后，艾克霍恩拖了很久，最后才给出拒绝的答复。

到了5月，名单差不多确定了。原有的英国专家阵营里加入了安德烈·雷伊，比利时精神病学家让娜·雅多—德克罗利（Jeanne Jadot-Decroly）也加入了，她是精神病学家奥维德·德克罗利（Ovide Decroly）的女儿，是布鲁塞尔德克罗利特殊教育研究所（Institut d'éducation spéciale Decroly）的负责人。为了让各个专业领域的人数平衡，卡尔顿·沃什伯恩也受邀出席了会议，他的优势在于他是美国人，是新教育的代表人物，也是解放国家教育重建方面的专家。1948 年 5 月 21 日，杰维茨基还询问了在日内瓦担任国际辅导员课程负责人的居伊·里塞尔是否愿意参加，因为在他看来，"显然，对战争受难儿童福利机构的工作人员进行培训极其重要，无论这些机构是否采用'儿童村'的组织形式"。有 3 位"儿童村"负责人凭借其经验被调整到"专家"类别，他们空出来 3 个名额给了其他的"儿童村"负责人：普雷奥、里沃尔塔和科迪尼奥拉。

　　5 月 26 日，泰蕾兹·布罗斯就工作进展情况做了报告。截至当时，"会议筹备工作正在稳步进行；待提交的文件目前在行政部门那里审查"。第二天，秘书处通过了总体预算，额度定为 6433美元，用于支付 14 名专家和 12 名"儿童村"负责人的差旅费，这与最初估算的费用相比大幅减少。同时，参与人员也不得不调整。6 月 3 日，泰蕾兹·布罗斯写给格林斯·琼斯的信里说，本来计划参加会议的英国教育部督学约翰·邓肯（John Duncan）无法成行，佩姬·沃尔科夫将代他出席。会议还不得不做出调整，需要写信给那些之前由于预算不足而没能邀请的"儿童村"负责人。此外，一些细节问题如会议期间的物料问题也有待确认。泰蕾兹·布罗斯需要弄清楚会议前需要复印多少份报告，还要拷贝伊丽莎白·罗滕打算放映的电影：包括盖佐·冯劳德瓦尼（Géza von Radványi）的匈牙利电影《欧洲的某个地方》（*Valahol Európában*）[①]以及弗雷德·金尼曼（Fred Zinnemann）的《乱世孤雏》[②]（*The Search*），这部电影由苏黎世的普雷森（Praesens）电影公司制作。同时，泰蕾兹·布罗斯在各地的访问也尚未结束。6月初，她去了比利时和荷兰，几天后，她又去往意大利……

从6月中旬开始，已经不是长篇大论的时候，而要集中精力解决组织工作的最后细节了。通信改为主要通过电报进行，节奏变得更加紧张。电报上的寥寥数语流露出组织者的焦虑，也让读者生出一种紧凑感———一切都加速了。6月18日，杰维茨基向波兰的"奥特沃茨克儿童村"发出电报："'儿童村'会议邀请，急盼，望复。"两天后收到回复："无法去特罗根。'儿童村'已移交政府。遗憾。"显然，一个"儿童村"的退出意味着腾出了一个空位，他们又在6月18日向里米尼的意大利—瑞士教育中心发了电报邀请，这所"儿童村"于1946年开放，由社会主义活动家玛格丽特·策贝利任负责人，但是后来由于缺乏资金而被搁置。电报内容是："意大利里米尼意大利—瑞士教育中心的策贝利·贾尔迪诺（Giardino）。邀请您参加7月11日在特罗根举办的'儿童村'会议。请直接来海登周日克朗酒店（Sunday Krone Hotel Heiden）。如果您能带上60

①　1948年的电影《欧洲的某个地方》讲的是一群战争中的孤儿在乡间寻找食物和住所，并被一位音乐家收留的际遇。这部电影一经上映就引发了巨大的反响。——译者注

②　1948年的电影《乱世孤雏》讲的是一个9岁捷克男孩作为奥斯维辛集中营的幸存者，在战后的德国，与家里幸存的母亲互相寻找的故事。——译者注

份报告，将不胜感激。旅费和生活费由我方报销。杰维茨基，联合国教科文组织。"

尽管一切似乎都已准备就绪，但德国代表是否出席迟迟没有定下来，这是最后一个要确定的事项。这是一个象征性的问题，但也是一个政治问题。在"德国问题"在欧洲地缘政治格局中形成之际，这也是一个敏感的问题。尽管特罗根会议无法邀请德国"儿童村"的负责人参会，因为那里仍然处于占领状态，而且德国还没有成为联合国教科文组织成员国，但是会议决定，德国方面可以派出一名观察员来参加会议。这也是因为盟国这边情况发生了一些变化，1947 年 9 月，加拿大精神病学家约翰·W. R. 汤普森（John W. R. Thompson）被任命为联合国教科文组织"前敌国再教育"顾问，并成为联合国教科文组织驻德国代表。1948 年 6 月，他提到了"奥登瓦尔德学校"校长明娜·施佩希特，提议让她以观察员的身份参加会议，电报写道："注意，汤普森邀请施佩希特来特罗根。请立即发送涵盖 5 月 20 日 C/1 执行委员会文件第 5 页标准的文件。会方无法支付施佩希特的费用。给杰维茨基 445。"联合国教科文组织对施佩希特的背景调查证实这个建议是可行的，特别是在"奥登瓦尔德学校"被认定为"儿童村"之后。但是要让她来参加会议，仍然需要获得占领当局的同意和资助，而管理占领区的美国不会为她提供资助，因为美国并不愿意资助占领区的德国人。

在这个由"儿童村"负责人、专家和观察员组成的论坛上，仍然有一些人的缺席尤为令人惊讶。比如阿道夫·费里埃，在整个会议 7 月的筹备工作中，从来没有被提到过。但事实上，他作为新教育联谊会的创始人、"裴斯泰洛齐儿童村"的忠实支持者，是大多数受邀人员都很熟悉的面孔。

1948 年 7 月初，会议筹备迅速向前推进。电报机沉寂下来，是时候向特罗根进发了。

第八章

"共和国""公社""儿童村"还是"儿童之家"：寻找共同定义所面临的困难

　　"儿童村"负责人和专家们在特罗根"裴斯泰洛齐儿童村"举行的国际儿童团体联合会大会上提交的报告以及随之展开的讨论表明，人们在安置和收容儿童的方式和理念上存在差异，以及，无论是被称为"儿童村"或是"小孩共和国"的团体模式，无论它们是面向国内还是国际，都有其局限性。同样，由新教育概念驱动的"儿童集体政府"（即儿童自治）的理想固然美好，但是在具体实践中，这种儿童的自治往往因为关于成人、家庭和学校作用的传统观点而被削弱。因此，本应作为实现国际理解的跳板的教育理想，却在这次会议上表现出一种虚无感，如同幻想。

主要人物

日格蒙德·亚当（1906—1962）：匈牙利人。匈牙利布达佩斯 250 公里外的"豪伊杜豪德哈兹儿童之城"（Ville d'enfants de Hajdúhadház）负责人，该"儿童村"成立于 1946 年。

乔治·布尔盖（Georges Bourguet，生卒年份不详）：法国人，于 1946 年创建位于圣艾蒂安迪格雷（Saint-Étienne-du-Grès）的"波美侯阳光儿童村"（Rayon de soleil de Pomeyrol）。

乔治·C. 雅西亚（Giorgio C. Jachia，生卒年份不详）：意大利人，意大利"都灵少年之城"（Città dei ragazzi de Turin）负责人，该"儿童村"成立于 1946 年。

维利·劳珀（Willy Lauper，生卒年份不详）：瑞士人，自 1947 年以来担任"裴斯泰洛齐儿童村"协会执行委员会主席。

埃莉萨·门德斯·达科斯塔（Elisa Mendes Da Costa，1896—1982）：荷兰人，"500 犹太儿童基金会"（Fondation pour 500 enfants juifs）名誉秘书，阿利亚青年办公室（bureau de l'Aliyah de la jeunesse）成员，该办公室管理着伊利亚娜（Ilianah）"卡法尔—耶拉迪姆儿童村"，该"儿童村"于 1946 年成立于荷兰的阿珀尔多伦（Apeldoorn）。

安娜玛利亚·普林奇加利（1915—1969）：意大利人，"重生之寄宿学校"（Convitto-Scuola della Rinascita）负责人，该"儿童村"是抵抗运动中为战争孤儿建立的，于 1945 年在米兰成立，1947 年转移到诺瓦拉（Novara）。

安德烈·雷伊（1906—1965）：瑞士人，心理学家，日内瓦让—雅克·卢梭研究所教授。

芭芭拉·斯特拉蒂斯基（Barbara Stratiesky，1901—1978）：本名为德博拉·塞登费尔德（Deborah Seidenfeld），匈牙利犹太裔意大利人，共产主义活动家（后来又持不同政见），"意瑞童年花园"（Giardino d'infanzia italo-svizzero）的副手，该"儿童村"于 1945 年创建于意大利里米尼。

罗歇·维多纳（Roger Vidonne，生卒年份不详）：法国人，"瑞士西班牙儿童之家"（Home suisse pour enfants espagnols）的教师和院长，该儿童之家于 1946 年在上萨瓦省普令基成立。。

弗里茨·韦策尔（生卒年份不详）：瑞士人，瑞士特罗根"裴斯泰洛齐儿童村"负责人。

佩姬·韦布—沃尔科夫（Peggy Webb-Volkov，1899—1973）：英国人，自 1931 年起担任《新时代》（New Era）杂志助理编辑，1946 年成为该杂志主编。

雨中的国际会议

1948 年 7 月 4 日，星期日上午，国际儿童团体联合会大会的第一批参会者抵达阿彭策尔州。他们下榻在海登的克朗酒店，那里距离特罗根 10 公里。

为了了解这个地方，有些人朝博登湖（德语名称为康斯坦茨湖）方向走去，也有人沿着韦尔德大街（Werdstrasse）向特罗根方向走去。众人欣赏着阿彭策尔前阿尔卑斯山脉的风景，或者更确切地说，是带着一些想象欣赏着它，因为天气阴沉，正在下雨。午餐在下午 1 点半开始，餐后与会人员签到登记。下午 3 点，尽管天气仍然一般，大家还是按计划到湖上游览。晚餐安排在晚上 7 点半开始。在晚饭期间，一群人聚在一起，形成了第一个"小团体"。其中包括贝纳德·杰维茨基和他的妻子旺达（Wanda），泰蕾兹·布罗斯，联合国教科文组织重建司的格林斯·琼斯，以及香港岭南大学的一位院长庄均翔教授，庄均翔还带了妻子和儿子尼尔森，庄教授夫妻俩都是联合国教科文组织重建司的成员。美国国际教育重建委员会成员罗伯特·斯坦福思（Robert Stanforth），意大利"都灵少年之城"的负责人意大利人乔治·C.雅西亚，以及埃内斯托·科迪尼奥拉也来到了会议。

晚上，他们回到各自的酒店房间休息。

第二天早上 9 点 30 分，他们乘巴士来到特罗根村中心，从那里再步行到"裴斯泰洛齐儿童村"，两年前到来的大多数孩子也是按这个路线到村里的。一些专家和观察员（或顾问）也在这一天抵达，他们来自较远的地方。其他还没到场的参会者也会在这一周之内到达。

联合国教科文组织重建司负责人贝纳德·杰维茨基和"裴斯泰洛齐儿童村"协会执行委员会主席的维利·劳珀一起主持了会议的开幕式。用罗伯特·普雷奥博士的话说，杰维茨基"一如既往的迷人又欢快"，而维利·劳珀则被推选来主持后续的会议日程。杰维茨基发言时说，自己面对着的是"肩负着新一代的神圣职责"的同志们，他们要"拆除仇恨、不信任和分歧的壁垒"，并"为全世界智识和道德的团结奠定基础"。听众对这场题为《"儿童村"运动》的开幕式讲话报以热烈的掌声。不过，这场会议只是联合国教科文组织为促进国际间联系而组织的众多会议之一。

上午 10 时，杰维茨基宣布会议正式开始。他感谢了瑞士联邦政府、特罗根市政府，以及"瑞士顿"和"为儿童"儿童及青少年保护基金会的资金支持。他向参会者重申联合国教科文组织的主要目标是通过"世界各国的相互理解"实现"国际和平"和"人类的共同福祉"，所有这些都要通过教育、科学和文化实现。这是一项庞大的工程，而儿童团体的负责人们则通过开展日常工作朝着这一理想迈进。

会议讨论的第一个议题是这些"儿童村"本身；第二个议题是对教育者的素质要求及其背后的教育者培训问题。在整个会议期间，美国人罗伯特·斯坦福思负责收集报告、会议记录以供出版。据杰维茨基说，这是"提供的服务"，而不是"强制要求"，这里他暗指行动方是美国。当然，此次会议除人道主义目标外，还有一个目标，是宣传联合国教科文组织和美国的意识形态，这种意识形态通过心理学渗透到教育中。冷战真实地掀开序幕。

会议共有 45 名与会者，包括 14 名儿童之家的负责人，11 名专家（他们会在专业上提供帮助，分享"他们作为技术人员最有代表性的经验"），还有来自 11 个联合国教科文组织成员国的 12 名观察员，加上 5 名联合国教科文组织秘书处成员和 3 名其他身份的与会者。他们将轮流在讲台上或辩论中发言。他们不遗余力地就如何通过基于国际理解的教育来建设未来的世界交换意见。他们如此热情高涨地来到特罗根，有两方面原因，一是他们每个人都在自己的国家听说过特罗根的"裴斯泰洛齐儿童村"，因此希望参观这里，同时，对所有人来说，最重要的是能够参与这场庞大的、旨在重建欧洲的教育运动。许多人都期待着能够自豪地讲述他们自己的经验。多场会议在特罗根和海登举行，一共持续了 6 天。在会议上，与会者表明立场、分享观点、交流思想，讨论实现"国际和谐"的问题——这是很有挑战性的，因为他们所代表的国家之间普遍存在一些差异和分歧。

但是，当这种和谐统一包容了更丰富的价值观和文化时，它不是更美丽吗？——在第一天的介绍中，会议主席维利·劳珀这样说道。问题的关键恰恰在于这种统一性，即需要有一个共同的模式来定义儿童团体，还要有一种通用的"现代"教学法，它要考虑到战争受难儿童的需要、教育工作者的角色和培训，以及面向儿童的医学—心理—教学治疗。会议期间，代表们回顾、总结了过去出现的各种儿童团体经验。但是，他们能够就儿童团体的定义达成一致吗？这事关重大，因为它不仅关系着一项创新性教育运动，而且从根本上关系着联合国教科文组织的补贴。

讨论的议题确定了。第一天是"各类'儿童村'团体及其问题"；第二天，在访问"裴斯泰洛齐儿童村"期间，讨论"'儿童村'提供的心理服务"和"儿童团体中的国家和国际生活"的作用；第三天更侧重于"流离失所儿童的需求"；第四天上午是"现代教育"，下午是"儿童团体的辅导员、教育工作者、社会工作者和负责人的培训"，一家中国孤儿院做了讲演，当天还探讨了家庭在教育中的核心问题。第五天，围绕"里米尼儿童村"的讲演、纳粹占领后波兰儿童的处境以及现代教育有待进步之处，与会者们展开讨论并交流了许多想法。至于第六天，即闭幕日，大家讨论、通过决议和修正案，并暂定于 1949 年举行下一次会议。会议上各种讨论、发言共形成了 17 份会议纪要和 23 份报告。

代表们有很多话要说。

在 6 天里，与会者每天上午 8 点 15 分乘巴士去往会场，下午6 点 30 分乘巴士返回，上午的会议时间是 9 点 15 分至中午 12 点，下午是 2 点半至 5 点半，允许迟到。他们在海登克朗酒店用餐，晚上 7 点半的晚餐往往伴随着整晚的讨论，但这部分讨论没有会议记录，因此我们对讨论内容一无所知！我们可以根据现有的记录看到，大家计划 7 月 8 日饭后就"儿童团体的实践者及领导者"主题举行半小时的会议，来解决一些"问题"，但此次会议的具体内容还是没有留下记录。第二天晚上，代表们于晚上 8 点在克朗酒店见面，参加由联合国教科文组织组织的招待会。同样，这次会议也没有记录。

"小孩共和国"的重点该放在哪里？

会议的主要议题是这些"儿童村"面临的一些现实性问题：它们的定义、组织者和教育工作者的资质（一些人遗憾地指出，他们有时并不合格）、新教育方法（特别是一些"儿童村"和国际营地实行的"国际教育"，新教育方法甚至可以"解决目前正在经历的普遍教育危机"——杰维茨基如此说道）因此，大家的主要目标是找到一种教学模式，可以普遍适用于第二次世界大战后的战争受难儿童，就像阿道夫·费里埃多年前在 1918 年第一次世界大战结束时所做的那样，他用"三十点"定义来解释了"新教育学校"的基本含义。然而，正如我们所知，费里埃没有被邀请参与此次会议。这可能是因为组织这次活动的联合国教科文组织及其官员并不确切了解费里埃在新教育史上的作用。费里埃在 1949 年 6 月 11 日给科尔蒂的一封信中说，他事后才被告知 1948 年 7 月在特罗根举行的会议，因为人们意识到他可能是国际儿童团体联合会的创始成员之一。

伊丽莎白·罗滕花时间安排好各场会议的主席、副主席（劳珀并不是每次会议都能出席）以及发言顺序，她对特罗根"裴斯泰洛齐儿童村"的创始人沃尔特·罗伯特·科尔蒂的缺席表示遗憾，科尔蒂当时在美国巡回宣传和筹款。从一开始，罗滕就希望推动"裴斯泰洛齐儿童村"的发展，让它成为联合国通过教育来实现和平的标杆和先锋。因此，这是一场像罗滕这样的一群人、本着联合国教科文组织的精神来组织的教育运动。但是，他们是否会就儿童团体的形式、目标、必要性和需求达成一致？他们是否会像一些人所希望的那样，成功地构建一种教育模式和一场运动，动员儿童和成人进入一个"新时代"——就像费里埃在 1922 年第一次世界大战结束时创办的国际新教育杂志《为了新时代》的标题所写的那样？

即使从第一天起会议就宣布了议题，但并不是每个人都遵守议程，有人认为会议的氛围想法繁多、秩序混乱。或许因为没有预想干预的方式，所以人们的发言非常多样化。一位发言者讲的是其"儿童村"所在的地理环境，但另一位却关心资金和预算，第三位则讲那些支持"儿童村"项目开展的组织或机构，第四位发言人又说到了"儿童村"的日常生活。每个人都从自己的角度、从自己负责的儿童团体出发、按照感兴趣的程度来发言。每次，不管是什么主题，大家都会试图夹杂一些"私货"来介绍自己的"儿童村"，发言缺乏一些整体性和共性。在某种程度上，每个议题都被大家发散成了很多主题，当我们阅读会议报告并试图分析时，我们需要不断在代表们的发言间跳跃，以找到正题。

在许多演讲者身上突出展现的特点是生动的修辞和表达，他们寻求触动公众、赢得同情并说服公众相信他们所在的"儿童村"自身模式的优点，以便符合此次运动的论调。对悲惨儿童的描述更强调了这一教育运动目标的伟大之处：这些受难儿童深受战争创伤、缺少医疗卫生支持、心理上也不健全，悲惨的生活似乎必然导致他们走向犯罪。在这方面，唐安东尼奥·里沃尔塔特别擅长运用这种强烈的描述技巧：

> 年幼的孩子营养不良，精神变得脆弱，他敏感脆弱的幼小
> 心灵被邪恶的形象、仇恨的光芒和血腥的景象所侵害。儿童游
> 荡在被战争夷为废墟的街头，他们无人照顾、无父无母、衣着
> 破烂、无论是身体上还是精神上都处于无家可归的状态。

"裴斯泰洛齐儿童村"负责人弗里茨·韦策尔将他的"儿童村"描述为"在充满仇恨和破坏的世界中战争孤儿的和平之岛"。在各种演讲中，人们对该儿童团体的形式和组织本身的解释自相矛盾；人们不得不从这里或那里收集的会议记录或报告的描述中努力提炼观点。因此，在听演讲的时候，人们很难理解和想象对演讲者来说此项"运动"和"事业"意味着什么。

会议期间，对儿童团体或"儿童村"的定义似乎总是一块绊脚石；有些人接受过新教育理念的熏陶，是组织儿童团体的积极分子，他们很容易脱口而出"共和""自主""自治""相互理解""责任"等字眼，但另一些人似乎有其他价值观或模式。有些长篇大论，仍然秉持19世纪的慈善理论：家庭主义、以爱为本的教育、培养"对国家有用的公民"（要培养正直、勤奋、有远见的孩子）……但是，会议必须对儿童团体的模式做出严格定义，因为联合国教科文组织不接受以"儿童团体"为名，但是实为慈善院、孤儿院、寄养家庭、"教养所"（换言之是"惩教所"），甚至实际上是学校的机构。在这一点上，每个人似乎都认可联合国教科文组织的态度。

从这些"儿童村"机构的名称本身就能看出他们的风格：匈牙

利日格蒙德·亚当的"豪伊杜豪德哈兹儿童之城（ville）"、乔治·C.雅西亚在都灵建立的"少年之城（città）"——可容纳140名儿童，以"营地"为形式，是一座建筑群；埃内斯托·科迪尼奥拉提到的在佛罗伦萨的"裴斯泰洛齐学城（città）"；由罗歇·维多纳开办运营的位于上萨瓦省普令基的"瑞士西班牙儿童之家（home）"和由勒内·德库曼（René De Cooman）在马西内尔（Marcinelle）汇集了250名从3岁到14岁甚至14岁以上的儿童或青少年组成的"儿童城"（Cité de l'enfance）；"波美侯阳光儿童村"的联合负责人乔治·布尔盖（Georges Bourguet）认为"波美侯阳光儿童村"也是一个"村"，包括庄均翔博士提到的1937年在中国开设的"基督教孤儿院"也算作"村"，庄均翔博士本人也是该机构的委员。似乎上述这些机构都在名字中被叫做"村"或"城"，这种称呼在某种程度上表达了一种集体观念。这次会议在"裴斯泰洛齐儿童村"举行，也因为这座"儿童村"象征的国际主义性质。

在7月5日第一天的会议上，伊丽莎白·罗滕作为学校和教育史的专家，向大家指出，每个战后时期都是教育改革运动兴起的时代，而今时大家的任务是"复兴"。她呼吁，"应努力在所有国家建立新的社会生活和教育中心，以便最终建立起真正的国际社会"。对一些人来说，这次会议是通过一种新教育模式来复兴新教育的机会（正如费里埃在1946年所预见的那样）。这也是亨利·朱利安在第一天下午2点30分讲话时提到的他所希望看到的变化，他还特意提到了"共和国"。他管理的伊泽尔"老磨坊小孩共和国"有50个孩子，女孩和男孩都有。对他来说，这种新模式的改变不仅来自孩子自身的能量，而且在于孩子们的自信，这种自信来自对其个性的强化，还在于孩子们"创造天性"的发展和"慷慨参与团体工作的愿望"。然而，这种应该落在儿童手中的集体责任（就像他说的那样）将不得不受到成年人"细致而谨慎的监督"。他会想要调整自己的模式，让听众们放心吗？

唐安东尼奥·里沃尔塔和罗伯特·普雷奥医生也谈到了组织意义上的"共和"。"奇维塔韦基亚少年共和国"将 10—17 岁的儿童聚集在一起，里沃尔塔把它描述为"一个由男孩组成的自由团体，他们通过内部自律……民主地进行自治"。在"奇维塔韦基亚少年共和国"，不会对逃跑者实施任何惩罚：不剃光头，也不会通过白裤子来区别对待他们；对他们来说，责任是第一位的。这套教育实践构成了里沃尔塔所谓的"伟大的教育游戏"，在这场"游戏"中，孩子们以大人的角色生活。费里埃可能不会同意这样的观点，因为对他来说，孩子们有自主权，他们并不是扮演大人，而是在做自己！在奇维塔韦基亚，所谓的"民主共和国"似乎是属于领导孩子们的孩子王和成年人的。

7 月 5 日星期一下午，普雷奥医生从里沃尔塔手里接过话筒，继续介绍了隆格伊—安内尔的"小校村"，150 名孩子生活在其中。他没有讲太多细节，只是大致说了一下他们的组织方式："孩子们以'共和国'的形式组织起来，在教育者的帮助和约束下自主管理。"孩子们可以领薪水，还可以参与"银行""保险公司""法院"和"经济委员会"的工作。会议留下的报告里没有再多提到什么，但为了平衡，里沃尔塔和普雷奥两人都对他们的共和模式有一些保留。里沃尔塔提到"小校村"附近还有一个"马兰贡儿童村"，它是"家庭圈"式的，由住在村里的一对夫妇，玛丽亚阿姨和皮耶罗叔叔管理，住在这里的孩子们都是来投奔这对夫妻的。人们首先要对抗的不就是家庭的解体吗？失去家庭难道不就是青少年犯罪的原因之一吗？所有人似乎都认同这一点。另一方面，工作也是让孩子们摆脱困境的方式。因此，村庄基本都组织了工作坊，包括木工、机械、制鞋、制陶瓷、木制艺术品制作、造小型木船、捕鱼等技术，而如此多样的职业训练也对心理建设提出了要求——这也正是里沃尔塔所热衷的，即职业倾向。"奇维塔韦基亚少年共和国"的负责人也没有忽视"制度精神"，他们让孩子们在上帝面前庄重承诺，"努力保持对儿童村精神的忠诚""坦然倾吐个人不足""永远保持服从，面带微笑"。里沃尔塔说："内化的自我控制已经成为一种生活规则。"

普雷奥医生强调"小校村"更像是一个"为了儿童的村庄"而不是"儿童的村庄"，因为村子里其实有许多成年教师、工人在场——为了让村庄的秩序井然，这是必要的！对他来说，隆格伊—安内尔是一个以职业培训为中心的"普通村庄"，也可以说是一个"工业生产中心"，这里需要有足够的成年人来防止"不稳定和不守规矩的因素可能造成的影响"。那里也提供了 23 个"可供选择的学习项目"，都是围绕着重建孩子们居住的城堡而推行。所有人都同意，这都是为了确保孩子们有事可做，职业培训似乎是一切的基石，因为离开这里以后孩子们需要谋生，不管做什么。

在第一天，其他"儿童村"负责人也围绕由儿童组建的"政府"分享了经验。日格蒙德·亚当博士没有明确提及"共和国"，他介绍了"高迪奥波利斯儿童村"的经验。该"儿童村"于 1945 年在"瑞士顿"和匈牙利—瑞士救济协会（Société de secours hungarosuisse）的帮助下建立，由加博尔·什泰赫洛任校长，这里由孩子们自己建立"政府"，担任"总理""经济部长""司法部长"和"教育部长"。他没有使用"自治"（self-government）这个词，而是谈到了"自足制度"（régime autonome），即孩子们自己制定的法律。但对匈牙利"豪伊杜豪德哈兹儿童之城"的负责人日格蒙德·亚当来说，正是"基督教精神"确保儿童成为坚定的"和平建设者"。

弗里茨·韦策尔在第一天结束时发表了演讲。同样地，他的发言围绕"儿童村"实践现状展开。他谈到了特罗根"裴斯泰洛齐儿童村"的创始人沃尔特·罗伯特·科尔蒂的和平主义和国际主义思想，这些思想亦体现在"裴斯泰洛齐儿童村"建设的基础——"通过教育实现和平复兴的国际主义精神"上。毫无疑问，"裴斯泰洛齐儿童村"之所以特殊，就在于它创造了一个超国家团体，每个小屋都承载了一个族裔团体，尊重各个族裔团体各自的文化和特点，同时融入东道主瑞士的文化，并以德语作为通用语言。"各国"小屋内都可以用他们自己的语言、自己的风俗来组织生活，"裴斯泰洛齐儿童村"则是将各个族裔团体联合起来的联合机构。韦策尔在讲到这里时，说的不是"共和国"，也不是"自治"，而是"教育系统"和"学校社区"。

在"波美侯阳光儿童村"的负责人乔治·布尔盖的发言中，他提到了"小孩共和国"、"儿童公民权"、由孩子们自己进行裁决的"纪律委员会"以及"独立共和国"，那是4个孩子在两周时间里自己制订预算、学习自谋生路的故事。这些孩子们住在公园的棚屋里，投票通过"宪法"，建立"立法"和"行政"权力，甚至选出了一句口号："超越！"布尔盖说，每到节日和纪念日的时候他

们都会举办庆祝活动，他在此处又提到了"共和国"，他认为这些节日的庆祝标志着这个"兄弟社会"具有更高、更神圣的东西，就像时间或者上帝（即使他曾说过："在'阳光儿童村'，上帝也无法成为约束。"）。由诺瓦拉的抵抗运动组织创建并由安娜玛利亚·普林奇加利领导、帮助战争孤儿重生的寄宿学校中，"行政权"属于儿童，由儿童和成人共同组成的"法庭"来"审判"那些犯了错的人。

集体自主还是个人自主？

单单阅读与会者的报告和叙述，我们很难理解"autonomie"[①]一词具体想表达什么，它所指的各种含义往往与教育的功能概念相去甚远。有些人认为儿童有一些成人所没有的"autonomie"，正如 1911 年医生和心理学家爱德华·克拉帕雷德用蝌蚪（儿童）和青蛙（成人）作比喻说明的那样，成人和儿童的生理机能不同；其他人，如费里埃，则将儿童的"autonomie"视为一门塑造公民的艺术。在 1921 年出版的《学童的自主》（*L'Autonomie des écoliers*）一书中，他将"autonomie"描述为一种"批判精神"和"一种主动互助的精神"。"autonomie"一词似乎在会议期间经常被提及，但并不是作为生理、心理或道德发展的概念，而是用作"特殊""独特"或"独立"的同义词。阿珀尔多伦"500 犹太儿童基金会"名

---

① autonomie 可以指自治、自由、自主权、自律等。——译者注

誉秘书埃莉萨·门德斯·达科斯塔女士根据孩子的年龄将学校描述为"或多或少具有'autonomie'的'小共和国联邦'"时，是取决于孩子的年龄以及赋予其相应责任的程度，她表示"该群体在一定程度上是有'autonomie'"并寻求"扩大行使这种'autonomie'的领域"，这些话里的"autonomie"是什么意思呢？而当唐安东尼奥·里沃尔塔谈到"'autonomie'的办法"时，他指的"autonomie"好像就是"自由"的同义词——从行动自由，到精神自由，只有他人的自由才会限制集体中的个人的自由，因为个人的行动必须考虑到他人的权利和权益，以维护整个集体的福祉。里沃尔塔解释说，在这里，真正的领导是由孩子们担任的"市长""副手"，孩子们制定的"法律"总是会根据新情况进行审查更改。他们甚至会努力让自己的个人利益和团体利益保持一致，从而调和两者之间的关系。他把这种治理村庄的自由原则叫做"autonomie"，把个人利益称为"动力"，把劳动报酬制度称为"奖励"，并为"儿童村"创造了一种特殊货币。这种"特殊货币"是否意味着"儿童'autonomie'"的最高层次吗？在这些以住所、房屋、儿童之家、营地、庇护所、村庄、城堡、营房、孤儿院为载体的经验中，具有民主理想的"共和"团体实体并没有实现，甚至可以说，还相去甚远。

各类儿童团体的集体组织形式显然同样多种多样。

在某些机构，如普令基"西班牙儿童之家"接收的主要是3—16岁的男孩女孩。在其他一些机构，首要目标则是接待特定国籍和族裔的儿童。比如"500犹太儿童基金会"，他们会把儿童送往巴勒斯坦。这类机构的目标是建造他们的"族裔家园"，比如荷兰阿珀尔多伦的"卡法尔—耶拉迪姆儿童村"就是如此。特罗根的"裴斯泰洛齐儿童村"也为孩子们返回各自的国家做好准备，每个小屋都配有两名教育工作者，他们与孩子们来自同一原籍国，通过提供赞助、书信往来、假期住宿以及与"裴斯泰洛齐儿童村"的友好协会联络来加强他们和原籍国的联系。在"奇维塔韦基亚少年共和国"，村庄是按照孩子们所从事的职业来组织的，有手工艺村、海洋村、农业村等。在隆格伊—安内尔普雷奥医生的"儿童村"，组织主要依据心理因素、职业生活方式（例如农业小组）和教育方式（需要接受"身心康复治疗""群体心理治疗"的孩子们被分在一起）。

当负责人们接连走上讲台、互相交流想法时，他们描述的往往是他们自己机构中孩子们遇到的问题，为此他们还专门在第四天的晚餐后组织了一次由"儿童团体的实践者与领导者"参与的特别会议。他们提到的问题包括：纪律问题，如儿童法庭，吸烟，惩戒的使用，成年人的影响等；管理者问题，如管理人员的招聘，成人之间的关系，成人与儿童之间的关系，男孩和女孩之间的关系，管理者干预的边界，是否使用假名，民事责任等；教学问题，如儿童的发展，儿童工作的酬劳，与公立学校的联系，职业指导，游戏、电影、商业儿童期刊的废除，休闲活动是自由开展还是需要监督的问题等；还有一些外部问题，即各个"儿童村"共同组织的村报，以及不同"儿童村"之间的儿童的关系。普雷奥医生毫无保留地讲出了其"共和国"出现的困难：儿童冷漠和懒惰麻木；以人工干预的方式让孩子扮演成人，看起来是孩子们在领导，但其实是成人管理者在干预，因此削弱了自治原则；一出现混乱和无秩序状态就感到恐惧；缺乏受过社区培训开展教育的工作人员。

通过交流，每个人都展示了自己倡导的价值观。许多人提到了传统的基督教文化：在普令基"西班牙儿童之家"，人们崇尚道德教育和善良；在"沙勒罗瓦（Charleroi）儿童村"，人们格外强调审美、卫生、节俭、自尊、保护私有财产、团结、宽容和言论自由；在"高迪奥波利斯"，孩子们要尊重他人，做有益于社区和和平事业的事；在特罗根，提倡理解和尊重其他国家，建设一个幸福的世界。

但从会议的第一天起，这似乎就是所有人的共识：家庭是所有团体的基础。许多"儿童村"负责人认同，"儿童村"的意义正是为孩子们重新建立起（甚至是以人工手段）他们已经被摧毁的家。"普令基儿童村"的负责人罗歇·维多纳倡导"满怀信任和关爱的家庭氛围"，并认为这是儿童所必需的。"波美侯阳光儿童村"的负责人乔治·布尔盖强调让孩子们过上尽量正常的生活，例如，他们可以有教父母（有的甚至在遥远的美国），与之通信并一起度假。对布尔盖来说，孩子是"家庭的孩子"，而不是一个数字。日格蒙德·亚当认为，家庭也是健康社会的基础。他的"儿童村"里，每一个房屋里大约住着 20 名孩子，配有一个"母亲"角色的工作人员（或者说没有小孩的父母），工作人员会照顾孩子们，用一种最接近正常家庭的模式来确保孩子重新达到生活的平衡。弗里茨·韦策尔还谈到了"裴斯泰洛齐儿童村""像家一样的氛围"，每 18 名儿童会有一对"父母"，这些"父母"是与他们同国籍的教育工作者。"团体"似乎总是由一群孩子和两名成年人开始发展。"裴斯泰洛齐儿童村"的教育总监亚瑟·比尔（Arthur Bill，后来成为负责人）指出，这些小屋内部以"内部圈子""户／家（foyer）"
的形式组织。 1950 年，泰蕾兹·布罗斯对特罗根会议的报告《没
有家的孩子》（ *Enfants sans foyer* ）的报告标题中使用的正是"foyer"
这个词。

安置，但是安置在哪里？

第四天，星期四，在海登举行的第七次会议在格温德琳·切斯
特斯的主持下开始了，此次会议特别讨论了适当安置儿童的问题以
及儿童的需求。英国专家佩姬·沃尔科夫质疑儿童团体对于失去家
庭的孩子来说是否是一个合适的解决方案，从而引发了讨论。"儿
童村"真的是正确答案吗？在她的谈话中，再次提出家庭是孩子获
得稳定的基础，这也意味着，在很长时间内，小孩要在这种环境下
受熏陶。但面对一个失去一切的孩子，谁能投入如此之多呢？她发
出了疑问。她想听听代表们的意见。

居伊·里塞尔作为专家受邀参加会议，他认为，真正的家庭是
无法替代的，但是孩子对家的感情可以转移到其他人或其他"客
体"身上。罗伯特·普雷奥认为不可能找到能够扮演父母角色的教
育者，而且孩子既不应该依附于父母，也不应该依附于老师。在他
看来，只有儿童团体的负责人才是孩子们能够信任的稳定对象，即
使有些孩子已经离开了儿童团体，他们仍然把负责人视为很重要的
人。这个想法得到了"马西内尔儿童村"负责人德库曼的认同，在
他的"儿童村"里，很难称教育工作者担当了"母亲"的角色，不

过负责人和他的妻子可以代表孩子们所必需的权威。另一方面，儿童团体可以给孩子们一种"集体荣誉感"，一种类似于小孩通常在家庭中学到的团结精神。他借此批评了寄养行为，认为这可能是受到金钱和家庭利益的驱动。更何况，这些孩子如果经历家庭的变动，可能会过上"脱节的生活"。因此，"儿童村"是更好的解决方案。唐安东尼奥·里沃尔塔认为自己的儿童团体与传统机构的照料形式不同，他的儿童团体具有"家庭和社会特征"。将家庭概念引入教育机构对他来说是一个全新的领域。"意瑞童年花园"的副手芭芭拉·斯特拉蒂斯基则提出了一个折中方案，试图让所有人都能同意：大家可以在方案中"两者择一"，即根据情况选择将孩子们寄养或安置在儿童团体。

尽管所有人都认可家庭是儿童团体集体生活的基础，但是能否接受寄养这一观点就把他们分成了两派。瑞士心理学家安德烈·雷伊认为，家庭生活似乎是集体生活的一种条件，孩子们必须离开"儿童村"，安置在家庭里，以此回归集体生活，这是为了防止孩子们在儿童村中养成"某种集体心态，以后与其他集体心态相对抗"。玛丽·迈尔霍费尔则从把儿童送去寄养的经验中得出，自己无法认可寄养，因为寄养家庭反而会加剧孩子失去亲生父母的痛苦，更不用说要找到愿意接受一些有障碍的儿童的寄养家庭是很难的。安德烈·雷伊通过交流认识到了这些复杂性，修正了自己的立场，建议在青春期后再将孩子们安置到寄宿学校，同时，他也同意格温德琳·切斯特斯的观点，即最好将孩子安置在他们自己的国家。

第五天，也就是 7 月 9 日星期五，专家之一的霍克斯特再次谈论起儿童团体的问题，这次不是将儿童团体作为新教育的一部分（为了和平、为了国际理解、为了"autonomie"等），而是将其视为一种手段，用来"抹平战争给孩子们带来的最严重的伤害之一——父母关爱和家庭生活的缺位"。他再次谈到了家庭的好处，对健康的无家可归儿童来说尤其如此。在他看来，由精心挑选的已婚夫妇收养是一个很好的解决方案，这种方式在瑞典和英国已经成功实施了，可以确保孩子在"适合的环境"中成长。对于身心有缺陷的孩子，霍克斯特也列出了解决方案：大型寄宿学校等独立机构、由家庭般的房屋群组成的"儿童村"、小规模的机构（15个孩子）、学龄前儿童的托幼中心、医院、供肢体残疾儿童居住的平房、专为心理缺陷儿童建设的接待中心和长期寄宿家庭。大家一起讨论了他的报告。

会议主席维利·劳珀随后将话筒交给了支持寄养理念的普雷奥医生，来自国际救助儿童会的让娜—玛丽·斯莫尔也加入讨论，这是她第一次发表意见。斯莫尔鼓励将年纪比较小的孩子安置在寄养家庭中，寄养家庭的大孩子们会"保护"甚至"宠爱"他们，从而避免孩子之间产生嫉妒或冲突。沃尔科夫再次呼吁与会者们思考"恢复儿童对生活的信心"的解决方案，一是寄养家庭，二是儿童团体。斯莫尔的选择是儿童团体，尽管这个选项不乏困难："我相信'儿童村'比庞大的安置计划更有希望成功，因为在你的团体中，你能更容易地管理并确保一切顺利；而要是将孩子安置在收养家庭中，除非收养家庭的女主人就是'为养育孩子而生'，否则多数家庭可能都会遇到困难。"她说，尽管英国和苏联都选择寄养家庭的解决方案，但是特罗根"裴斯泰洛齐儿童村"的创始人选择了儿童团体。但是，她也指出，这两种方法存在的困难都不容忽视。

霍克斯特又回到了讨论的正题上。对他来说，重要的是摆脱某些"儿童村"随着自给自足而来的封闭和孤立："孤立是几个封闭的儿童之家面临的最大危险。"因此，有必要增加"儿童村"里的孩子们与本国其他儿童接触的机会，而不是将兄弟姐妹分开，还要保持他们与家庭或邻居的联系。他还认为，"儿童村"应该靠近公立学校、儿童诊所，与医生、精神病医生保持密切联系。他主要对"'儿童村'是一个人为营造出来的环境"这一点提出了疑问，既然教育的目标是使孩子们回归"正常生活"，那么儿童团体应该向家庭模式靠近。

布尔盖说孩子们总是害怕"他们的生活只是一个梦"，这也提出了另一个问题。心理学家雷伊告诫人们警惕"城堡生活"的人为性。沃什伯恩同意他的观点，安全感对于孩子的心理健康和智力发展至关重要，而这需要在家庭内部实施得到保障。这位美国教育家认为，"儿童村"可以按"小家庭"的形式来组织，每个房子（家庭）都有"父亲"和"母亲"的角色，这样就可以为儿童提供这种安全感。他再一次强调了家庭的重要性，说道："没有什么能取代家庭。"他在报告里写到，"儿童村"就是很多"家庭"的集合，家里有养父母，养育不超过 12 个孩子。家庭必须是一个"符合儿童志趣"的有吸引力的地方，学校必须"在民主和协作的基础上"组织起来。这样的儿童团体组织结构和价值观，可是离"共和国"的理念还差得远呢！霍克斯特还提醒与会者注意过多媒体曝光的危害：

> 但是，如果让公众得知儿童团体取得的良好成果，满怀善意和好奇的游客数量会急剧增加，这样一来，很快就会给团体、儿童和工作人员，甚至邻近的村庄造成麻烦。

8.2 贝纳德·杰维茨基与卡尔顿·沃什伯恩

"特罗根裴斯泰洛齐儿童村"私人档案：1948年7月特罗根会议期间《新苏黎世报》的新闻剪报，1948年7月11日。

8.3 庄均翔教授

8.4 唐安东尼奥·里沃尔塔　8.5 伊丽莎白·罗滕

8.6 罗伯特·普雷奥医生

国际理解教育是一场幻梦吗?

7月8日星期四,格温德琳·切斯特斯宣读了沃尔特·科尔蒂从纽约发来的一封电报——那是一个动人的时刻。在那之后,轮到自1947年以来一直担任新教育联谊会主席的卡尔顿·沃什伯恩发言了。人们对他的报告期待已久。他直接讨论了"现代教育"问题,这个概念起源可追溯到19世纪下半叶,受到"近期科学发现"的推动,这里他指的是心理学和医学教育方面的进展。沃什伯恩说,继承中世纪观念的传统教育无疑要被彻底埋葬了,因为这种教育模式过于注重智力发展。在这个亚略巴古[①]中,这么想并不奇怪,因为其主导思想就是孩子构成了一个整体,结合着身体和精神这同样重要的两方面,甚至还包括智力发展所必需的道德发展。因此,在让孩子们获得心理健康之前,必须先从保证身体健康开始。沃什伯恩认为"高尚的灵魂寓于强健的身体"(*mens sana in corpore sano*)这句格言是很准确的,因此需要对身体不健康(营养不良、听力和视力有障碍、牙齿不好等)的孩子们给予格外的关注。

同时,沃什伯恩也提倡集体教育理念。他认为身体有缺陷的孩子应该和其他孩子共处,这样他就能感到自己在正常地生活。只有达成社会团结,才能让大家有相互友爱的态度,拥有表达的自由和安全感。这种团结是通过认识到个人与社会的相互依存关系而获得的。他表示,孩子们要通过协作工作来学习团结。对沃什伯恩来说,

---

① 亚略巴古(Areopagus),指雅典卫城西北的阿瑞斯岩石或马尔斯山,这里意指新教育模式的中心思想。——编者注

这正是现代学校的定义：他认为，现代学校正是在民主和合作的基础上组织起来的。孩子们需要共同做出决定。"表达"（expression）这个词经常出现在他的演讲中，他认为孩子们的自我表达很重要，重要的是孩子们可以通过各种方式（如手工、艺术、音乐、戏剧、文学创作、自由讨论、业余爱好、智力研究等活动）表达自我和个性。

沃什伯恩讲话的内核仍然是倡导个体、个性和智力多样性的现代教育精神。新教育思潮认为，这是对自由社会的贡献，在自由社会中，这种多样性有助于必然不平等的资本主义社会的运行。这也是沃什伯恩提倡的社会愿景：多样化、充满活力。从家庭到世界都贯穿着形成这种全球意识的各种社会群体，其中就包括"儿童团体"。他使用了新教育联谊会给出的定义：

> 教育是社会变革的一个方面。因此，它必须发挥积极作用，帮助人们找到解决困难的办法，并满足当今的需求。它必须解放个体的创造能力，并唤醒他的社会良知，以创造一个所有人可以自由、充分地表达自己的社会。

阿道夫·费里埃会很赏识沃什伯恩的阐释的！

从使用的词来看，个人观念似乎发生了变化，不仅在社会层面，也在心理层面。在沃什伯恩的叙述中，"自信""本能""欲望""个性""责任""自我"等词语频频出现。不可否认，在这种"现代性"中，沃什伯恩也有对"儿童村"盈利能力的担忧，尽管他没有直说。在庄先生的讲话中，"现代"（moderne）一词则变成了效率的代名词：我们要找到最好的教育方法，最好的激发兴趣的方法，最好的调动能动性的方法，避免孩子们的时间和精力花在无用的事情上。关于"现代教育和家庭生活"的讨论一直持续到 11 点，话筒才交给里沃尔塔，后者又花了一个小时展示了"奇维塔韦基亚少年共和国"的组织和精神。

里沃尔塔用这个机会批评了旧式教育机构和学校，也谴责了监狱、集中营、中学和小学，他提倡建立"由孩子们自己管理的、在真正民主的制度指导下的、允许每个人充分发展个性的有机体"。这当然指的就是"儿童村"。他也指出了学校和传统制度的问题，他反对"传统、惰性、低效的学校系统和机械而紧张的照本宣科"，并强调了他的"儿童村"有"家庭氛围"和"和平与安静"。"儿童村"可以整合制度以及战争受难儿童在流浪时养成的习惯，并与"孩子们的体验感"相适配。他借"儿童村"的存在质疑了公共教育，认为公共教育应该适应"现代文明的迫切要求"。他也对诞生于工业化和城市化的个人主义存疑，这种个人主义使个体脱离了家庭和团体。他认为，现在的儿童以及未来的青少年必须做自己的向导。"儿童村"的名字本身就确认了这里的目标是培养"独立公民"（而不是"自以为是的小鹦鹉"，里沃尔塔这样说），同时指出"个人自由意志的混乱制约了新教育的实施"。里沃尔塔还强调了部分新教育支持者的科学至上主义，同时仍坚持通识教育，包括"在培养学生的身体健康和动手能力同时，培养道德和宗教意识、对艺术的热爱、科学分析的精神和哲学思想"，他认为这样能够"形成和谐的人格"。他还借此机会表示了对"现代学校"概念的拥护，认为"现代学校"维护了人文主义传统。

之后的讨论比较了传统教育与新教育或现代教育。普雷奥医生是现代教育的支持者，这种教育要求个人及其利益服从于团体和社会的利益。为此，他仍然赞成对孩子实行约束。对亚当博士来说，"儿童村"显然必须成为现代教育的中心，因为它有充满活力的特点，让每个孩子都能够充分发展自我的个性。联合国教科文组织代表泰蕾兹·布罗斯强调要实行一种使人们能够在社会进步中合作的教育，要给儿童以"全世界的文化遗产"，也就是一种"国际理解"。沃什伯恩则认为新教育必须建立在孩子自愿选择活动的基础上，而不该强加，是责任感让儿童与团体、社会和世界联系起来。他说："个人的福祉和社会的福祉是不可分割的，哪个都不应为另一个牺牲。"玛丽·迈尔霍费尔和唐安东尼奥·里沃尔塔意见一致，迈尔霍费尔认为，特罗根"裴斯泰洛齐儿童村"的首要目标是让人们理解并实现"不同国家儿童之间的理解"的想法，而里沃尔塔也在他的报告结束时表示，"儿童村"的目标是培养"诚实的良好公民，随时准备为祖国和整个世界服务"。这难道不是一种适应欧洲乃至全球意识的慈善家的梦想吗？

7月9日星期五，科迪尼奥拉继续了这场讨论。对他来说，只有现代教育才能适应现代生活的要求，但不管具体采用什么方法，都有必要就其一般原则达成一致。他还重申了现代教育的目标：独立判断，创造能力，反思和观察能力，主动性，"个人意识"和自由。教育者可以发出指令，但孩子们有选择是否接受的自由权利。这和传统教育不同：传统教育是被动的，不能够像通识教育和人文主义教育那样让个体适应"现代生活的不确定性"。科迪尼奥拉认为，不仅要反对传统教育，而且还要反对"冒充现代教育的骗子"，这些"骗子"可能表现为其他科学的、技术的或实用的，甚至专制的理想，成为一种威权主义阵营。他们将旧的教学法藏在"新教育体系"中，有时我们都不知道他们会以什么"面貌"出现。埃内斯托·科迪尼奥拉还肯定地说："历史会告诉我们，这些实践中哪些最能实现共同的教育理想，哪些是最可行的。"

下午3点30分，这场讨论才结束，参与者们很高兴参与了这样的讨论，他们意识到自己参与的是一场伟大的教育实验。在讨论过程中，这种战后时期的儿童团体模式的特殊性逐渐被淡化。无论如何，会议结束时都必须为这种儿童团体确定一个名称：儿童团体、"儿童村""共和国""校村""学城"，或是超国家团体？

7月10日星期六是本次大会的最后一天。这一天的议程从上午9点开始，到下午4点半才结束，劳珀主持了上午和下午两场会议，处理决议、修正案和通过决议。这一天的主题是人道主义政治，国家、观念和意识形态等概念登上舞台，另外，集中围绕"儿童团体"这个词展开讨论，而不再纠结在"儿童村"或是"共和国"之类的词。

然后，协调委员会和联盟也成立了。"波兰儿童权利主张全权代表"罗曼·赫拉巴尔（Roman Hrabar）的决议通过了，该决议决定"国际法应包含将以下罪行定为非法的条款：侵犯儿童福祉和幸福，以及危害他国生命血脉等"。会议借此呼吁联合国经济及社会理事会和联合国安理会将侵犯儿童福祉和权利的罪行列入国际法的制裁范围。与会者们还提出了"儿童需求""精神生活"和"心理

PCE (Aragon)
5.10.VII.194

Enfants
sans foye

8.7 联合国教科文组织档
案：泰蕾兹·布罗斯在
1948 年 7 月特罗根会议
上所做报告的封面。

UNESCO

健康"的观念，同时也提出，有必要确保儿童团体工作人员的职位。里塞尔提议了一项为非国家教育工作者增加的条款，但没有被接受。大家还达成一致，在创建新社区之前优先发展现有社区。但仍有一些问题，如在哪个宗教理念下教育儿童的问题仍然没有答案。

因此，从字里行间我们可以看出，儿童团体成为国际儿童保护愿景（"不分宗教、种族或政治见解"）的一部分。这些决议不仅限于保护战争受难儿童，还提供了对儿童保育工作人员（尤其是心理学家和精神病学家）的培训的意见，针对新出现的儿童问题的举措以及一个新的概念，即儿童有"情感需求"。战后，心理学的发展得到加强。

在具体操作层面上，会议决定成立一个由7名成员组成的组委会（但是没有执行权），其秘书处将设在特罗根。大家选出了普雷奥、德库曼、朱利安、科迪尼奥拉和亚瑟·比尔作为委员，里沃尔塔和玛格丽特·策贝利也当选候补委员。玛丽·迈尔霍费尔担任秘书。至于罗滕，她很谨慎，没有担任职位。

大家还约定了下一次会议，拟定于次年在沙勒罗瓦郊区的"马西内尔儿童村"举行，德库曼将主持会议。切斯特斯女士总结道："在中断联系这么多年之后，大家都觉得自己学到了很多东西，并为能够再次与同僚们面对面分享自己的经验而感到无比高兴。"此次会议还制定了国际儿童团体联合会的章程。

此次大会于下午4点半正式闭幕。

第九章

昙花一现的国际儿童夏令营

1949 年 8 月，首期国际儿童夏令营在法国伊泽尔省的"老磨坊小孩共和国"开营。尽管最初人们充满热情，但结果喜忧参半，还加剧了围绕儿童自治模式的分歧。除了儿童年龄差异和语言理解的问题外，一些报告还指出"小孩共和国"的封闭性问题：很难接受其他人的进入。他们还对过度的集体主义提出了批评，在"审判仲裁"期间，有两位负责人由于专制导致的失误遭到批评。第二年，大家在卢森堡的阿尔泽特河畔埃施（Esch-sur-Alzette）尝试开展第二期夏令营，试图在前一期的教训基础上有所提升。这次活动从参与者的角度来看是成功的，并且似乎一度让人忘记了在"老磨坊"的不愉快。然而，在这之后，1951 年于德国尤根海姆举行的夏令营却成了"绝唱"。

主要人物

凯斯·布克（Kees Boeke，1884—1966）：荷兰人，1911 年与比阿特丽斯·卡德伯里（Beatrice Cadbury）结婚，夫妇两人都是贵格会成员，由于领导反军国主义行动，于 1916 年被逐出英国。1926 年，他在荷兰比尔特霍芬（Bilthoven）创办了"工作室学校"（école Werkplaats），成为新教育联谊会成员。他的"工作室学校"于 1950 年加入国际儿童团体联合会。

莫里斯·迪布瓦（Maurice Dubois，1905—1997）：瑞士人，父亲是来自比尔（Bienne）的一名制表师。他也是贵格会成员，国际公务员。1937—1939 年在西班牙支持儿童工作。1942—1943 年作为瑞士红十字会的代表，在法国南部的图卢兹（Toulouse）成立瑞士儿童援助组织（Aide suisse aux enfants）。1944—1948 年，担任"瑞士顿"驻法代表，并负责阿德尔博登（Adelboden）儿童之家的工作直到 1952 年，之后接手勒洛克勒（Le Locle）孤儿院的工作。

恩斯特·雅布隆斯基·儒希（1913—1988）：原籍德国，1933 年获得法国国籍，心理学专业毕业，他在日内瓦教授辅导员课程，并在诺曼底的埃库伊（Écouis）接收布痕瓦尔德（Buchenwald）的孩子们，从 1951 年开始，在丰特奈-欧罗斯经营一个医学教育学院和一个名为"锻造"（La Forge）的辅导员培训中心。

格林斯·琼斯（1915—？）：威尔士人，1937 年获得文学学士学位，之后开始从商，先后供职于约翰·路易斯公司（John Lewis and Co.）和朗特里公司（Rowntree）。自 1939 年起任英国帝国农业局助理编辑，并加入盟国教育部长会议的解放国家教育问题调查委员会，于 1946 年加入联合国教科文组织重建司，负责儿童团体相关事务。

1948 年 7 月在特罗根举行的国际儿童团体联合会大会结束后，在国际儿童团体联合会的集结下聚在一起的儿童团体负责人们有一个主要的任务，就是组织"儿童村"活动，以建立不同国家儿童之间的合作关系。随后，举办一场"全世界儿童的会议"的想法产生了。人们计划于 1949 年在一个儿童团体举行夏令营，后来法国的"老磨坊小孩共和国"迅速申请接下了这个任务。实际上，正如由教科文组织的泰蕾兹·布罗斯在特罗根会议的总结中所回顾的那样，通过国际理解和合作，让那些遭受过民族、种族恐慌或仇恨的受难儿童们重新建立身心平衡，这也是重建和平未来的方式。既然这些儿童团体都自发为此而努力，此时似乎是时候让不同团体的儿童互相交流了。就像儿童团体的负责人们聚在特罗根一样，孩子们也该有这样相聚的机会。因此，国际儿童夏令营的组织提上了国际儿童团体联合会的议程。

1949 年 8 月的"老磨坊"："小孩共和国"接受国际考验

1948 年 7 月下旬，特罗根会议的与会者回到各自的国家。他们可以在头脑冷静、放松的状态下阅读新成立的国际儿童团体联合会第一任主席、"小校村"负责人罗伯特·普雷奥撰写的报告。7月30日，负责"老磨坊小孩共和国"的亨利·朱利安用打字机给普雷奥手打了一封长长的回信，他在信中对报告的各个要点进行了评论。他特别关注其中一个话题，就是会议结束时提出的要建立各个团体之间的联系。亨利·朱利安的儿童团体曾接待过日内瓦国际辅导员培训课程的学员，而且他也很肯定组织国际假期营地的想法，认为这将是国际儿童团体联合会精神的第一次体现。

亨利·朱利安如何看待这次夏令营呢？他认为，从现实条件来说，"老磨坊"将是举办这项活动的理想场所。他强调了伊泽尔"老磨坊小孩共和国"的地理位置：位于山区，海拔 1000 米左右，有利于战争孤儿们的健康。朱利安还提到，此前他们已经在那里建立了一个营地，距离"儿童村"1 公里左右，有又高又宽的帐篷营房和马拉布特帐篷，在那里他们会定期接待格勒诺布尔（Grenoble）公立学校的学生。他还提出，等到了春天还得做一些改建，让营地更舒适一些。朱利安预想这次国际盛会将是一个"会议营"，由各类活动、讨论和远足构成。这个想法是为了促进不同团体之间的交流，让这些来自欧洲不同儿童团体的孩子们在"老磨坊小孩共和国"内融入国际生活、实地体验国际教育。朱利安意识到了孩子们语言不通的困难，因此希望国际儿童团体联合会尽快将项目介绍给其他儿童团体，好让孩子们做好准备，特别是开始学习法语。他认为法语应该成为国际儿童团体的官方语言，一些团体也应该把法语作为课程教给孩子们。

1949 年 1 月，在联合国教科文组织总部在巴黎召开的国际儿童团体联合会指导委员会会议上，国际夏令营再次被提上议程。会议上，与会者重申了最初的原则，并提出了支持国际夏令营的论点，还期待以此活动来展示国际儿童团体联合会。这个夏令营要将来自不同团体的儿童聚集在一起，让他们在一个月的时间里共同生活，体验有着相同遭遇的彼此的生活。因此，根据委员会专家的说法，这可能可以打破困扰这些战争受难儿童的自卑感，恢复他们的自信。这将是孩子们第一次体验国际生活、开启"世界公民"教育的机会。

大家的热情已经一触即发，但是仍有一些问题需要解决。

怎么挑选参营的孩子是讨论的主题。最初的计划是一共招募40—50名儿童参加活动，男孩和女孩都有，从国际儿童团体联合会认证的儿童团体中按国籍各选出5—10名小孩。根据委员会的说法，这些儿童要"能足以代表他们所在的团体：一方面，他们应该能提供尽可能多的信息，提出所在团体的问题；另一方面，他们应该能尽可能多地学习和理解，从而在他们从夏令营回到自己的儿童团体之后，能够发挥他们作为代表的作用"。孩子们的选择既决定着夏令营能否成功，又得确保国际儿童团体联合会的宣传。这也是为什么普雷奥于1948年9月与国际教育重建临时委员会谈话时强调，必须将"全欧洲这类组织中最优秀的孩子们"送到"老磨坊小孩共和国"。同时，指导委员会还绘制了第一张地图（并不完整），图上画出了参与夏令营的区域，并按照各个国家儿童团体的数目和重要性按比例分配儿童名额。可能是出于地缘政治方面的考虑，当时的儿童团体运动集中在西欧，但他们也很希望东欧国家更多地参与进来。按计划，法国、意大利、比利时和瑞士各有10个名额，匈牙利和波兰各有5个名额。

代表们数次提及，1949年夏天的国际夏令营是一个"儿童营"，

LES DANSES NATIONALES expriment la nostalgie d●
invités.

INTERNATIONALISME Des Italiens enseignent des jeu●
nouveaux à leurs camarades fran●
çais, anglais et danois.

L'EMBARRAS assombrit le visage du « président » de la République (à gauche) et du chef des invités, au fur et à mesure que les problèmes s'accumulent. Les responsabilités de commandement sont prises au sérieux à Moulin-Vieux.

必须由儿童建立、为儿童建立。关于国际儿童营的起源，基本都认同儿童营是由"老磨坊小孩共和国"发散而来的。"老磨坊"的孩子们在1952—1953年所画关于"小孩共和国"生活的漫画第二卷中，有两幅插图描绘了1948年的儿童项目。左侧页面上的文字给画面定下了基调：

> 尽管困难重重，"老磨坊小孩共和国"还是生机勃勃，孩子们觉得有必要扩大他们的交际范围。一个古老的梦想重新浮现：来自世界各国的孩子们在一个"共和国"里相聚一刻。

右边的小插图将这一刻呈现为"围绕这个项目的伟大讨论"，代表团体的成年人和儿童讨论着能够提供帮助的对象：联合国教科文组织、国际儿童团体联合会、教育部……大会呼吁道："我们要在各处留下足印！"而该漫画的第三卷则出版于1949年1月，讲的就是即将举办的国际夏令营。前两张插图讲了朱利安夫妇访问日内瓦，向儿童之家辅导员课程的学员发表演讲，在此期间，"老磨坊小孩共和国"的孩子们正在准备国际夏令营。

在1949年2月的小册子里，《教科文组织信使》表露了"老磨坊"孩子们的心声：

> 让我们更进一步，为什么不建立一个"世界小孩共和国联合会"呢？的确，联合国教科文组织今年夏天正要召集大约30名与"小孩共和国"和新教育相关的成年人。
>
> 既然"托楚克爸爸"（Papa Torchok、亨利·朱利安的昵

称）受邀作为专家参加本次大会，我们请他帮我们把想法传递给大家：将来自各个"小孩共和国"的儿童代表聚在一起，交流观点。

事实上，孩子们已经以"报告"的形式写下了他们对即将到来的营地的构想，该报告被寄到了国际儿童团体联合会的办公室，这份文件的语言保留了孩子的语气，提出了孩子们将要实施的构想，以及他们期望从国际儿童团体联合会得到的帮助。对孩子们来说，这个项目是属于他们的。"到目前为止，各种国际会议都只有成年人参与。对于在儿童教育问题上发表意见而言，成年人享有特权。"而这一次，来自不同国家的儿童和青少年终于可以互相接触，讨论未来：组织国际营地，扩大边界，为和平与友谊打下基础。为此，"老磨坊小孩共和国"的孩子们将与来自其他儿童团体的孩子们共处一个月的时间，大家一起体验"小孩共和国"的生活。"老磨坊"的工会是实际上类似于政府的机构，由举手选举出的6名成员组成，负责第一周的营地管理，后续，如果其他孩子有能力证明自己优秀的组织能力，可以接手管理集体生活。

在"老磨坊"的孩子们那里，国际儿童团体联合会的作用被简化为纯粹的物质补给：他们要负责修复孩子们居住的地方，特别是美国军队的营房，一个是木制的，两个是金属的；他们还要给孩子们配备基础设施或用品，包括供水管道、洗手间、折叠床、毯子、马拉布特帐篷等。孩子们还需要日常补给汽油、外出游玩装备和照明设备。此外，孩子们还要求建造一个运动场，以及连接儿童营地和"小孩共和国"的电话线。最后，他们也期望获得国际儿童团体联合会的拨款，以便预先支付参与者的费用。这套儿童与成年人的关系，是从赋予儿童权力的角度建立的。因此，营地的实际位置和"老磨坊小孩共和国"有一定距离。陪同孩子们的成年人也被要求不可以住在营地，而要住在最近的城市拉瓦尔当的一个"质朴的山区旅馆，那里不算贵，饭菜好吃而且量很多"。未经孩子们的许可，任何成年人不得进入营地，孩子们会在全体大会上规定成年人可以访问的日期。唯一还算被孩子们接受的是就是朱利安了："我们承认我们的父母（指朱利安夫妇）有一些权威。"

　　春天到了，当地开始紧锣密鼓地组织起夏令营。法国国家教育监察长、联合国教科文组织法国委员会秘书长路易·弗朗索瓦（Louis François）访问了"老磨坊"营地。那本漫画书的第三卷告诉我们，他显然对"国际儿童"的到来有不同的想法。他本来希望夏令营可以"在一座修缮完备的城堡中"举办，但最终他还是接受了"老磨坊"的孩子们的愿望，因为它"展示了正在重建的法国的真实面貌，虽然条件艰苦，但是彰显着勇敢无畏"。事实上，在营地里，布置等工作都是由孩子们自己完成的，国际民众服务组织法国分部的一些志愿者也提供了帮助。罗滕自"老磨坊小孩共和国"成立以来就一直密切关注着那里。5月2日，"老磨坊小孩共和国"的一个小女孩写信给人在萨嫩家中的伊丽莎白·罗滕。信里写道，为了筹备国际夏令营，孩子们有很多工作要做，男孩们正在完善供水系统，女孩恳求罗滕来帮助他们："一如既往，我们只能靠自己。巴黎委员会的大人们只会动嘴皮子。他们要求有一队老师与我们的父母（朱利安夫妇）一起负责营地事务。我们想到了您：您能代表瑞士，我们相信您是个好人。"营地的改造工程确实很重要，从春季一直持续到了夏季。

至于孩子们所说的"巴黎委员会的大人"，他们在 6 月 20 日星期一下午召开了联合国教科文组织会议，研究并确定了有一定调度空间的夏令营日程，包括工作、娱乐、用餐的时间。尽管保罗·里夏尔重申一定要给孩子们留下足够的自由，凯斯·布克仍然想确定哪些人将真正为这次夏令营负责——他认为这非常重要，因为这次国际夏令营活动是在联合国教科文组织的主持下开展的，联合国教科文组织在道义上背负着责任。根据自己在荷兰营地的经验，布克强调"没有成年人在场，孩子们对当下某些主题（如共产主义、兵役等）的讨论是危险的，此外还有男孩和女孩住在一起的潜在风险，还可能发生一些事故，而且营地至少也需要医护人员驻场"。对杰维茨基来说，这也是一个重要的问题，因为不能损害"'老磨坊小孩共和国'一直以来的良好声誉"。最后确定亨利·朱利安留在那里，确保孩子们身边一直留有一名称职的老师，每天观察并记录孩子们的活动和行为，此外还邀请一名医生驻守在营地附近，所有的活动都要提交给当地的委员会审查。

为了选出参加夏令营的孩子，很多准备工作也需要处理。1949年 5 月底，国际儿童团体联合会秘书处的第一批指令传达到各儿童团体：国际儿童夏令营定于 8 月 1 日至 30 日举行，预计需选拔 50名左右的 12—17 岁的儿童参加，入选者都必须是战争受难儿童，最好是孤儿或单亲儿童，"身心健全"。虽然夏令营采用男女同校是一个既定事实，但是委员会成员倾向于只照顾占总人数三分之一左右的女孩，毫无疑问，这是考虑到多数儿童团体只接收男孩。另外，还对"小孩共和国"的语言作出了要求：参营儿童必须会说法语，并且能够"在真正的'小孩共和国'的框架内自由讨论"。这种筛选原则基于各国家委员会通讯员以及必要情况下各国政府的建议。前往法国的路费由受邀国家自行承担，其余费用由国际儿童团体联合会法国委员会承担。受邀国家最后达到了 15 个。德国仍然是个问题，一开始大家没有计划邀请德国孩子，但是伊丽莎白・罗滕提议邀请两个来自纽伦堡弗里登斯多夫（Friedensdorf de Nuremberg）的年轻人，因为他们有一些"对自由和自治的认知"。

1949 年 7 月，一切似乎都走上了正轨，大家充满热情。"老磨坊"的孩子们准备了一首献给国际夏令营的歌曲，他们歌唱着邀请：

> 跑啊，跑啊，跑啊，
> 从世界各地跑来啊，
> 来啊，来啊，来啊！
> 我们的营地欢迎大家，
> 张张笑脸好像花，
> 笑啊，笑啊，
> 全世界的孩子们，
> 笑啊，笑啊，笑啊，
> 在欢乐的夏令营。

"共和国的孩子"和"国际儿童"，或许是幻灭的时候

最初，参营儿童的到来令人欣喜若狂。7 月 30 日，第一批孩

子于晚上 10 点半到达，并被带到"老磨坊"。第一批孩子是来自马焦雷湖（Lake Maggiore）巴韦诺（Baveno）儿童团体的 3 名意大利儿童和 2 名奥地利儿童。同一天，另一群来自荷兰、芬兰、瑞典（事实上只有女孩）、卢森堡和比利时的孩子们抵达巴黎。第二天，他们在里昂火车站乘坐火车前往格勒诺布尔。罗兰（Roland）是一个来自隆格伊—安内尔"小校村"的男孩，他向"小校村"的朋友们和普雷奥医生这样讲述这次夏令营：

> 夜里并不会很吵，因为这些远方来客都已经累了。8 月 1 日，我们抵达格勒诺布尔。初升的旭日和阿尔卑斯山的美景让我们目不暇接。朱利安夫妇开着面包车从"老磨坊"赶来，正在车站等我们。终于，我们看到自己的梦想变成了现实。我们受到了"老磨坊"孩子们的热烈欢迎，大家随着手风琴声起舞。到了晚上，我们就在帐篷里休息了。

两天后，英国的孩子们到达营地；来自特罗根"裴斯泰洛齐儿童村"的两名波兰儿童由于签证问题，8 月 2 日才到达营地。夏令营终于可以开始了。"小孩共和国"在这一天举行了第一次全体大会。亨丽埃特·朱利安随后阐释了夏令营的目标和设想的行动。她邀请参与夏令营的孩子们接受"小孩共和国"的各项原则，积极参与到"共和国"的生活中，融入"老磨坊"，"以建立一个统一的团体，其中每个人都将拥有平等的权利和义务"，正如"瑞士顿"前成员、营地副手莫里斯·迪布瓦在后来的报告中所解释的那样。营地的管理权最初交给了"老磨坊工会"，但后续来访的孩子们

联合国教科文组织档案，36 A 653（44）107 号文件：漫画讲述了 1949 年国际儿童夏令营的生活，摘自漫画《一段友谊的故事：小孩共和国（第二部分：建设）》（*Histoire d'une amitié. La république d'enfants. Deuxième partie : La construction*），这部漫画于 1954 年由位于伊泽尔的"老磨坊小孩共和国"的孩子们绘制。

République d'Enfants

Moulin-Vieux par Lavaldens
Isère.

France.

Moulin-Vieux, le

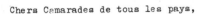

Chers Camarades de tous les pays,

Quelle merveilleuse idée ! C'est notre République
d'Enfants de MOULIN-VIEUX qui a décidé de faire, cette
année au mois d'Août, un camp international auquel nous
vous invitons.

Nous sommes une République d'Enfants très heu-
reux, une vraie République où règnent la joie, l'amour
le travail. Nous avons connu, comme beaucoup d'en-
fants, les horreurs de la guerre, la famine. Nous nous
sommes réunis et avons bâti notre maison pour retrou-
ver le bonheur et la joie de vivre.

Il n'y a parmi nous que trois adultes : maman,
Patoche et Croc Dur. Ils nous ont sauvés pendant la
guerre, nous les aimons beaucoup.

Notre République est dirigée par le Syndicat.
C'est un petit groupe d'enfants élu démocratiquement.

Nous assumons toutes les responsabilités : cui-
sine, lavage, entretien du linge et des locaux, corres-
pondance, activités culturelles et artistiques, dif-
fusion. Naturellement nous faisons aussi nos études
d'après les programmes de l'Ecole publique française.
Nous voulons beaucoup nous instruire pour être des
hommes utiles. Tout ceci se fait dans un climat très
gai et très fraternel.

C'est cette vie que nous voulons vous faire par-
tager, Chers Camarades, parce que nous l'aimons, parce
nous l'avons créée. Ce que nous voulons aussi, vous
faire connaître, c'est notre pays, la France si belle

..../....

也渐渐参与到了管理中。当这些参营的"国际学生"离开"老磨坊"，也就是夏令营结束时，这次实践看起来确实取得了成功。例如，官方文件中称赞了孩子们在8月所建立的友谊和美好回忆。联合国教科文组织的宣传资料上都展示着孩子们之间的国际理解和团结。1949年10月，《释能》杂志用照片展示了夏令营的重要时刻：从"老磨坊"孩子们的筹备工作，到其间的爬山远足、跳舞，再到最后联合国教科文组织总干事在巴黎准备的招待会。无论是"老磨坊"的孩子们还是来客们，大家脸上都容光焕发，即使是那些严肃的时刻也都以积极的方式呈现出来，比如一些行使领导责任的场景。关于此次夏令营的宣传论调很积极，大家还计划在次年举办下一次夏令营。

然而，在幕后，对这次夏令营的反馈其实并不那么愉快。

虽然从表面上看，这次经验充满希望，但实际上，记录表明，失望很快取代了热情，与夏令营和谐的国际形象相去甚远。从8月2日起，代替疗养中的贝纳德·杰维茨基的重建部门代理负责人埃弗特·巴杰（Evert Barger）在给联合国教科文组织总干事的一份说明中指出了几个问题，说明"老磨坊"的孩子与其他孩子之间存在巨大的鸿沟，加剧了相互之间幻想的破灭。首先，他指出了一个显而易见的问题——年龄差距。"老磨坊"的孩子们在漫画中也提到了这个情况。在描述国际夏令营的漫画上，第一张画上写着"大日子：来自所有国家的孩子们都来了"，然后另一幅画上补充了一句："他们真大啊！"还有一张图上说："这些朋友比我们年纪大得多。"莫里斯·迪布瓦在1949年9月26日为联合国教科文组织所做的报告中做出了明确的陈述：表面上说是"儿童"，实际上来参加活动的是一群青少年，他们平均年龄超过 16 岁，有些甚至是18—20 岁！

巴杰还在他的笔记末尾补充说，除了比利时儿童外，来自其他国家的孩子很少有会说法语的，甚至有些孩子并不是来自儿童团体，因此他们似乎并没有做好进入这种生活方式的准备！事实上，许多孩子是通过联合国教科文组织在各国的委员会，以及各种青年组织选出的，因此这些人实际上来自各种学校或机构，只有部分孩子是来自儿童团体的。据莫里斯·迪布瓦称，他们所来的地方"与'老磨坊小孩共和国'几乎没什么相似之处"。因此，孩子们之间有着很大的社会差异。重建司的格林斯·琼斯于 8 月 6 日对营地进行了为期 24 小时的访问，她的报告里提到，她在那里发现存在两个对立的群体。参加夏令营的一些孩子实际上来自资产阶级家庭，他们习惯做领导者的角色，有着强烈的责任感，而"老磨坊"的小孤儿们则总是显得缺乏安全感。

而且很快，"国际儿童"和"'共和国'的孩子"之间就出现了隔阂，以至于在夏令营进行的过程中，这两拨孩子们只在用餐时间和晚上唱歌跳舞等活动时间才会见面。夏令营的组织方式本身似乎也加剧了这种分裂。事实上，"老磨坊"的孩子们制定的第一个规定是，所有的孩子都要参与营地工作，例如土方工程和集体任务。但这个安排没有获得支持，反而受到了严重的质疑。"你要明白，国际夏令营是为了学习各国风土人情，是为了促进各国孩子互相交流的。因此，'老磨坊工会'否决了大家一起劳动的计划。国际儿童和'老磨坊'的孩子们之间已经出现了一丝火药味，"罗兰这样告诉他在隆格伊—安内尔的伙伴们。

　　于是，大家制订了新计划，一些集体性的日常工作仍然仍在继续，包括运送牛奶、面包和菜肴，准备饭菜，清扫营地，砍柴等，但加入了更多的"空闲时间"（heures creuses），组织如游泳、户外游戏、舞蹈、远足或其他文化活动，在一天结束时举行一场大型集会，安排团体代表进行日常介绍。但同样，似乎并不是每个人都愿意在"空闲时间"参与工作。根据莫里斯·迪布瓦的说法，"空闲时间"助长了来自其他国家的"国际儿童"的某种"消极情绪"，他们不习惯在"共和国"承担责任。这使得朱利安夫妇不得不在与贝纳德·杰维茨基达成一致后接手了营地的管理，贝纳德·杰维茨基也来到了营地现场。"混合工会"将继续存在，"自治"也将继续。但是从那时开始，监督营地的成年人将每周举行两次会议，以确定未来几天的计划。为了建立联系，避免大家游手好闲，成年人领导者们决定组织更多的短途旅行。大家似乎都同意，这是整个夏令营中最美好的时光。但是，这仍然没法阻止孩子们的再次分裂：在一共进行的 8 次短途旅行中，有 4 次完全没有带上"老磨坊"的孩子们——他们还忙着村子里的工作。

　　因此，尽管国际儿童团体联合会的成年人想让孩子们团结起来，但营地里的孩子们还是无可挽回地走向了分裂。我们了解到，一位英国小营员充当了两个群体之间的调和者，他在 1949 年 9 月 1 日的一篇文章中指出："我们没能打成一片，恐怕这两方也都没有要打成一片的想法，他们之间的关系越来越差了。"不只是年龄差距的问题，这两个群体似乎本身就难以相互理解。在这位小营员看来，"老磨坊"的孩子们"对我们的生活一无所知。他们不知道城市生活、报纸、广播、学校、俱乐部这些东西为何物，对他们来说，我们好像来自另一个世界，'共和国'的孩子完全无法理解我们"。"小孩共和国"本身以及与之相关的民主实践也从一开始就埋下了一些问题。莫里斯·迪布瓦提出这样的论断："来访的小客人们并不知道，也不可能知道，在这里的生活中，'承诺'在日常生活的琐碎细节中意味着什么。要想让他们知道，就得让他们了解这种生活方式，要么自己实践，要么就要与'小孩共和国'更多接触。"

在进行评估时，国际小营员们甚至质疑了"小孩共和国"的原则，他们中的大多数人此前完全没有过像"老磨坊"这种儿童自治的经验。正如这位英国小营员所说的，"小孩共和国"的模式与他自己认可的理念也不相容：

> 我不认可集体主义。我觉得"共和国"的孩子们过的这种公共生活会削减个人主义，而个人主义对所有需要精神活跃的孩子来说都是必不可少的。我相信，对这些孩子来说，"共和国"现在是唯一可以过的生活，但我自己永远无法接受。"共和国"的孩子们为他们的生活方式感到自豪，他们看到我们没有热情地拥抱这种生活，自然会觉得受伤，但我不认同他们的集体生活，我认为他们所谓的"共和国"是虚假的，其实完全由成年人主导。

而罗兰向自己在隆格伊—安内尔的朋友们讲述国际夏令营的经历时，虽然将"老磨坊儿童村"叫做"共和国"，但也提到了这里与他们的"小校村"不同，"既没有'法庭'，也没有'公民'，

没有'银行'，没有工资。但是，他们有一个'工会'，由从孩子
们当中选出的 7 名成员组成，'工会'管理着其他孩子的生活"。
罗兰甚至觉得"老磨坊小孩共和国"像"独裁统治"——这个词是
他权衡过的，他强调了两次这个词。在他看来，不仅孩子们看起来
很悲惨，而且：

> 因为这些孩子从早到晚都在工作，他们不出去玩、没有剧
> 院、很少看电影、与外界没有联系。这些孩子们总不能永远待
> 在这里，当他们有一天离开这里，来到外面的世界，他们是没
> 有练习过的，会对整个国家的日常生活感到困惑。他们这种方
> 式并不能作为建设和平世界的榜样，为什么？因为如果我们都
> 像他们一样组成小团体、与世隔绝，那么互相理解就变得不可
> 能了。

他提出的问题超越了"老磨坊"夏令营的框架，涉及"小孩共
和国"的模式本身及其实践"国际理解"的可能性问题。而"巴黎
委员会的成年人"在国际儿童团体联合会和联合国教科文组织对国
际夏令营进行初步评估时，也提出了同样的问题。1949 年 10 月 12
日上午，在沙勒罗瓦的"马西内尔儿童村"召开的国际儿童团体联
合会大会期间，普雷奥开启了议程的第三个话题："老磨坊"国际
儿童夏令营。轮到亨利·朱利安发言时，他有理有据地维护了他的
"小孩共和国"和国际儿童夏令营，赞扬"老磨坊"的孩子们"自
食其力地准备了一切"，要指责的是其他国家的孩子没能适应"共
和国"的生活规则。相反，贝纳德·杰维茨基将责任归咎于"老磨

坊"的组织形式本身，他的报告里说道："'老磨坊'的孩子们形成了一个封闭的社群，外人很难进入。"人们对"老磨坊小孩共和国"的模式提出了深入的质疑，这也揭示了政治层面的问题。批评者认为，这种儿童寄宿学校是孤立的，难以让年轻人为未来以公民身份进入社会生活做好准备。这类观点已是老生常谈。除此之外，"这种儿童团体多大程度上能够面向世界开放"的问题也受到了质疑，其他的质疑还有"这种儿童团体能对联合国教科文组织越来越强调的国际理解作出多少贡献"等。在这场会议里，参会者们之间好像也语言不通似的。为了给自己辩护，亨利·朱利安在 1949 年 11 月 4 日写给杰维茨基的一封信中做了回击，他的言辞有一些激烈。对他来说，大名鼎鼎的"国际理解"在"老磨坊"是非常具体的存在，而不是人们经常从联合国教科文组织那里听到的那样，只是个空洞的概念。他在信里说：

> 我们之间肯定有误解。我不知道其他地方怎么理解"国际理解"。对我们来说，它意味着：在"国际小孩共和国"的实践中脱胎换骨，与困难、环境、不可避免的误解作斗争，在挣扎过后，完善它，以寻求更好的结果。现在和我们在一起的，有两名意大利孤儿，两名德国孩子和一名英国孩子（夏令营的一位营员），他们从自己的国家直接来到"老磨坊"。尽管财务上很困难，我们的孩子也和他们分享了面包。我们不应该在不必要的争论中浪费太多时间。
>
> 这是否就是"国际理解"呢？

在联合国教科文组织和国际儿童团体联合会所表达的"国际理解"的"咒语"和"老磨坊"所实践的艰苦劳动、集体主义式的政治性构想之间，分歧更加扩大了。然而，尽管有这些不满，新一期的国际儿童夏令营已经在筹划中了。

1950 年 8 月的卢森堡：重塑国际阵营的"小欧洲"

"老磨坊"夏令营的尘埃还没落定，1950 年的夏令营已经被提上日程。在某些方面，国际儿童团体联合会似乎有了更宏观的视野，同时谨慎而勤恳地采取了与前一期夏令营相反的立场。这是为了迅速抹去 1949 年夏令营的伤痕，还是为了将国际儿童夏令营活动维持下去呢？毕竟，夏令营活动已经成为国际儿童团体联合会身份认同的一部分。

不管怎样，1949 年秋天，卢森堡大公国提议举办第二届国际儿童夏令营。中立原则于 1948 年从卢森堡宪法中删除，举办第二届国际儿童夏令营的提议无疑也是更广泛地回应了卢森堡重新融入西方国家的政治意愿。先是该国的两名教师代表费迪南·奥特（Ferdinand Oth）和让·雅各比（Jean Jacoby）作为观察员参加了第一届夏令营；接着，他们才决定再组织一次国际夏令营，尽管还没有确定确切的地点。根据一份手写笔记，1950 年 1 月，国际儿童团体联合会向适应不良儿童的教师研究会（Cercle d'études de l'enfance inadaptée des instituteurs réunis）提出请求，希望对当年的夏令营给予帮助，这个研究会的秘书长正是费迪南·奥特，这个研究会是当时在卢森堡成立的组织，目的是改革对困难儿童的教育，以及组织当年的夏令营。

然而，卢森堡情况特殊，那里没有符合国际儿童团体联合会标准的儿童团体；在卢森堡，更多的是孤儿院，甚至那里也没有专门为战争受难儿童设置的机构，同样也没有"国际儿童团体联合会卢森堡委员会"。如果说"老磨坊"营地被选中举办夏令营，是因为它是最早的和最具象征意义的儿童团体之一，那么在卢森堡办夏令营，目的就是推动建立更多儿童团体，进一步宣传这种模式，鼓励新儿童团体的发展。事实上，还有一个目的是，借此夏令营在卢森堡建立一个真正的儿童团体，要采用新教育的方法管理，将其作为召集至此的卢森堡教育工作者的练兵场，为卢森堡设立国际儿童团体联合会全国委员会提供必要的支持。

新地点的选择也意味着国际儿童团体联合会为下一期国际夏令营设定了新方向。1950年2月3日下午，在巴黎，国际儿童团体联合会管理委员会听取了爱德华·巴贝尔（Édouard Barbel）的项目介绍。巴贝尔是阿尔泽特河畔埃施市的一名教师，也曾参与抵抗运动，被驱逐到达豪集中营（Dachau），后来成为卢森堡政治犯和被驱逐者联盟（Ligue des prisonniers politiques et déportés du Luxembourg）副主席。国际儿童团体联合会同意在他的公社，萨内姆（Sanem）城堡里组织第二届国际儿童夏令营。他不仅提供场地，还要引领国际夏令营的精神。因此，像"老磨坊"那样在山野中的小屋里、以质朴的集体生活方式来诠释的"夏令营生活"结束了。从第二届起，战争孤儿的"夏令营生活"将在城堡开始。这座城堡位于待重建的欧洲中部，其家族庄园自18世纪以来一直为托纳科（Tornaco）[①]家族所有，此时刚刚由埃施市政府收购过来。这座城堡还登上了 1950 年《卢森堡大公国教师公报》（*Bulletin des instituteurs réunis du grand-duché du Luxembourg*）圣诞特刊的封面，此前这份杂志的封面只会放孩子们的图片。正如联合国教科文组织总干事海梅·托雷斯—博德（Jaime Torres-Bodet）在第二届夏令营开营时的讲话中所说的那样，国际夏令营和未来的儿童团体将在"卢森堡最美丽的住所之一"里开展。在 7 月 13 日给英格塔·什维古姆（Ingertha Sviggum）的一封信中，联合国教科文组织重建司国际夏令营和儿童团体处的佩姬·沃尔科夫甚至怀疑这座城堡是不是太漂亮了，以至于在那里开展工程会有困难。这座古老的庄园称得上是一个美妙的游乐场所，除了城堡，还有附属建筑、花园、果园、草地和流水……

除了场地，国际儿童团体联合会管理委员会还期望从第一届夏令营中吸取教训，重新确定成年人在夏令营里的定位。像"老磨坊小孩共和国"夏令营早期那样，儿童完全自治的情况已经不再可能出现了。这一年，所有孩子的活动都要与成年人一起进行。而且，组织者倾向于选择由经验丰富的成年人组成的技术团队领导营地。事实上，孩子们拥有部分的营地管理权。儿童被分为 3 组，每组会设置一名领导者（如儿童团体的"市长"）并安排一名翻译，通过选举产生一个"儿童委员会"，以及负责营地报纸的"编辑委员会"，但是这些都会受预先选定的成人教学团队监督。正如国际儿童团体

---

①　指维克托·德托纳科男爵，卢森堡政治家，第四任卢森堡首相。——编者注

联合会卢森堡分部在 1950 年 3 月的大会期间强调的那样：

> 只有当我们保证有一支对这项工作经验丰富、在国际儿童团体联合会的精神和方法驱使下开展实践的称职的教师队伍……能够为这个营地提供组织和指导时，营地中青少年之间的接触与合作才能富有成效。

此外，数周以来，国际儿童团体联合会和联合国教科文组织着手寻找一些成员，他们需要一位"心理学家观察员"来领导这个团队，还需要一位负责组织休闲活动的教师、一位合唱老师、一位医生。重建司首先提到了洛特·施瓦茨（Lotte Schwartz），施瓦茨为汝拉山（Jura）和萨瓦的"儿童村"工作，还在战争期间管理了位于克勒兹（Creuse）肖蒙（Chaumont）的"儿童救济会儿童之家"。为了监督孩子们，国际儿童团体联合会还想增加一个由 4 名辅导员组成的团队，这个团队的人选可以从日内瓦国际辅导员课程的学员中选择，国际儿童团体联合会还要求其中必须要有一名意大利人，因为意大利的儿童团体数量最多。然而，这个最初的设想没有实现，1950 年 5 月中旬，团队最终围绕儒希的想法组建起来，因为儒希的经历满足所有要求：毕业于巴黎心理学学院（Institut de psychologie de Paris），是一名教师，经营着巴黎附近的一家医学教育机构"锻造"。他为该职位制作的简要个人介绍中还提到了他在国际理解教育方面的经验：1937 年巴黎世界博览会期间，他指导了一个约 300 名年轻人参加的、由国际联盟世界青年和平协会（Communauté universelle des jeunes pour la Paix）组织的国际营。他在教育方面的专长也为他加分不少。他懂得青年戏剧、出版物、印刷、装订和装饰；通晓多种语言，除了法语和德语，还会说英语和西班牙语。另外，国际儿童团体联合会还计划增加一名负责人和儒希一起任职，伊丽莎白·罗滕的推荐人选是朱莉娅·布克（Julia Boeke），布克是贵格会成员兼教育家凯斯·布克和比阿特丽斯·卡德伯里的女儿，来自荷兰比尔特霍芬的"工作室学校"。正如联合国教科文组织重建司在 1950 年 5 月 25 日的一封信中指出的那样："一位母亲是英国贵格会成员的荷兰女孩"可以弥补儒希是一名共产党员的事实！在冷战时期，联合国教科文组织一直对此很谨慎……

但最终，朱莉娅·布克没来，不过，联合国教科文组织和国际儿童团体联合会都没有提出反对意见，儒希的工作也就没有受到影响，他在夏天之前完成了团队的组建：团队成员来自不同国家，同时也会说多种语言，并且在教育孩子方面经验丰富。团队里的克劳德·拉什沃（Claude Rachwall）是一位 30 多岁的法国教师、恪守教规的天主教徒，曾在积极教育方法培训中心接受培训，曾有几次组织夏令营的经历，并擅长各种教学法。团队里还有一人是社会工作者、意大利人卢恰娜·纳米亚斯（Luciana Nahmias），她毕业于米兰社会学院（École sociale de Milan），她是被日内瓦国际辅导员课程推荐的。教育团队里还有卢森堡人费迪南·奥特和英国中学教师罗伯特·劳埃德（Robert Lloyd）。劳埃德曾在国际学生联合会（International Union of Students）旗下的 3 个农务中心担任负责人，也组织和指导过英国儿童出国游学。奥特的妻子也在夏令营做一些后勤工作。

1950 年夏天，国际儿童团体联合会新任主席佩姬·沃尔科夫在给英格塔·什维古姆的一封信中强调："正如你所说，现在的问题是孩子们。"的确，为了不重蹈第一届的覆辙，第二届夏令营只邀请了国际儿童团体联合会下属儿童团体的孩子们参加萨内姆城堡夏令营，以确保项目能更好地贯彻实施儿童团体的原则。为了避免参营儿童的年龄差距过大，年龄限制在 14—17 岁。组织者还强调，要尽早为孩子们的到来做好准备。在萨内姆城堡夏令营开始之前，在营地教育团队的儒希和纳米亚斯的组织下，一些意大利和法国儿童在去萨内姆城堡夏令营之前，先在 7 月到儒希的医学教育机构"锻造"去游历了一番。

为了确保儿童的招募顺利进行，国际儿童团体联合会通过指导委员会建立的各种联系，以及已经形成的各国委员会牵头招募儿童。1950 年 5 月 24 日，英国儿童的参营名额有 3 个，而凯斯·布克则给了荷兰 5 个名额。勒内·德库曼还向联合国教科文组织报告他所领导的"比利时儿童城"的几名儿童也会参加。法国委员会从 9 个普通儿童团体选出了 8—10 名儿童，还有一些来自儿童救济会的儿童。德国和奥地利儿童的问题也再次被提上议程。当时德国正在加入联合国教科文组织的过程中。1950 年 1 月，在伊丽莎白·罗滕在国际儿童团体联合会指导委员会会议上的主张下，委员会决定邀请德国儿童，委员会与"奥登瓦尔德学校"联系，从那里选出了 3 名德国儿童；而意大利儿童则来自两个天主教团体。

7 月 28 日，恩斯特·儒希和卢恰娜·纳米亚斯抵达萨内姆城堡，为夏令营做准备。3 天后，联合国教科文组织的雅尼娜·卡森（Janine Cassin）来拜访他们。卡森写了一篇关于国际营初期开展情况的 4 页报告。观察员对这里的印象和上一届夏令营的印象大不相同。然而和"老磨坊"夏令营一样，由于复杂的交通和行政手续，孩子们还是没有同时抵达夏令营。8 月 1 日星期二，大部分孩子到达。他们在火车站等着公共汽车将他们带到城堡。英国的孩子们姗姗来迟，第二天晚上才到达。8 月 5 日，勒内·德库曼亲自开车从"马西内尔儿童城"带来了 5 名儿童，沙勒罗瓦地区发生罢工，他们因此来迟了。同一天，还有 4 名卢森堡儿童到达。然而，仍然没有来自德国、奥地利或南斯拉夫儿童的消息。1950 年 8 月 6 日，星期日，上午 11 点，阿尔泽特河畔埃施国际夏令营正式开营。当天，在萨内姆城堡，卢森堡公共教育部部长、政府顾问、联合国教科文组织卢森堡委员会主席兼秘书长、埃施市的议员们参加了仪式。由于护照问题，3 名来自"奥登瓦尔德学校"的德国孩子最终于 8 月下旬才抵达。

城堡内，成年人的存在感是很强烈的。男孩和女孩被分在城堡的两个翼楼里，和那个时期的许多寄宿学校一样，男老师的房间靠近男孩宿舍，而女老师的房间则靠近女孩宿舍。每组孩子都有自己的集体浴室，女生的浴室更大些。上一届夏令营里，孩子们有时候需要自己准备饭菜，但这次就不是这样了，此次夏令营雇了专门的厨师。雅尼娜·卡森说，这个城堡有一个图书馆、一间大会议室、一间游戏室和一间办公室——里面装饰着卢森堡国家历史艺术博物馆所藏大师画作的复制品；在一楼还有一个风景如画的房间，供会议和委员会使用；二楼有一些客房供来访者居住；阁楼也被重新装修，用于招待临时借住的成人和孩子。营地的硬件设施非常好，教学团队也完备，很好地支持着儒希的工作。大家这样描述第一天的气氛："孩子们看起来充满活力和热情，对夏令营周围的环境和风景非常满意。"

没有任何记录显示在这次夏令营中，来自不同团体的儿童之间关系紧张或是像"老磨坊"夏令营那样围绕"自治"发生冲突。这次夏令营似乎与1949年第一届冷淡的夏令营有很多不同之处。需要指出的是，在这里，为了不给孩子们留下即兴发挥的空间或过多的自由，活动全部是预设好了的，有守夜活动、远足、营地结束派对和各种文化活动（戏剧、民间艺术、歌唱、舞蹈等），还有写墙报、养护建筑这类活动。具体来说，还有一个小组负责改造城堡塔楼上的一个房间。这里已成为国际精神"崛起"之地，极具象征意义：这群孩子们将古老的壁炉涂上色彩，用代表不同国家的板子装饰墙壁，甚至制作了一张装饰着各国旗帜和纹章的桌子。孩子们成立了负责清理桌子和洗衣的"技术委员会"以及负责制订活动和时间表的"活动委员会"。这两个委员会共同构成"行政委员会"，由每个工作组的一名代表组成，主席由一名意大利男孩和一名法国男孩共同担任。正如贝纳德·杰维茨基在8月17—20日的访问报告中所叙述的那样，营地生活围绕着儿童"自治"顺利展开。

杰维茨基的访问当然是为了报告营地生活，但也恰逢联合国教科文组织在阿尔泽特河畔埃施市政厅举办卢森堡教育工作者学习日活动。8月19日，杰维茨基本人在此次活动上就"学校自由的气氛"发表演讲，其他发言者还包括国际儿童团体联合会和联合国教科文组织的官员：罗伯特·普雷奥、泰蕾兹·布罗斯、恩斯特·儒希和伊丽莎白·罗滕。与此同时，"老磨坊"的孩子们不计前嫌，也前来看望夏令营的孩子们，他们于周五晚上6—8点在新奇宫

（Nouveautés Palace）大厅进行了一场主题为"歌舞中的法国历史"的表演。

8月27日举行的夏令营闭幕派对也意义重大。那天，杰维茨基再次前往卢森堡。活动在萨内姆城堡的园林中举行，营地的孩子们、当地居民以及当地政府工作人员都参加了。他们在草地上举办了一场音乐会，孩子们也参与其中，演奏了来自不同国家的歌曲，而教师合唱团和卢森堡铜管乐队也演奏了几首曲目。晚上，营地的孩子们表演了他们准备的短剧节目，这个短剧是关于城堡的历史，孩子们模仿鬼魂歌唱着，剧情最后他们取得了胜利，"以爱与和平的名义团结起来"，杰维茨基在他的报告中补充道。

国际儿童团体联合会认为这次夏令营的收获是积极而正面的，赞扬它展示了新教育的精神、展现了在各国年轻人之间构建没有嫌隙的国际社会的可能性。对联合国教科文组织来说，该营地促进、展示了国际理解教育的成果。聚会一结束，大家就已经在谈论下一年的事情了，在卢森堡夏令营期间设立的国际技术秘书处的孩子们也承诺在国际儿童团体联合会的支持下继续负责秘书处事务。

然而，如果我们仔细审视就会发现，这种形势既标志着观点的转变，也标志着国际儿童夏令营的终结。根据国际儿童团体联合会管理委员会1950年11月23日的报告，今后的主旨之一是让孩子们参与营地的筹备和监督管理，国际儿童团体联合会则要培训一些可以负责这项工作的青年，根据这份报告，夏令营今后将成为"对孩子们采用新教育方法培训的试验田，必须以热情、积极和有足够技能准备的孩子们为核心来建设团体、开展新教育"。夏令营的功能应该是从孩子们中培养出"领导者"。1951年1月，参加过卢森堡夏令营的来自法国、意大利和德国儿童团体的孩子们在儒希的带领下又来到了"马西内尔儿童村"，以便为下一届夏令营做好准备。

与往年不同的是，1951年的夏令营不是在一个已有的或将建立的儿童团体内举行，而是在一个教育中心举行。最初计划的夏令营举办地在奥地利1949年成立的"伊姆斯特（Imst）SOS儿童村"。但最终，组织者决定于8月7日至9月4日在德国达姆施塔特（Darmstadt）附近海利根贝格（Heiligenberg）城堡的尤根海姆教育学院举办此次夏令营。对德国来说，这无疑是个机会，因为它对于德国重新进入国际主义教育的核心和修复在国际社会上的耻辱形象具有重要意义。该机构于1946年开放，举办教师培训课程，特别是1950年8月举办了一次大会，重新建立了新教育联谊会德国分会，1951年1月，在伊丽莎白·罗滕的支持下，新教育联谊会德国分会举行了第一次会议。同年春季，在国际儿童团体联合会、积极教育方法培训中心和新教育联谊会德国分会的支持下，还为儿童之家和夏令营的辅导员们举行了两次国际性会议。

档案中关于第三届国际夏令营只有些许记录，这清楚地表明第三届夏令营的影响较小。德国教育杂志《教育和育儿》（*Bildung und Erziehung*）中的几行说明文字暗示，此次活动和其他夏令营大同小异、没什么特别之处。但与前两届夏令营的不同在于，例如，第三届夏令营没能获得来自《教科文组织信使》的赞誉。可以说，在第三届夏令营中，国际儿童团体联合会是靠自己的力量筹集了夏令营资金来满足孩子们的愿望，联合国教科文组织并没有参与其中。而且，夏令营的正式邀请在非常晚的时候才发送给联合国教科文组织的各国委员会——在夏令营开始前几天，邀请才发出，导致英国、奥地利等代表团无法按期参加。

　　第三届夏令营接待了来自法国、德国、荷兰和意大利各地儿童团体的近 60 名孩子，但受众和前两届夏令营相比还是较小的，特别是没有覆盖到社会主义国家和盎格鲁—撒克逊国家。那一年的参与者不仅有来自儿童团体的，也有来自"进步主义教育学派"的，似乎是为了迎合国际儿童团体联合内部正在发生的改变，他们对相关团体的定义正在逐渐转向新教育学校，像"奥登瓦尔德学校"或"工作室学校"那样。但是，此次夏令营仍以国际儿童团体联合指定儿童团体的孩子们为主，还有一些来自阿尔及利亚的孩子，他们毫无疑问是通过积极教育方法培训中心的关系网来的；甚至还有芬兰籍的女孩丽塔（Ritta）和男孩帕沃（Paavo），但他们实际上来自特罗根的"裴斯泰洛齐儿童村"。

第十章

当国际主义面对国家问题的挑战

从 1949 年开始，仿效联合国教科文组织设立国家委员会的做法，国际儿童团体联合会一直在推动各个国家的儿童团体委员会的发展。它们的目的是建立新的附属机构，加强已验证过的不同教育实践之间的联系，并在国家级层面上筹措新的资金。法国、意大利和瑞士的全国委员因此相继成立。虽然这在一定程度上有助于加强国际儿童团体联合会的影响力，但自相矛盾的是，国际主义精神却被削弱了。各国的全国委员会都需要努力解决各自面临的具体问题和情况，而这么一来，各国团队招聘和定位策略的问题则更多地成了在国家框架内部商议的问题。象征着国际主义梦想的特罗根失去了它的实质意义，最后连国际儿童团体联合会管理委员会总部都搬到了巴黎，国际儿童团体联合会放弃了 1951 年在"裴斯泰洛齐儿童村"落成的"联合国教科文组织之家"（Maison de l'Unesco）。

主要人物

费尔南·科尔泰（Fernand Cortez, 1915—2002）：法国人。法国互助（Entraide française）组织位于瑟伊利（Seuilly）库德赖—蒙庞西埃（Coudray-Montpensier）的儿童之家在 1946 年聘其为教师。他之后担任了"锻造"医学教育学院的负责人。

埃莱娜·德勒埃—菲施利（Elena Dreher-Fischli, 1913—2005）：意大利人，曾参与抵抗运动。学习护理学，并于意大利解放后在米兰成为公共援助和慈善机构（Istituto pubblico di assistenza e beneficenza）的委员。她担任米兰附近的瓦雷泽湖畔拉沙（Rasa di Varese）乡村学校的负责人，该学校于 1948 年成立，校园建设工作由曾建造特罗根"裴斯泰洛齐儿童村"的瑞士建筑师汉斯·菲施利负责，后来他们两人结了婚。

阿道夫·费里埃（1879—1960）：瑞士社会学家和新教育活动家，1889 年国际教育局和 1921 年新教育联谊会的创始人。他的听力障碍促使他从事教学实践，但他与 1919 年开设的"我们的家"（Home Chez Nous）关系密切。1920 年，他在沃州（Vaud）贝城（Bex）的一所实行积极教育的学校的某个班级进行了为期 6 个月的实验。1934 年，他帮助朋友保罗·吉布在瑞士定居，1944 年支持了"裴斯泰洛奇儿童村"项目的开展。

保罗·吉布（1870—1961）：德国神学家，他与妻子埃迪特·卡西雷尔（Édith Cassirer）在达姆施塔特附近黑森州的黑彭海姆创建了"奥登瓦尔德学校"。该校实行新教育，尤其遵循自治和男女同校的原则。由于纳粹掌权，这对夫妇于 1934 年 4 月移居瑞士，创建了一所"人文学院"（École d'humanité）。该学院最初设立在日内瓦附近，后来搬到了黑湖沿岸，在那里，他们接收"瑞士顿"移民儿童委员会安置过来的战争受难儿童。学校后于 1946 年迁至伯尔尼州的戈尔登（Goldern）。

1948 年，国际儿童团体联合会在新章程的第四条中提出要"将各个国家境内的各儿童团体组成一个全国性的委员会"。这意味着他们希望儿童团体成为组织的正式成员，因为根据章程第六条，如果没有全国委员会的话，这些团体只能是准成员。此外，大会上的投票权取决于每个国家委员会下辖的儿童团体数量。只有国家级别的委员会才能进入国际儿童团体联合会的年度报告、获得国际儿童团体联合会批放的预算。国际儿童团体联合会管理委员会将由每个国家委员会的两名代表组成。1948 年 9 月 4 日，联合国教科文组织总部在巴黎召开的第二次指导委员会会议重申了设立国家委员会的想法，以使各个国家委员会担起"探矿者"和"中间人"的角色，一方面继续对儿童团体事业的探索，另一方面协调教育事业的从业者，以及负责寻求公共行政管理机构和私营组织的支持，特别是资金支持。甚至有人设想，他们可以通过在共同主题上提出想法、讨论来促进国际层面的工作。但也正是国际儿童团体联合会在联合国教科文组织的顾问团地位保障了资助的来源。归根结底，还是钱的问题。

国际儿童团体联合会第一任主席罗伯特·普雷奥在 1949 年 12 月 8 日写给"裴斯泰洛齐儿童村"的创始人沃尔特·罗伯特·科尔蒂的一封信中，谈到他曾与联合国教科文组织驻巴黎的代表有所接触。他说："国际儿童团体联合会的命运都取决于各国家委员会能不能有效运转了。"联合国教科文组织给出的指示与普雷奥的内在逻辑相一致。早在 1946 年，联合国教科文组织执行委员会就已促使各个国家成立国家委员会，规章的第七条写道：

> 各成员国应采取适合其具体情况的措施，让各国内部关心教育、科学研究和文化问题的主要团体参与本组织的工作，最好是设立一个全国委员会，由不同团体的国家级代表组成……全国委员会将成为各国政府和非政府组织之间展开对话的场所。鉴于在总部已然有各国的代表，全国委员会并不发挥外交上的作用，其作用更侧重于活动内容以及关乎成败的关键因素——与知识分子的合作。

因此，联合国教科文组织开始设立联络机构，通过它们来了解各国以联合国教科文组织的名义发展的文化、教育实践情况。此后一切以联合国教科文组织名义运营的组织或者开展的活动，都可以借助这个机构来交流。然而，联合国教科文组织在国际层面的行动和立场，与其分支在各个国家内部的行动并不总是和谐的，这导致了一些问题。

在法国：捍卫世俗理想

国际儿童团体联合会的法国分部，即法国全国儿童团体协会

（Association nationale des communautés d'enfants，简称 ANCE），于 1949 年 1 月 14 日率先成立，并于 3 月 2 日根据 1901 年结社法（Association Loi 1901）向省级政府宣布委员会成立。其目标是"以'儿童团体'的名义增加和发展长期性教育机构"。

1949 年 1 月 14 日下午 5 点 30 分，在联合国教科文组织法国委员会的倡议下，法国分部的创始人们在联合国教科文组织总部举行了会议，当时联合国教科文组织总部和法国外交部办公地距离很近。参与者有来自法国教育部的官员，也有来自法国劳工部、法国红十字会、法国教育同盟（Ligue de l'enseignement）、法国退伍军人事务部（Office national des anciens combattants）、积极教育方法训练中心和法国抵抗运动委员会社会工作部门（Comité des œuvres sociales de la Résistance，COSOR）的杰出成员。

法国全国儿童团体协会首先捍卫的是一种教育理想，遵循 1948 年 7 月特罗根会议结束时确定的"儿童团体"的严格定义。第一次会议由罗伯特·普雷奥主持，他提醒与会者注意在特罗根发起儿童团体运动的意义。他特别强调，孩子们必须在团体中发挥作用，并希望通过在不同团体之间交换孩子们出版的报纸和组织夏令营等活动，在他们之间建立起一种"家庭般的纽带"，将各个团体的孩子们团结起来，让不同民族的孩子们之间能够交流。他提到，最早一批的活动之一，就是 1949 年大家忙了一整年的项目：协助"老磨坊儿童村"开展第一期国际夏令营。

事实上，法国全国儿童团体协会管理者的主要经历基本都和"老磨坊儿童村"的情况相似，他们往往是国家教育系统外的、极富魅力的教育工作者（而且还有夫妻成对出现）。除了朱利安夫妇，还有米歇尔·阿尔加维（Michel Algrave）——他是 1945 年在塔恩（Tarn）创建的"布里奥尔（Briol）儿童社区"负责人；马里于斯·布洛涅（Marius Boulogne），他是"罗纳—阿尔卑斯（Rhône-Alpes）儿童村"事务处（Œuvre des villages d'enfants，OVE）的负责人，该组织于 1944 年为战争受难儿童创建；费尔南·科尔泰是"马约特（Mayotte）医学教育研究所"负责人，该研究所最初是被遗弃的儿童或被驱逐出境者、囚犯的孩子们的庇护所，于 1941 年在沙特尔（Chartres）附近的加拉尔东（Gallardon）成立；夏尔·福捷（Charles Fortier），他是阿登山脉（Ardennes）中的"巴尔河畔贝尔维尔（Belleville-sur-Bar）儿童疗养院"负责人，该机构前身是为阿登的战争受难儿童设立的户外学校，于 1945 年 9 月在勒泰勒（Rethel）附近成立；伊冯娜·阿诺埃（Yvonne Hagnauer），她是法国全国教师工会（Syndicat national des instituteurs）的活动家，还与同为教师的丈夫罗歇（Roger）一起创立了"塞弗勒之家"（Maison de Sèvres），该机构成立于 1941 年，曾是许多遭纳粹迫害的犹太儿童的避难所；皮特·克吕格尔（Pitt Krüger），他是波茨坦（Postdam）的一名德国教师，遭纳粹驱逐，与瑞士妻子伊芙（Yvès）自 1933 年以来一直在东比利牛斯山脉（Pyrénées-Orientales）经营一所名为"库姆农舍"（Mas de la Coume）的机构，收容德国难民和西班牙儿童；雅克·拉卡佩尔（Jacques Lacapère）和西蒙娜·拉卡佩尔（Simonne Lacapère）夫妇，他们运营着"博苏溪乡间别墅"（Bastide de Beau-Soucy），该儿童团体于 1944 年成立，位于一处被征用的城堡里，为 126 名从巴黎占领区逃离的 4—15 岁儿童提供庇护；共产主义活动家安德烈·罗马内（André

Romanet）和他的妻子西蒙娜·加利昂（Simone Gallian），他们都是罗纳省（Rhône）萨勒（Salles）的教师，有照顾西班牙青年难民的经验，之后还在 1944 年照顾了 70 名来自支持共产主义或支持戴高乐的犹太家庭的儿童，后来他们参与创建了"儿童村"事务处的首批"儿童村"；罗歇·维多纳是 1946 年在上萨瓦省创建的"普令基西班牙儿童瑞士之家"（Home suisse de Pringy）的负责人，这些西班牙儿童是孤儿或是难民。而法国全国儿童团体协会的第一任负责人让·罗歇（Jean Roger）也曾经在利勒（Lille）担任教师，师承塞勒斯坦·弗雷内（Célestin Freinet），弗雷内是积极教育方法训练中心讲师，也是塞纳—瓦兹省（Seine-et-Oise）埃尔蒙（Ermont）附近的"塞尔奈小城堡（Chalet de Cernay）儿童团体"的负责人。

无论是战时还是战后，这些人有一个共同点，就是他们都持续、长期接收儿童。所有人感兴趣的是新教育，而不是对"小孩共和国"严格、公式化的正统观念。1950 年 3 月 5 日至 7 日，在拉伊莱罗斯（L'Haÿ-les-Roses）大众教育中心举行的第一次积极教育方法训练中心大会期间，让·罗歇以"奇维塔韦基亚少年共和国"为例重申了特罗根"儿童村"的定义。同时，他对那些不惜一切代价、试图复制成功案例的做法提出了警示，认为不能盲目"仿造成人世界的组织形式"。他提醒大家，成年人不应像玩"小木偶或兵人游戏"那样组织"小孩共和国"。他说，虽然"由团体共同处理大部分的不当行为和事件是可取、可能、有必要的"，但另一方面，"从更广泛的角度来看，一个常设的'儿童法庭'就像怪物"。随后，他提出，要更为务实地应用特罗根原则，特别是要保持"（成年人和孩子们之间）在坦诚、亲情和理解的氛围中，分享欢乐、悲伤、问题、幸福、烦恼、工作"。他建议这种分享要"循序渐进，根据孩子们的能力进行，孩子们不应该被它压垮，也不应该痴迷于此，或是为此焦虑，而是要从中体会到，他正在克服困难，获得责任、自治和自由"。他不希望将"现成的团体模式、成人想象的产物"强加给孩子们，而是把"努力……"作为一条准则，鼓励大家探索不确定性，欢迎现有的各儿童之家以"各种形式，无论先锋程度，由人员构成各异的成人团队，在各地各类建筑中接收不同数量、情况各异的孩子们"。法国全国儿童团体协会首次大会上，根据在特罗根达成一致的定义，把最符合该团体标准的一些协会成员确立为"正式成员"，同时也确立了其他"准成员"。

让·罗歇的立场得到了贝纳德·杰维茨基的支持。轮到杰维茨基发言时，他告诫与会者"在应用积极教育和新教育方法时，要警惕某些危险"。在谈到塞勒斯坦·弗雷内时，他提醒委员会警惕"新教学法的空话"，并认为"如果孩子们直接模仿成人的行政和议会模式，才会教育出真正的文盲"。他认为应该以"合适的程度"将责任赋予儿童群体，而这取决于在团体中发挥关键作用的教师的敏感度。在提到"卢梭的旧哲学"时，他比喻道，教育者要小心"不要像凡尔赛的某些花园那样，以人为的方式修剪树木和绿植"。因此，他认为应该"对（儿童的）价值观进行合理的修正"，以保留"长久以来融入教育使命中的法国传统"。

然而，事实上，在接下来的几年里，法国全国儿童团体协会没多久就放宽了标准。很快，法国全国儿童团体协会理事会意识到，如果严格按照特罗根的定义，只会将其成员数量限制于少数几家机

构。在 1951 年 5 月 18 日的会议上，法国全国儿童团体协会的官员
甚至提到，他们正陷在"悲惨的两难困境"中，因为"根据其章
程，法国全国儿童团体协会无法将正式成员的范围扩大到所有儿童
之家；我们只把目光局限于符合'团体'定义的机构，这等于放弃
了很多会员和会费"。在次年 1 月 9 日的会议上，法国全国儿童团
体协会决定改变方向，将儿童团体的定义扩大到"所有长期性儿童
团体"或"有老师和教育工作者服务的所有儿童之家"，这是为了
形成"一个庞大的儿童之家集体，汇集来自各行各业的技术人群，
无论它们是否属于所谓真正的儿童团体"。

　　在这之后，法国全国儿童团体协会更是彻底改变了其战略，从
1952 年起，该组织选择介入国民教育工作者的工作范畴，并开始
捍卫世俗理想。它打算修正法国教育部在"适应不良"儿童方面的
工作。1952 年 1 月，在法国国家教育博物馆（Musée pédagogique）
举行的大会期间，法国全国儿童团体协会决定将协会名誉主席职位
授予法国教育部国民教育监察总局局长路易·弗朗索瓦，并将实际
主席职位授予法国中等教育名誉负责人古斯塔夫·莫诺（Gustave
Monod），将副主席职位授予担任法国初等教育负责人的阿里斯蒂
德·贝莱（Aristide Beslais）。1952 年，法国全国儿童团体协会决
定扩大其规模，但招募只针对所有世俗化的儿童团体。然后，它
通过邀请法国全国教师工会、法国教育同盟、法国公立学校学生
联合会（Fédération des pupilles de l'école publique）、法国公立学
校学生家长协会联合会（Fédération des conseils de parents d'élèves
des écoles publiques）、积极教育方法训练中心、世俗教育总联合
会（Fédération des œuvres laïques）、进修学校以及户外学校的代表

加入，力求引领"世俗教育的大集会"。从 1952 年 1 月 9 日的理事会会议开始，法国全国儿童团体协会的领导人们就尖锐地宣称："是时候做出反应了，是时候让国民教育觉醒了。事实上，现在受教育部管理的儿童只是少数，而卫生部管理着越来越多的儿童。"那些与司法或医疗社会（médico-social）模式更接近的儿童之家，例如"科尔—高特（Ker-Goat）司法儿童康复中心"和隆格伊—安内尔的"小校村"，一度加入了法国全国儿童团体协会，但自此以后开始脱离这个组织。而罗伯特·普雷奥作为曾经"两个世界"交汇处的人物，也卸任了国际儿童团体联合会的主席职位，并与该组织日渐疏远。

事实上，1953 年，法国全国儿童团体协会加入了对这类儿童提供帮助的教育网络"适应不良儿童笔记"（*Cahiers de l'enfance inadaptée*），该网络构成了一个世俗阵线。这个网络的组织者坚决捍卫"教师—教育家"（instituteur-éducateur）和寄宿学校校长在教育中的地位，并反对设置针对适应不良儿童的专门教育工作者。在联合国教科文组织于 1952 年 11 月 17—27 日在法国国家教育博物馆组织的会议上，波勒·梅泽（Paule Mezeix）反对在这两类教育工作者之间划清界限的行为，并强调这种二分法将带来风险：

> 教师和教育工作者们如果按这种划分来接受不同的培训，可能无法完全和谐地工作；我们会看到，在照顾适应不良儿童的机构中，这种差异甚至冲突尤其严重。

在 1953 年 10 月 21—23 日的大会上，法国全国儿童团体协会把自己定义为"世俗儿童之家联合会，服务包括融入社会困难、身体残疾和体弱、精神缺陷、性格障碍、有潜在犯罪倾向的各类儿童"。大会的会议记录还强调，需要加强教育部门在制定和发展社会政策中的作用。在后续的会议中，特别是 1954 年 10 月的大会上，协会重申了这一主旨思想："法国教育部必须把适应不良儿童的问题掌握在自己手中。虽然这项工作必须与其他部委共同完成，但是所有涉及学龄儿童的事情都不应该脱离于教育部。"

在几年的时间里，国际儿童团体联合会的法国分支在本国问题的影响下经历了深刻的变革，偏离了最初的方针。费尔南·科尔泰在 1955 年 11 月 12 日大会报告中也印证了这一点。他提到，法国全国儿童团体协会建立的目的"主要是形成互助小组，旨在紧急支援那些先行者们在战争期间成立的儿童团体，并非所有参与者都属于教师职业，但许多人都以这样或那样的身份参与到了国家教育当中"，科尔泰也提到了必要的改变：

> 在这些艰难的岁月里，期间有好几次，我们都以为法国委员会要和这些儿童团体一起灭亡了。但我们拓宽了眼界。我们摆脱了曾经阻碍我们之中许多人视野的障碍。我们认为法国全国儿童团体协会不仅要照顾战争受难儿童，何况如今已经是战后 10 年了，战争受难儿童越来越少了，它还应该照顾所有因为这样或那样的困难而来到寄宿学校的孩子们。

在意大利：在天主教集团分裂的风险中复兴新教育

国际儿童团体联合会的第二个分部在 1949 年 10 月以意大利全国儿童团体协会（Associazione nazionale delle comunità per l'infanzia，ANCI）① 的名义创建了。在特罗根会议的时候，意大利代表团是人数最多的——由来自 5 个不同类型和地区的儿童团体的至少 7 名专家、观察员和负责人的代表组成，显示了该国"儿童村"运动的范围与活力。代表中有"奇维塔韦基亚少年共和国"的创始人唐安托尼奥·里沃尔塔；乔治·C. 雅西亚，他来自由神父唐乔瓦尼·阿尔比罗洛（don Giovanni Arbirolo）成立于 1946 年的"意大利都灵少年之城"；玛格丽特·策贝利，她是 1945 年瑞士工人援助会在里米尼成立的"意瑞童年花园"的负责人；安娜玛利亚·普林奇加利，她参与过抵抗运动，是抵抗运动组织"意大利游击队国家联盟"（Associazione nazionale partigiani d'Italia，ANPI）1947 年在诺瓦拉为战争孤儿成立的"重生之寄宿学校"（Convitto-Scuola della Rinascita）的负责人；最后还有埃内斯托·科迪尼奥拉。

科迪尼奥拉被选为意大利儿童团体运动的"发言人"，无论是在国际机构上，还是在发起意大利本国的机构时，他都代表意大利儿童团体运动发言。因此，到特罗根会议结束时，他是国际儿童团体联合会管理委员会中唯一的意大利成员。1948 年 9 月 4 日，在

---

①　为区分前文在法国成立的全国儿童团体协会（ANCE），在意大利成立的全国儿童团体协会（ANCI）统称为"意大利全国儿童团体协会"。——编者注

巴黎联合国教科文组织总部举行的国际儿童团体联合会管理委员会第二次会议上，科迪尼奥拉被选定负责认定他所在国家（地区）的儿童团体，以创建国际儿童团体联合会的分支机构。

事实上，在意大利的具体国情之下，埃内斯托·科迪尼奥拉确实是最能使大家达成共识的人，他也能够宣称自己是中立的。他不信教，但在战后不久教材改革委员会（commission de réforme des manuels scolaires）运作期间展示了他与宗教当局谈判的能力。他因参与墨索里尼的政党经历而被边缘化并最终退出政坛，但同时与仍在各部委、宗教界任职的政治人物保持着广泛的联系，他与共产主义者吉诺·费雷蒂的通信往来就印证了这一点。在成为意大利的代表之前，科迪尼奥拉就与卡尔顿·沃什伯恩关系密切，于 1946 年在佛罗伦萨创建了新教育联谊会的意大利分部。科迪尼奥拉还在出版业拥有丰富的经验，在教育界也拥有非常广泛的人脉。他会说多种语言，法语和英语尤其流利。他还是教育领域，特别是战后教育重建问题方面的国际专家，联合国教科文组织社会科学部门曾于 1948 年 10 月委托他进行"如何改变心态，使之有助于国际理解"的研究。

1949 年 10 月 2 日，经过多次通信往来后，科迪尼奥拉在意大利召集了意大利全国儿童团体领导人举行会议，并在这次会议上展示了他运用人脉的能力。在特罗根已有的经验之外，他又成功地在"佛罗伦萨学城"召集了其他人，其中包括"学城"的分校、于 1947—1948 年在克雷莫纳（Crémone）成立的"卡萨尔马焦雷学城"（Scuola-Città de Casalmaggiore），从名称上就可以看出两者的关联；根据弗雷内教育学派的原则创建的"罗马生活学校"（Scuola

Viva de Rome）；还有米兰的"教育行动学院"（Scuola di azione didattica），这是一所经历战争轰炸后重建的小学，由科迪尼奥拉以前的一名学生负责，以积极教育的原则运营；此外还有一些在米兰和雷焦艾米利亚（Reggio Emilia）创建的"重生之寄宿学校"。虽然已经有很多新教育机构回应了科迪尼奥拉，但另一方面，很多以"奇维塔韦基亚少年共和国"的模式、天主教理念建立的儿童村庄和城镇还是显得较为犹豫不决。里沃尔塔称自己因意外无法前来，并表示歉意，但他也没有派代表来；而乔治·C. 雅西亚虽然参加了特罗根的会议，但对此次科迪尼奥拉召集的会议没给出一点回应。

对于他们的不出席，科迪尼奥拉并未感到不安或担心，他本着普世精神，组成了一个临时指导委员会，由他本人担任主席，委员会成员包括策贝利、普林奇加利和里沃尔塔。该委员会的作用是作为各儿童团体之间的纽带，维系教育阵线；委员会还提议，本委员会应负责集中地、公平地分配所有内部和外部援助。委员会还将筛选参加国际活动的学生。如果要加入临时指导委员会，候选人必须确保他们使用积极教育的方法，并且所在组织保持非政治性。每个社区要缴纳 5000 里拉的会费，这笔钱将作为一笔小额周转资金使用。

在意大利全国儿童团体协会成立后的一个月内，科迪尼奥拉向国际儿童团体联合会提交了一份不断更新的意大利团体名单，上面有一些手写的补充内容，显得像是最后一分钟赶着加上去似的。他把这份名单上的组织称为"成员"（affiliés），但我们现在已经不太清楚这份名单上的团体指的是潜在成员还是已经加入的成员。名单上机构的数量从 10 家（在意大利全国儿童团体协会成立时加入的首批机构）增加到 19 家，然后增加到 23 家，最后增加到 26 家。很多以所谓的积极教育原则运营的团体都积极地加入这个协会，但是也有一些由宗教人士创立的"儿童村"和"少年之城"也加入其中，这些宗教人士包括撒丁岛（Sardaigne）卡利亚里（Cagliari）的索利纳斯（Solinas）神父、比萨的布鲁诺·费迪（Bruno Fedi）神父、锡尔维马里纳（Silvi Marina）的唐圭多·维森达兹，当然还有"奇维塔韦基亚少年共和国"的里沃尔塔（他似乎并没有拒绝进入委员会）。保存在科迪尼奥拉个人档案中关于各个儿童团体的大量通信和档案文件表明了他开展广泛交流的意愿。

1950 年 1 月，科迪尼奥拉向相当乐观的国际儿童团体联合会提交了一份关于意大利全国儿童团体协会活动的简短报告。他并不掩饰遇到的一些困难，例如"并非所有团体都能够支付会费""他们的负责人忙于日常事务，没时间写信，因此难以保持密切的联系"。尽管如此，他还是夸赞了与新教育联谊会的合作下将在他的"学城"举行的几次以阐释教育原则为主题的会议，预计会议上丹尼尔·戈恩斯会做一些分享，分享内容是他对意大利儿童团体的访问，不仅是"奇维塔韦基亚少年共和国"，还有他在其后访问的其他一些意大利"儿童村"。他还提到了里米尼的"意瑞童年花园"和"圣马里内拉儿童村"组织的儿童画展。报告的最后，他重点提到了新成立的"医学心理和教育专家委员会"，该委员会将与意大利全国儿童团体协会合作，并出版月刊《学校与城市》（Scuola e città），该刊物将响应儿童团体的工作，并让人们更了解新教育。他最后肯定地说："意大利全国儿童团体协会必须愈加成为意大利各儿童团体与国际儿童团体联合会之间的唯一纽带。"

　　因此，当科迪尼奥拉打开佩姬·沃尔科夫1950年4月20日寄来的信时，他感到非常惊讶，佩姬·沃尔科夫自2月以来接替罗伯特·普雷奥成为国际儿童团体联合会新任主席，她尴尬地通知科迪尼奥拉，她收到唐安东尼奥·里沃尔塔的请求，要求国际儿童团体联合会承认另一个协会，该协会仅由"儿童村"的创始人们组成。她不知道如何跟进这一事项，因为在她看来，毫无疑问，意大利分部确实是由科迪尼奥拉负责组织的，她无权在同一国家承认两个国家级分支机构同时存在。因此，她鼓励科迪尼奥拉与里沃尔塔取得联系，以澄清和明确他们之间的分歧。她建议科迪尼奥拉和里沃尔塔以在佛罗伦萨举行的下一届联合国教科文组织大会为契机，共同呼吁召开一次能够真正代表意大利各儿童团体的会议。此外，她还提议，国际儿童团体联合会将资助两个儿童团体的10名意大利青少年参加下一届卢森堡国际夏令营，希望他们二人能就选定哪两个儿童团体达成一致。

　　在回信（未标注日期）中，科迪尼奥拉表达了自己的震惊和愤怒："里沃尔塔已经当选为（我们的）协会委员，而且从未提过辞职，但又自行创建了另一个协会，甚至没有邀请我参加。"但科迪尼奥拉又在同一封信中有自相矛盾的表达，说他对另一个协会的创建有所耳闻，不过他听说"该协会纯粹出于科学研究目的，并不是为了与意大利全国儿童团体协会竞争"。然后，他指出"里沃尔塔那个协会里的"儿童村"只有一个共同点，那就是它们都由宗教人士直接或间接管理"，并且其中有些"'儿童村'值得欢迎，也有一些'儿童村'并不值得"。他说自己已经准备好与里沃尔塔重新建立联系，但他也重申了一些规定：

> 国际儿童团体联合会规定了任何希望加入该国际协会的"儿童村"必须达到的要求，只要国际儿童团体联合会不改变其章程，所有申请加入的儿童团体都必须明确符合这些条件。……国际儿童团体联合会不会放弃其一贯的传统和已确立的原则。也许它有可能会接受某些与我们的机构无关的宗教性团体，但这样的话，它会失去其他所有以我们的精神运作的团体。国际儿童团体联合会必须拒绝玩弄政治。它是作为教育组织诞生的，它须得坚持如此。

虽然科迪尼奥拉表现得很愤慨，但保存在他档案中的信件表明，他甚至在分裂发生之前就已经完全意识到了这种分裂的意图。1949 年 12 月 6 日，他收到了埃莱娜·德勒埃的一封长信。埃莱娜·德勒埃是"桑德罗·卡尼奥拉校村"（Villaggio-Scuola Sandro Cagnola）的第一任负责人，该儿童团体于 1948 年成立于米兰附近的瓦雷泽湖畔拉沙。埃莱娜·德勒埃非常清楚地告知他，位于意大利圣心天主教大学罗马校区（Università cattolica del Sacro Cuore de Rome）的意大利国家研究委员会国家心理学研究所（Istituto nazionale di psicologia del Consiglio nazionale delle ricerche）把一些"儿童村"（villaggi dei ragazzi）领导人聚集在一起召开了一次会议。尽管埃莱娜·德勒埃用了"villaggi dei ragazzi"这个名称，而在意大利，一般被如此称呼的儿童团体通常带有天主教的含义，但埃莱娜·德勒埃管理的团体实际上本身是相当世俗、社会主义倾向的，因此更接近抵抗运动中出现的"寄宿学校"（convitti-scuola）的概念。埃莱娜·德勒埃告诉科迪尼奥拉，在罗马召开的这次"儿童村"领导人会议对她来说是件好事，尽管这也给儿童团体带来一些混乱。在她看来，科迪尼奥拉的做法是明智的，能避免"窒息于告解的浪潮"。她担心科迪尼奥拉有没受到邀请的顾虑，她专门告诉科迪尼奥拉，他可以和她一起参加，因为自己可以带随行者。她认为有必要努力捍卫"心理教育"路线，而且应该尽可能把"积极教育与社会教育结合"。这个定位对她来说是重中之重。她很好奇，受邀参会的"儿童村"负责人中，有多少人真正关心这个教育理念问题？那些人中的大多数只是满足于为孩子们提供一些善意的援助。

12月12日，由于未能说服科迪尼奥拉来到现场，德勒埃向他详细说明了会议情况，列出了派出代表参会并加入新的意大利"儿童村"协会（Federazione italiana dei villaggi dei ragazzi）的18个团体，它们绝大多数确实是天主教性质的。次月，为了更明确，她将1950年1月29日给罗伯特·普雷奥（当时他仍担任国际儿童团体联合会主席）的信件副本寄给了科迪尼奥拉。她在信中提出警示，"意大利当前存在分歧，而不幸的是，这些分歧过于强烈地反映了一些人把这项事业当成'告解'（可能是宗教或政治上的）或个人野心的表达，甚至超过了为儿童服务的真正愿望"。在这封信中，她犀利地谴责道，出席此次罗马会议的"许多团体教育基础不稳、半吊子作风"：

　　　　事实上，"村"（village）这个名字对他们来说似乎是一个时髦的标签，他们的团体并没有什么真正新鲜的东西（只有流于表面的"自治政府"，穿制服的孩子，成年人任命"小市长"来拯救宣传工作，等等）。

　　作为一名精神病学家，她向科迪尼奥拉提出质疑：在这种大环境下，难以进行任何科学讨论，更别说"大多数人完全忽视"的"图表分析"或"测试"实践了。最后，她提到，"一些教会团体蓄意破坏由科迪尼奥拉主持的意大利全国儿童团体协会的阴谋"。她认为里沃尔塔是这一异端的主导者，据说他质疑意大利全国儿童团体协会的存在及其与国际儿童团体联合会的从属关系。

　　里沃尔塔保存的档案可以帮助我们更好地理解这些意识形态冲突，以及儿童团体教育理念上的分歧。

　　他们代表的两种模式是对立的。一种是"村"，在这种模式下，它们永久接收儿童，以集体寄宿学校形式全面照料孩子，寄宿学校取代了孩子们的家庭和社会环境。当时在意大利，这个模式本来也试图成为一个"基督教复兴团体"，正如里沃尔塔在1950年4月17日的一封信中明确告诉联合国教科文组织教育部门干事的那样。另一种模式则是"学城"或新教育寄宿学校，这种组织保留学校功能、尤其是新教育方法，与此同时，其首要希冀的是改革教育，而且他们注重实践经验的长期性——认为这构成了教育改革运动的连续性，就像科迪尼奥拉在1950年9月18日写给里沃尔塔的信中所写的那样：

　　　　"长期性"是进入意大利全国儿童团体协会的必要条件。夏令营就不能算在内。但更重要的是特罗根作出的定义：在现代教学和教育方法的指导下，儿童和青少年积极参与团体生活，以各种方式将家庭生活与集体生活相结合。仅靠贴上"儿童村"的标签来整合意大利全国儿童团体协会和国际儿童团体联合会是不够的。您必须证明您确实有效参与了启发特罗根宣言的现代教育精神。

这种模式应该是世俗的、非政治的，但与里沃尔塔关系密切的人认为，这种过于中立的模式无法"传播基督教的精神"。

在 1950 年和 1951 年，科迪尼奥拉和里沃尔塔进行了多次谈判，以求得折中或至少和平共处。不得不承认，他们的情况正陷入僵局。1950 年底，科迪尼奥拉向国际儿童团体联合会提交了一份简报。他以不抱幻想的态度表示"对方没有真诚合作的可能性"，而里沃尔塔则在 2 月 27 日和 28 日在罗马举行了天主教儿童团体国际专家会议，组织被命名为 RICER，在会议期间，他谴责"中立势力越来越多了"，并认为现在"天主教的典型性还不够"。然后，他建议每个国家都以当地教会当局认为最合适的形式建立一个全国性的天主教儿童团体协会，并且他建议在"国际天主教协调联合国教科文组织事务委员会"内再设立一个委员会，成员由儿童团体专家和负责人组成，以协调天主教徒在这一领域的国际活动。

在接下来的几年里，科迪尼奥拉似乎变得灰心丧气，虽然他仍然是国际儿童团体联合会唯一公认的意大利国家代表。1955 年 1 月 13 日，他写信给新任主席勒内·德库曼说，"意大利的儿童团体式微了。有些已经解散，有些则落入那些国际儿童团体联合会并不喜欢的人手中，另一些现在由不参与我们活动的神职人员运营"。

在 1956 年 3 月 27 日的信中，他最终辞去了意大利全国儿童团体协会负责人一职：

> 我已经向您描述了国际儿童团体联合会意大利分部需要克服的困难。一些团体已经自行解散，或被当局解散。那些天主教团体不想与国际儿童团体联合会合作。那些幸存下来的儿童团体，比如"学城""意瑞童年花园"等，难以形成一个有效运作的集体。我本可以求助于我很多从事教育相关工作的朋友和同事们，但他们中的很多人对国际儿童团体联合会在我国一众教育机构中发挥的特殊作用持怀疑态度。在这种情况下，我的活动只好局限在我的"学城"内，这项任务本身就很繁重了。当然，我将仍是国际儿童团体联合会的一员，但继续留在国际儿童团体联合会管理委员会中就不合适了。

瑞士：失去国际中心的地位

瑞士的全国儿童团体协会直到 1950 年底才成立，与此同时，英国、比利时和德国的协会正在筹建。瑞士是国际儿童团体运动的摇篮，孕育了著名的特罗根"裴斯泰洛齐儿童村"——它是众多儿童团体模仿的原型，这里也是开展许多国际合作运动和儿童之家国际辅导员课程的地方，但瑞士的协会却建立得这么晚，这更令人讶异了。

然而，尽管"裴斯泰洛齐儿童村"明明曾经是作为国际儿童团体联合会儿童团体的模范出现的，但奇怪的是，它后来逐渐被自己孕育的国际儿童团体运动边缘化了。1948 年 7 月，也就是国际儿童团体联合会成立时，总部就出于象征意义设立在它诞生的地方——特罗根。在等待正式任命之前，秘书职位最初也由"裴斯泰洛齐儿童村"的创始人玛丽·迈尔霍费尔代理；财务主管的职位最初则是由伊丽莎白·罗滕担任。然而，从国际儿童团体联合会于 1948 年 9 月 4 日举行的第二次会议开始，管理委员会就不在特罗根开会了，而是选择了位于巴黎的联合国教科文组织总部大厦。

在 1949 年 1 月 20 日的会议上，国际儿童团体联合会第一任主席罗伯特·普雷奥明确表示，有必要"重新确定"本组织的工作重点，他直言，"在特罗根的高山上设立的秘书处只能单单发挥行政作用"，而真正的"筹款动作必须在巴黎进行、在联合国教科文组织的框架内进行，以正式签订合同的方式完成"。在 1949 年 6 月 20 日的会议上，国际儿童团体联合会的成员们认为这个决定似乎有其必要性，正如亨利·朱利安所说，国际儿童团体联合会的大多数成员"每年都至少会经过一次巴黎，而去特罗根还得专程前往"。这些出于实际的考量却让"裴斯泰洛齐儿童村"的领导人不太满意，玛丽·迈尔霍费尔在写给罗伯特·普雷奥的一封信中尖锐地指出，国际儿童团体联合会章程已经规定了总部的位置，组织章程是在特罗根市政府正式签署的，而且当场就开设了一个支票账户。此外，印有地址的信笺也已印制好了，已经随第一批通知广为散发。最后，她重申，最初选择特罗根作为总部所在是基于"'裴斯泰洛齐儿童村'在国际工作中的经验及其精神闪耀的光芒"。次年 2 月 22 日会议的最后一刻，罗滕空降成为秘书长，替任她财务主管一职的科尔蒂最终辞职，理由是"主席的直接同事须得在主席身边才好"。然而，国际儿童团体联合会仍然决定象征性地保留特罗根的地位（法律意义上的总部），而巴黎则是国际儿童团体联合会行政意义上的总部所在地，实际上两者有些功能是"重叠"的。罗滕在2月23日写给杰维茨基和普雷奥的一封信中提到，"秘书处名义上在特罗根，但实际上，主席和领导人在巴黎进行直接、有力的领导"。也就是说，"事业的核心在巴黎""特罗根只是作为一个地址出现在信纸上而已"。就个人而言，她认为"这种自欺欺人的解决方案不可接受"，并希望将秘书处完全迁至巴黎，避免形势混乱。

另一方面，国际儿童团体联合会似乎希望通过在特罗根建造一个和母体组织同名的象征性场所来保持一种联系，该场所就是"特罗根联合国教科文组织中心"（Centre Unesco à Trogen）。这座建筑是由"裴斯泰洛齐儿童村"中心的一座旧农舍改建而成，成为儿童团体的集会场所，甚至计划成为手工重建小组的国际专业发展中心。这些小组计划由17—19岁的年轻人组成，他们来自各个国家的儿童团体，因此也都在在此期间迅速发展的各国际青年工作营协会（associations internationales de chantier de jeunes）的行列之内。这个新的"团体之家"（mansion commune）也可以成为管理者培训中心，为不同身份的战后年轻人提供培训，如学生、教师、夏令营负责人等。它也可以用于召开大会，尤其是国际儿童团体联合会为那些负责照顾儿童、青少年的成年人组织的会议。

该项目得到了联合国教科文组织的青睐，在杰维茨基于1949年1月组织了一次访问之后，国际扶轮社（Rotary Club International）和联合国教科文组织加拿大重建委员会决定拨款2.5

万美元，并提供设备援助。在 6 月 20 日管理委员会会议期间宣读的一封信中，贝纳德·杰维茨基宣布，联合国教科文组织非常高兴地看到，这座新房子将成为"来自不同国家、不同儿童团体的孩子们的集会场所"，同时也是"国际层面上教育工作者们的集会场所"。罗伯特·普雷奥随后提议，这座建筑一年的使用权可以一分为二：6 个月的时间属于儿童，来自各个团体的儿童都可以在这里接受专业的训练；另外 6 个月的的时间则属于教育工作者，他们可以在这里学习国际性的宣传手段。

在 1949 年底国际儿童团体联合会第二次大会期间，人们观看了"特罗根联合国教科文组织中心"的介绍：它拥有一间可容纳 200 人的会议室，也有剧院、电影院或音乐会大厅的功能；还配备了为课程和会议参与者准备的游乐厅、带阅览室的图书馆、宿舍和可容纳 50—60 人的餐厅、办公室以及供教育工作者组织专业研讨会用的工作坊。合同规定了这个"国际住宅"的使用时间分配，学年期间"儿童村"内的孩子们优先使用；在 12 周的暑假、复活节和圣诞节期间，则由联合国教科文组织和国际儿童团体联合会使用。此外，该建筑物里的两间办公室也将永久提供给联合国教科文组织和国际儿童团体联合会。

正是在这种背景下，国际儿童团体联合会最终考虑成立瑞士分部，同年，瑞士获得了联合国教科文组织成员资格、成立了瑞士全国儿童团体协会，这方便了工作的开展，更好地联络总部位于巴黎的国际组织、联邦委员会以及活跃在瑞士教育、科学和文化领域的团体。

1950 年 2 月 13 日，协会召开会议。参加会议的有伊丽莎白·罗滕、沃尔特·科尔蒂和"裴斯泰洛齐儿童村"的创始人玛丽·迈尔霍费尔、担任联合国教科文组织国际儿童团体联合会报告员的鲁道夫·奥尔贾蒂、瑞士各州教师协会主席汉斯·埃格（Hans Egg）、联合国教科文组织瑞士委员会教育部门负责人伊达·索马奇（Ida Somazzi）博士、日内瓦国际辅导员课程负责人居伊·里塞尔。他们的主要任务是发展与瑞士儿童团体的联系，激发各机构对国际儿童团体联合会的兴趣，并在其他儿童团体中传播其国际精神。

在瑞士全国儿童团体协会成立前夕，伊丽莎白·罗滕与阿道夫·费里埃之间的通信突显了几个问题。首先是挑选哪些人员和儿童团体进入协会。在瑞士，有 3 个在运营中的儿童团体：位于特罗根的"裴斯泰洛齐儿童村"，保罗·吉布的"人文学院"，以及"我们的家"。然而，最初只有"裴斯泰洛齐儿童村"入选了。瑞士全国儿童团体协会成立的议定书中写道："由于在瑞士只有一个符合国际儿童团体联合会定义的儿童团体，即特罗根的'裴斯泰洛齐儿童村'，协会委员会将以最简单的形式组建。"

阿道夫·费里埃非常愤怒，一方面是因为瑞士全国儿童团体协会没有联系他，另一方面是得知"我们的家"和"人文学院"都没有被选中。罗滕试图平息费里埃的怒火，并向他保证，在确定具体任务后人们会想到他和吉布的。她邀请费里埃加入委员会，但不是以"我们的家"的创始人的身份，而是出于对国际儿童团体联合会的关心。她向费里埃解释说，是"德语语境下的糟糕表达"造成了大家对"儿童村"的解释出现混乱。从字面翻译上看，这类组织既然被叫做"儿童村"（Kinderdorf），那么无论是"人文学院"还是"我们的家"儿童之家都确实并不属于这一类别，尽管它们事实上也是儿童团体！

信件中也提及了一件旧事，即没有邀请费里埃参加 1948 年 7 月特罗根的会议。罗滕在 2 月 22 日的一封信中仍然努力解释这件事："没有收到联合国教科文组织的邀请，无疑令你非常遗憾，但这肯定不是出于恶意，而是这个尚且年轻的组织还缺乏远见。"总之，她坚持想说服费里埃加入国际儿童团体联合会瑞士全国儿童团体协会，为此她甚至愿意把自己的位置让给他。

这些解释和邀请没能平息费里埃的怒火，他在新教育联谊会瑞士分部第 7 号公报中发表了一篇文章，其中的言论无疑是火上浇油，保罗·吉布如果看了这篇文章，肯定也会感到很气愤。费里埃在文章中倾诉了他遭遇的"遗忘"，甚至是"主动的割离"。罗滕在 2 月 23 日的信中批驳了他的说法，她认为他的态度是"个人主义式内斗"和"不友好的"的表现，瑞士分部滋生的这种情绪是她在新教育联谊会工作 30 年中从没见过的。

但在国际儿童团体联合会中，情况也发生了变化。"相互不信任"和"个人威望"的悄然滋生蚕食着国际友谊精神。罗滕与普雷奥争执不下，一度动了辞职的念头。她在 3 月 2 日写给费里埃的信里说，自己"不想再和这个组织有任何关系"，甚至"不再想提到关于这个组织的事了"。尽管费里埃在 2 月 26 日写信给他的朋友们时，表示他对"裴斯泰洛齐精神在瑞士和全世界的胜利"充满热情，但这场纷争仍然贯穿了整个三月。然而，在解释问题时，罗滕并不吝啬笔墨，她继续写信向费里埃解释说，新成立的瑞士协会的任务是确保认证体现国际儿童团体联合会精神的儿童团体，以及为了从国家层面对瑞士的教育和新教育产生影响，以宣传为目的通报儿童团体的情况。3 月 28 日，罗滕给费里埃的又一封信中，谈到了他们之间的和解，同时谈到了儿童团体的定义问题，将理想和现实明确区分开来：国际儿童团体联合会意义上的儿童团体精神是"我们的家"所共享的一种理想，但"我们的家"显然不符合超国家儿童团体（村）的现实。

费里埃因此加入了瑞士全国儿童团体协会，希望能够在充分了解事实的情况下为儿童团体服务。他想要的是在新教育联谊会和国际儿童团体联合会之间建立"精神上的而非行政性的联系"。他想，为什么不在他们之间建立一个伞式组织呢？他认为，瑞士儿童团体的选择可以采用新式学校的标准，即他在 1921 年创建新教育联谊会时列出的著名的"三十点"；在这之上，还要再加上"国际精神"。罗滕再次强调：瑞士全国儿童团体协会是作为国际儿童团体联合会的宣传代理人而存在，而不是为了传播新教育思想（尽管这可能是其影响之一）。

在 3 月 28 日伊丽莎白·罗滕寄给费里埃的信中（这会是最后一封吗？），她试图结束误解，因为愤怒的情绪已经平息。信中，她又重述了一遍过去的这些故事，国际儿童团体联合会为内部如此多的分歧所困扰，自己对此感到失望。此时她必须要将自己从这些"让她喘不过气来"的工作（比如给费里埃写信）这种事情中解放出来、重新投入自己有趣的文学创作中了。4 月初，伊丽莎白·罗滕前往德国，她与费里埃的通信也就此告一段落。

同年 9 月，两人在里昂举行的第二届国际儿童团体联合会大会上碰面了，费里埃报告了瑞士儿童团体的有关情况以示安抚。他提到，在他的国家，确实只有 3 个为"受难儿童"服务的团体可以加入国际儿童团体联合会。虽然有大量的私立机构、寄宿学校和新式学校，但它们要么"首先以治疗为目标"，要么只是"中产阶级付钱和准备国家考试"的学校而已。根据他的说法，要成为国际儿童团体联合会的一员，仅仅使用新教育方法是不够的，还要持续投身于战争受难儿童或被遗弃儿童的救济工作中。他特别强调了"裴斯泰洛齐儿童村"，自8月27日以来，它已成为完全满足这些要求的机构，并被称为"瑞士人民的集体行动"。"我们的家"和"人文学院"也因其在战争期间的贡献而被国际儿童团体联合会接纳，尽管费里埃提到，这两个组织的"国际化程度"目前仍然有限。因此，国际儿童团体联合会的瑞士全国儿童团体协会甚至在获得行政批准之前，就已经开始运作了。

矛盾的是，瑞士全国儿童团体协会的章程和成员之间达成的协议没能为瑞士儿童团体的发展提供新动力。在瑞士，没有其他儿童机构得到瑞士全国儿童团体协会的点名或认可，它们也没有出现在国际儿童团体联合会的名单中，就好像特罗根的"裴斯泰洛齐儿童村"扼杀了其他儿童机构一样。而且，从次年开始，"裴斯泰洛齐儿童村"与国际儿童团体联合会的关系恶化，矛盾的焦点是"特罗根联合国教科文组织中心"。

1951年底，当这座根据赞助资金来源有时被称为"加拿大之家"的建筑建造和装修即将完工时，国际儿童团体联合会主席勒内·德库曼担心他们没有尊重有关场所分配的三方协议（"裴斯泰洛齐儿童村"、国际儿童团体联合会、联合国教科文组织）。"裴斯泰洛齐儿童村"的负责人亚瑟·比尔对此反驳说，真正的问题在于现阶段还没有要实地开展的项目计划。如果联合国教科文组织和国际儿童团体联合会在 1952 年夏季都没有什么打算的话，他就计划将这所房子用于特别课程。

然而，1952 年 1 月下旬，亚瑟·比尔选择了妥协，他向国际儿童团体联合会发出邀请，邀请他们出席 3 月 9 日"特罗根联合国教科文组织中心"的正式落成典礼。他说，鉴于"儿童村"与联合国教科文组织之间现有的合同，国际儿童团体联合会可以优先使用这栋房子。随后的 3 月 10 日，国际儿童团体联合会管理委员会就在此召开了会议。这将是国际儿童团体联合会管理委员会自 1948 年 7 月第一次会议以来唯一一次、也是最后一次返回特罗根。尽管确实有相当数量的委员会成员来到阿彭策尔州参加盛大的落成典礼，但是委员会会议的气氛远非预期的那样放松，局势反而更为紧张。法国全国儿童团体协会的代表费尔南·科尔泰挑起事端：他在开幕式上宣布，他的协会今后将充当联合秘书处来承担行政职能，并且国际儿童团体联合会办公室可以设在其总部，地址是香榭丽舍大道 49 号。

亚瑟·比尔的回击则是，百代电影公司（Pathé）已经联系联合国教科文组织制作一部关于儿童团体的电影，并且拍摄地点将在特罗根。同时他指出，国际儿童团体联合会在这个问题上没有发言权。

德库曼最终宣读了这份仅明确涉及"裴斯泰洛齐儿童村"和联合国教科文组织的合同（没有明确提及国际儿童团体联合会），终结了特罗根这所新的公共建筑的使用权问题。他痛苦地得出结论，"国际儿童团体联合会没有这座建筑的产权"，只有在联合国教科文组织的要求下，国际儿童团体联合会才能有望每年在几个星期里使用它，"这样一来，所有施工期间开展过的讨论都毫无意义"。后续，他又非常尴尬地打电话给亚瑟·比尔，要求返还国际儿童团体联合会在施工前就已经承付的相关款项。

事实上，国际儿童团体联合会组织的所有活动议程都表明，国际儿童团体联合会到特罗根的次数很少，在特罗根之外的其他瑞士地区的活动足迹更是几乎没有。国际儿童团体联合会初期会议在除瑞士外的欧洲各国轮流举行：1949 年在比利时沙勒罗瓦，1950 年在法国里昂，1951 年在意大利佛罗伦萨，1952 年回到法国，不过这次的城市是斯特拉斯堡；1953 年没有会议；1954 年在法国的布卢里（Boulouris）；1955 年在比利时库尔塞勒（Courcelles），1957 年在英国布赖顿（Brighton），1958 年在耶路撒冷。3 次国际儿童夏令营则分别在法国、卢森堡和德国举办。大多数为教育工作者开设的国际课程，以及国际儿童团体联合会计划与联合国教科文组织联合举办的其他所有国际会议也没有在特罗根举办。

1957 年 1 月 28 日，在国际儿童团体联合会管理委员会的一次会议上，勒内·德库曼宣布，他收到了瑞士国家议员恩斯特·博林（Ernst Börlin）的来信。博林自 1950 年以来一直担任特罗根"裴斯泰洛齐儿童村基金会"的主席，他当时也是联合国教科文组织瑞士代表团团长。他批评国际儿童团体联合会没有完全尊重其建立时所依据的精神，也就是"裴斯泰洛齐儿童村"的精神。他因此认为，"我们的关系不再像母女一样，而是像同一个母亲的不同女儿那样"，这意味着竞争，甚至嫉妒。他要求"联合国教科文组织直接承认（'裴斯泰洛齐儿童村'）为一个特殊的、区别于国际儿童团体联合会的机构，将裴斯泰洛齐式的'儿童村'联系起来，而且无论如何不再依赖于国际儿童团体联合会"。在阅读这封信后的讨论中，有人说，国际儿童团体联合会的成立不是为了捍卫和传播"裴斯泰洛齐儿童村"的精神，而是为了保护和传播儿童团体的精神。

　　作为秘书长，费尔南·科尔泰说，"就连设想两个平行的联盟存在也是不可接受的"。他不明白为什么"裴斯泰洛齐儿童村"在国际儿童团体联合会内会感到不自在，因为国际儿童团体联合会是"民主的，在适用团体相关原则时不会强行规定任何特定的实体形式"。最后，他说，大家会惊讶地发现，除了"裴斯泰洛齐儿童村"之外，瑞士分部几乎没有其他儿童团体的代表！如果"裴斯泰洛齐儿童村"想自立门户，那么这可能会让人们认为"'儿童村'模式和儿童团体模式的儿童团体不愿意聚在一起，无论是哪方的问题"，他补充说，这完全和国际儿童团体联合会的想法背道而驰。

　　因此，要在瑞士全国儿童团体内强化的是国际儿童团体联合会的精神，而不是仅仅只关注国际村[①]的精神。在各国内部的争论中，国际主义梦想似乎正在退潮，而这些争论的双方有时甚至处于对立的极端（法国的世俗主义与意大利的天主教徒）。似乎当地的权力和需求总是优先于国际和谐的需要。国际儿童团体联合会瑞士全国儿童团体协会的成立引起了围绕"儿童团体"定义的冲突，这可以算是轶事，但它更深刻地揭示了组织中缺乏团结的问题。大家被不同的目标撕裂，被不同的政治策略所扰乱。1962—1974年担任法国全国儿童团体协会负责人的勒内·马厄（René Maheu）总结梳理了这种情况。他在给联合国教科文组织法国委员会的一份通信中称

---

　　① 指"裴斯泰洛齐儿童村"。——编者注

这些国家委员会"是教科文组织的觉悟，也是各国的良知"。事实上，在法国全国儿童团体协会主导着国际儿童团体联合会时，瑞士全国儿童团体协会与国际儿童团体联合会愈加疏远了，而意大利全国儿童团体协会则正在消亡。然而，当时，正处在（在苏联或美国的影响下）将世界分割开来的冷战意识形态中，忠于"国际理解"精神的人是相当稀少的。各国的退缩显然不仅是建立国家层面委员会的结果，事实上，这种后退是意识形态和地方主义的一部分，旨在捍卫他们的机构和（或）思想。

BULLETIN DE LA FÉDÉRATION INTERNATIONALE DES COMMUNAUTÉS D'ENFANTS

GC 35
Education
FICE

Couverture réalisée et tirée par:
La République d'Enfants
de MOULIN-VIEUX Lavaldens (Isère)
FRANCE

Numéro 1

F.I.C.E.

10.1 日内瓦 IJJR 档案，费里埃基金会：第一期《国际儿童团体联合会公报》（*Bulletin de la FICE*）的封面，日内瓦，1951 年。

第十一章

冷战中被扣为人质的儿童

　　随着战争结束，重建也意味着要遣返战争期间被迫流离失所和安置在国外的儿童。冷战撕裂了世界，在这种背景下，这一新的人道主义政策问题亟待解决。每个国家都要依赖必要的力量协助流落在国外的孤儿或难民儿童，儿童既是国家的未来，也将是意识形态合法化的源泉。1949 年 12 月，一些波兰儿童被送到特罗根的"裴斯泰洛齐儿童村"，但随后又被瑞士政府遣返。这件事充分展示了儿童是如何被卷入东西方对立的紧张局势的。希腊儿童撤离的情况也是如此。他们在希腊内战期间被共产主义战士带领撤离，但也有些人认为他们是被"强行"带到邻国，希腊政府强烈要求遣返这些孩子。甚至在国际儿童团体联合会内部也出现了政治紧张的局势，在这种情况下，政治方面的考量甚至优先于人道主义和教育方面的考量。是救援还是绑架？选择反共政策还是空椅政治？大家的观点经常相左，无法达成任何一致意见。

主要人物

安东尼·戈瓦斯（Antoni Gołaś，1910—1994）：波兰人，培训教师。曾被军事拘禁在法国的波兰军队中，1940 年（法国）投降后，又在瑞士待了 5 年，并开始在苏黎世跟随汉泽尔曼教授学习治疗教育。在瑞士国家孤儿院"恩特李斯堡"（Entlisberg）实习后，他在"裴斯泰洛齐儿童村"身肩孩子们的"一家之主"（père de famille）角色。

加斯东·雅卡尔（Gaston Jaccard，1894—1991）：瑞士人，1919—1934 年在伯尔尼的外交部工作。他曾供职于多地驻外使馆，担任过各种职务，于 1948—1953 年成为瑞士驻贝尔格莱德、伦敦、布宜诺斯艾利斯、蒙特利尔、墨西哥城和华沙的大使。

德梅特尔·卡拉尼卡斯（Demeter Karanikas，生卒日期不详）：希腊人，塞萨洛尼基大学（Université Aristote de Thessalonique）犯罪学教授。

费利克斯·科尔尼谢夫斯基（Féliks Korniszewski，1905—1986）：波兰人，曾在华沙的波兰科学院（Polish Academy of Sciences）教育研究所任科学文献小组负责人，之后在托伦哥白尼大学（Uniwersytet Mikołaja Kopernika w Toruniu）教育学研究所工作。作为波兰国家教育部的代表，他从 20 世纪 30 年代开始在日内瓦的国际教育局、基督教青年会和"裴斯泰洛齐儿童村"担任"联络人"。

E. 马克里斯（E. Makris，生卒日期不详）：希腊人，罗得岛其中一座"儿童城"的负责人。

阿尔弗雷德·策恩德（Alfred Zehnder，1900—1983）：瑞士人，出生在莫斯科附近，新教徒。大学学习政治经济学和法学，曾在一家私营企业工作，25 岁时在多国（保加利亚、土耳其、柏林、美国）担任干事和政治顾问。1946—1954 年，他曾任瑞士联邦政治部政治事务局局长，后任瑞士联邦政治部秘书长，后陆续任瑞士驻苏联、加拿大和美国大使。

　　1948 年 7 月，在特罗根"儿童村"负责人会议的第五天，罗曼·赫拉巴尔博士发表了一篇题为《德国占领下波兰儿童的状况》的演讲。他回顾了 1939 年 11 月 25 日希姆莱（Himmler）[1]关于占领地人员德国化的协议，该协议除了造成人员和财产的损失之外，还让儿童受教育权利遭到破坏。赫拉巴尔强调了那些被认为"不适合德国化"的人的困境，称他们生活在"被驱逐、搜查和逮捕的恐怖中"。至于"具有种族价值者"，赫拉巴尔则提到，"20 万名波兰儿童被驱逐到德国，或是被关押在德国，以实现对儿童的德国

－－－－－－－－－－

　　[1]　指海因里希·希姆莱，历任纳粹德国党卫队首领，盖世太保总管等。——编者注

化"。① 在 1945 年 11 月开始的纽伦堡审判② 期间，这种"绑架儿童"的行为被视为"危害人类罪"③。

波兰儿童在瑞士的安置，通常被称为"医院收容"（hospitalisation），这种实践在战争期间就开始了。红十字国际委员会的档案记录了1941 年以来开展的此类行动。从 1945 年起，接收的波兰儿童人数有所增加。他们要么来自华沙，要么来自德国占领的波兰，或者来自德国。1947 年 6 月 27 日，瑞士波兰人救济协会（Relief Society for Poles）的代表称把这些孩子送到瑞士是一种"真正的救援"，因为孩子们健康状况不佳，感染肺结核的风险很高。根据瑞士红十字会的数据，1946 年，通过瑞士红十字会儿童救助会（SRC-SE）抵达瑞士的儿童达到 31849 名，其中 4045 名来自德国，837 名是居

---

① 二战期间，大约 20 万名波兰裔儿童和数量不详的其他种族儿童被纳粹德国绑架，从事强迫劳动、医学实验，接受德国化。该计划的目的是获取和德国化具有雅利安—北欧特征（如金发、蓝眼睛）的儿童，被绑架的孩子将接受"种族考试"，评估身体比例、眼睛颜色、头发颜色和头骨形状等，这些结果决定了孩子们是被杀害、被送往集中营，或是经历其他后果。——编者注

② 纽伦堡审判是盟军根据国际法和二战后的战争法设立的国际军事法庭（又称纽伦堡国际军事法庭或欧洲国际军事法庭）所举行的一系列军事审判。这些审判中最为引人注目的是对纳粹德国政治、军事、司法和经济领导人员的起诉。他们策划、执行或以其他方式参与了大屠杀和其他战争罪行。由于审判主要在德国纽伦堡市举行，故被称为纽伦堡审判。这些判决标志着古典国际法与现代国际法之间的转折。——编者注

③ 旧译为"违反人道罪"，又译为"反人类罪"。1920 年 8 月 10 日，协约国在签署"对土耳其和约"时首次提出"反人类罪"这一法律概念。但最早确立这一罪行的国际文件则是《欧洲国际军事法庭宪章》（亦称《国际军事法庭宪章》或《纽伦堡国际军事法庭宪章》）。——编者注

住在法国、意大利的波兰儿童。由瑞士红十字会照顾的波兰儿童大多被诊断出患有早期结核病，他们被安置在阿德尔博登。那里因此成为儿童的"度假山庄"、防疫站，也可以算是一个特别的"儿童村"。根据《新苏黎世报》编辑埃德温·阿尔内的说法，到1945年11月，有1031名儿童被安置在那里，此前，那里住的是英国和美国的飞行员。

受益于此类"护送"的孩子们并非都是"红十字会儿童"，也有儿童是由其他组织救助的，例如"瑞士顿"移民儿童委员会（Schweizer Hilfswerk für Emigrantenkinder）。因此，很难在档案中找到所有孩子的资料。

特罗根"裴斯泰洛齐儿童村"中的波兰儿童

1946年11月，瑞士联邦政治部将"裴斯泰洛齐儿童村"于4月在特罗根建成的消息告知各领事馆。在致瑞士驻波兰使馆的一封信中，"裴斯泰洛齐儿童村"协会执行委员会主席奥托·宾德尔介绍了"裴斯泰洛齐儿童村"的章程、房屋平面图、各种宣传页和文本等。

1946年12月20日，瑞士驻波兰全权公使安东—罗伊·甘茨（Anton-Roy Ganz）会见了瑞士联邦政治部政治事务局局长阿尔弗雷德·策恩德，商议组织16名华沙孤儿前往"裴斯泰洛齐儿童村"的事宜。当时在"恩特李斯堡孤儿院"实习的安东尼·戈瓦斯也陪同他们，受瑞士红十字会儿童救助会委托执行这项任务。孩子们途经波兰的卡托维兹（Katowice）、捷克的彼得罗维采（Petrovice）

和布拉格、奥地利的因斯布鲁克（Innsbruck），最终到达瑞士圣加仑州（Sankt Gallen）的布克斯（Buchs）。随后，他们乘坐小火车前往特罗根，然后步行前往"裴斯泰洛齐儿童村"——它坐落在丘陵和草地、落上白雪的树木和阿彭策尔式旧农舍之间。瑞士教育部部长专门发了电报，告知载着孩子们、从卡托维兹前来的火车将会抵达；这趟列车的其他车厢则是装满了运往瑞士的煤炭。

1946 年底，还有 16 名被纳粹政权驱逐到德国的金发波兰儿童来到了"裴斯泰洛齐儿童村"，他们在此之前一直住在德国的集中营或家庭中。他们的来程由沃尔特·科尔蒂和玛丽·迈尔霍费尔陪同。

来自华沙的孩子们在"裴斯泰洛齐儿童村"住在由位于巴塞尔（Bâle）的汽巴制药公司（Ciba S.A.）赞助的名为"玛丽·居里"的小屋里。这些孩子由安东尼·戈瓦斯和昵称"海蒂"（Heidi）的黑德维希·罗杜纳（Hedwig Roduner）照顾。这些孩子们在战争中失去了父母，其中一些人还在 1944 年经历了华沙起义①；也有一些孩子亲眼目睹了纳粹处决人质。一篇名为《特罗根的汽巴之家》的文章提道，他们都挨过饿，甚至曾经在街上乞讨和偷窃。

来自德国的那些孩子则被安置在"雏鹰"（Orlęta）小屋，这座小屋得益于苏黎世市的捐赠。"Orlęta"有"小鹰"的意思，指的是在 1918—1919 年的波乌战争②中自发拿起武器保卫城市的孩子

----

① 第二次世界大战中波兰家乡军反抗德国占领军的战役，1944 年 8 月 1 日爆发。波兰地下军投降后，希特勒命令德军将华沙夷为平地。直到 1945 年 1 月 17 日苏军才进入华沙。——编者注

② 1918 年到 1919 年波兰第二共和国和西乌克兰人民共和国之间为控制东加利西亚而发生的一次冲突。——编者注

们。这个小屋将由阿达莫夫斯基（Adamowski）、玛格丽特·勃兰特（Margrit Brandt）和海伦·维日比茨卡（Helen Wierzbicka）老师负责。海伦·维日比茨卡曾是被拘押的波兰平民，当时她在住着法国儿童的"蝉"小屋工作。在 1950 年 1 月 21 日的一封信中，维日比茨卡回顾了他们初期的艰难：那时房子还没有完工；老师们彼此不认识，也没有足够的人手来照顾这 16 个孩子；虽然找了实习生（第一年陆续共有 26 名），但这些实习生只待了很短的一段时间；而且，孩子们的德语比波兰语好，这给教学带来了不便。她写道，直到 1947 年 6 月，"波兰政府根本不关心采用什么教学方法"。但无论情况多恶劣，他们的工作都必须开展。很快，维日比茨卡肩负起这座小屋的孩子们的"母亲"一角（接替不会说波兰语的玛格丽特·勃兰特），这对她来说是一项额外的工作，导致她在 1947 年 4 月患上神经衰弱。

1947 年 8 月 6 日的波兰《晚间快报》（*Express wieczorny*）将两页版面留给了"裴斯泰洛齐儿童村"。这篇未署名的文章介绍了这个"小孩共和国"，并提到，波兰孤儿居住在由波兰"养父母兼教师"守护的两所小屋中。文章还说道，孩子们在那里学习波兰语、用波兰语唱歌，并用他们的祖国波兰特色的图案装饰房间。因此，这些波兰孩子在与其他国家的孩子们互相了解、发展友谊的同时，也并没有失去他们的"民族意识"。这就是"裴斯泰洛齐儿童村"的哲学。

1948 年初，"雏鹰"小屋的负责人阿达莫夫斯基为 8 名波兰儿童找到了养父母，他们随后返回了自己的国家。6 月，阿达莫夫斯基开始休假。在波兰政府派来的卢德维卡·巴尔什切夫斯卡

（Ludwika Barszczewska）到来之前，海伦·维日比茨卡独自照顾、教导小屋里的孩子们。正如维日比茨卡在 1950 年 1 月 21 日的信中写的，她觉得自己变成了一个"任劳任怨的帮手"，也承认自己和巴尔什切夫斯卡两人"几乎在所有领域都持有不同的观点"。10 月 21 日，"雏鹰"小屋剩下的 7 名儿童也被遣返，他们也找到了养父母。这项工作是巴尔什切夫斯卡领导完成的。

1948 年底，波兰教育部代表费利克斯·科尔尼谢夫斯基访问了"裴斯泰洛齐儿童村"。他表示巴尔什切夫斯卡会作为波兰教育部的代表，协助戈瓦斯和维日比茨卡开展工作。他还写了一封信给亚瑟·比尔（"裴斯泰洛齐儿童村"负责人）和安东尼·戈瓦斯，信中提醒他们记得波兰教师对祖国的责任。1948 年 12 月的一次会议结束时，韦策尔、比尔和科尔尼谢夫斯基签署了承诺书：

> 签署人在此证明，在 1948 年 12 月 7 日的一次会谈中，村管理人员通知"裴斯泰洛齐儿童村"的波兰教师，根据"裴斯泰洛齐儿童村"协会工作委员会主席科尔尼谢夫斯基先生（作为波兰当局与"裴斯泰洛齐儿童村"之间的联络人）和韦策尔先生的之前一次会谈达成的协定，巴尔什切夫斯卡女士在"裴斯泰洛齐儿童村"工作，她将负责"儿童村"内两座波兰小屋的教育工作，对波兰当局负责。

但卢德维卡·巴尔什切夫斯卡似乎还扮演着另一个角色。

11.1 特罗根"裴斯泰洛齐儿童村"私人档案: 1947 年 1 月《周报》
(*Wochenblätter*)上关于"金发波兰儿童"的"雏鹰"小屋的剪报,
图注写道: "这座小屋的'父亲'阿达莫夫斯基本身就是波兰人,
也是这座小屋的建设者。图中,他正站在餐桌旁分发食物。但光有
食物还不够: 孩子们还需要娱乐。"

度假陷阱

在 1949 年 2 月 18 日的一封标注着"严格保密"的信中，戈瓦斯对亚瑟·比尔说明了巴尔什切夫斯卡的意图。他说，巴尔什切夫斯卡的任务是在 3 个月内"清空"波兰小屋。然而，这并没有那么容易实现，她决定告诉孩子们说他们要去波兰度假，以取得孩子们的同意再离开。度假显然是一个借口：一旦他们离开，就永远不会回到瑞士了。对于这一点，戈瓦斯是肯定的。巴尔什切夫斯卡本人也默认了这一点。此外，戈瓦斯还告诉比尔，巴尔什切夫斯卡对整个瑞士儿童教育的看法（不止是在"裴斯泰洛齐儿童村"内部）和他们不同。她认为，瑞士的儿童教育向孩子们灌输着"错误的资本主义世界观"，特罗根尤其如此，向波兰儿童灌输某种理想主义，而不是马克思主义哲学。戈瓦斯警告亚瑟·比尔，要提防巴尔什切夫斯卡的虚伪言论，因为她是执政党波兰统一工人党[①]的坚定成员。戈瓦斯还提到一些巴尔什切夫斯卡本人绝对会否认的波兰情况，比如经济困难、工资低和食品价格高企，还有对曾抵抗纳粹德国和苏联占领的前地下军队波兰家乡军[②]掀起的逮捕热潮，家乡军当时仍有一定的影响力，而且有许多被送到

[①] 波兰的一个共产主义政党，1948 年成立，是波兰人民共和国时代的执政党，1989 年下台，1990 年分裂。——编者注

[②] 波兰家乡军（Armia Krajowa）是波兰在第二次世界大战期间纳粹德国占领区和受到苏联控制的寇松线以西地区内的主要抵抗运动。其最著名的军事行动是 1944 年的华沙起义（以失败告终）。1945 年 1 月，苏联红军解放波兰后，波兰家乡军遭解散。——编者注

特罗根的孩子的父母就是波兰家乡军成员。对戈瓦斯来说，他有职责警告比尔，若是将孩子们送回波兰，才是害了他们。作为证据，他附上了一封返回华沙的某个孩子寄回的信，信中写到了波兰的物资短缺和生活成本高昂。

1949 年 5 月 31 日，波兰教育部的邀请函送达"裴斯泰洛齐儿童村"。函件的主要观点是，在儿童村里待了 3 年后，孩子们需要与祖国建立更紧密的联系："孩子们将在最美丽的地方度过这几个星期的假期，全程会有完全合格的教师来负责。"波兰驻伯尔尼公使馆的朱利安·普日博什（Julian Pryzbos）[1] 和"裴斯泰洛齐儿童村"负责人亚瑟·比尔以书信往来，目的是用具有约束力的方式书面保证孩子们后续能返回特罗根，因为海伦·维日比茨卡也已经向比尔告知孩子们可能被武力遣返的风险了。7 月初，通过波兰教育部与"裴斯泰洛齐儿童村"之间的"联络人"科尔尼谢夫斯基，波兰裔的孩子们正式受邀去波兰度假。但有 7 名儿童因生病或学业原因而无法成行，留在了"雏鹰"小屋里。

1949 年 7 月 14 日，大约 20 名波兰儿童与黑德维希·罗杜纳一起离开了"裴斯泰洛齐儿童村"。数天的旅程里，他们穿越了一座座被炸得面目全非的城市。

很快，当巴尔什切夫斯卡本人回到波兰时，众人的怀疑得到了证实：回国度假的孩子实际上是在谨慎地操作下被遣返了。这演变为一场乱局。对"裴斯泰洛齐儿童村"协会委员会来说，这些孩子

---

① 朱利安·普日博什，波兰诗人、散文家和翻译家，克拉科夫先锋派最重要的诗人之一。波兰工人党和后来的波兰统一工人党的成员，1956 年匈牙利革命后离开。1947—1951 年在瑞士作为外交官活动。——编者注

是被软禁在自己的祖国了！

从 1949 年 8 月下旬起，科尔尼谢夫斯基不断与"裴斯泰洛齐儿童村"协会委员会进行密切会谈。尽管签署了协议，但实际情况相去甚远，波兰当局对"度假孩童"返回特罗根施加的条件特别苛刻，甚至不止于解雇两名波兰教师安东尼·戈瓦斯和海伦·维日比茨卡。因为事过境迁，这两位老师将会渐渐改变对波兰的态度，加入"积极移民阵营"。由于他们拒绝返回波兰，波兰政府将其视为"逃兵"和持不同政见者。此外，瑞士联邦政治部在 1949 年 8 月 10 日的信中还列出了他们的"罪行"，向新任瑞士驻波兰特使加斯东·雅卡尔详细告知了情况：

> 他们不仅没有将过期护照延期、拒绝陪孩子们来到几周假期的住处，而且据称他们还试图说服孩子们放弃他们在波兰的度假。此外，两位老师反对使用新的波兰语教材进行教学；相反，他们使用的是由美国出版的教材。

因此，波兰方面要求有两名支持新政权的教师取代他们二人。这是考虑到孩子们可能返回特罗根而提出的严格条件。为了解决这一分歧，也即接受在"裴斯泰洛齐儿童村"按照波兰官方教育计划和波兰文化框架进行教学，8 月 19 日，途经日内瓦的科尔尼谢夫斯基与"裴斯泰洛齐儿童村"协会执行委员会主席维利·劳珀碰面探讨这个问题。他们协商失败。波兰教育部的态度强硬，他们要求由波兰掌控教师的选择和教学内容。第二次会议于 9 月 9 日举行，另外"裴斯泰洛齐儿童村"协会的另外 3 名成员也加入了会议。但这次也没有成功，波兰政府仍然坚持其立场，并希望更换教师。

到了1949年9月，孩子们还留在华沙。特罗根、伯尔尼和华沙之间多次围绕波兰儿童返回瑞士一事书信往来。9月17日，"裴斯泰洛齐儿童村"协会告知瑞士联邦政治部，尽管波兰驻伯尔尼公使馆做出了承诺，但在华沙度假的波兰儿童还是没有回来。9月22日，"裴斯泰洛齐儿童村"协会写信给科尔尼谢夫斯基，重申波兰和瑞士就聚居在特罗根的波兰儿童结下了历史性友谊，而波兰教育部把孩子们放回特罗根是友谊的前提。这封信还指出，在对孩子们的援助和教育上，"裴斯泰洛齐儿童村"对待所有儿童的态度是一视同仁、不偏不倚的。为此，"裴斯泰洛齐儿童村"与东西方的紧张对峙保持距离，在"儿童村"和联合国教科文组织的精神下继续开展工作。相应地，"裴斯泰洛齐儿童村"协会委员会要求，对方不能将东西方之间的对峙带入"儿童村"，换句话说，"儿童村"内任何小屋（聚居的各族裔儿童群体）都不应该向儿童团体的其他团体进行宗教或政治宣传。

与此同时，"裴斯泰洛齐儿童村"同意接受带着波兰学校课程来的新任波兰老师。然而，9月22日这封信的首要目的是让孩子们回到特罗根，其次是派到村里的新老师能来，并能够和原来的老师对话、合作，因为"裴斯泰洛齐儿童村"协会委员会认为解雇这些老师对他们来说非常不公平。戈瓦斯和维日比茨卡都以极大的爱心和奉献精神照顾孩子们，也取得了很大的成功，这不可否认。信上重申，"'裴斯泰洛齐儿童村'是瑞士的跨国和超国家青年机构，和红十字会一样"：

　　它必须保持其独特性和独立性。如果伟大的儿童团体思想要在世界上继续发挥作用，那么我们都必须尝试以中立和非政治的方式共同努力。关于每个民族小屋的情况，不令它们卷入任何政治斗争，以及不寻求从政治上征服孩子们的精神，显然是重要的。这个立场是"儿童村"的孩子们和教育工作者们都要坚持的。

　　9月22日这封信信末表示，希望波兰教育部和"裴斯泰洛齐儿童村"之间可以在未来几个月内，能够达成合理、互信的安排。信里多次强调，信末也不厌其烦地重申，希望在特罗根能再见到孩子们。

　　作为回应，科尔尼谢夫斯基于9月30日写了一封长达9页的信，抄送给伯尔尼的瑞士联邦政治部、波兰公使馆（普日博什），以及"裴斯泰洛齐儿童村"的负责人亚瑟·比尔和"裴斯泰洛齐儿童村"协会主席沃尔特·科尔蒂。波兰教育部代表希望借这封信澄清有关波兰教师的争议点，对双方都公平而论。他承认"裴斯泰洛齐儿童村"的目标值得赞赏，同时也区分了纯粹的物质援助和更偏精神方面的教育援助，即国际理解教育。他也指出，在波兰照顾的数千名儿童中，"裴斯泰洛齐儿童村"的29名波兰儿童只有"象征意义"。但波兰教育部的立场坚定不移：首要的是应在具体事实的基础上讨论两位波兰教师的态度。

人道主义与政治的对峙

10月，瑞士驻波兰特使加斯东·雅卡尔上任，了解了"裴斯泰洛齐儿童村"协会与科尔尼谢夫斯基教授之间会谈的情况。雅卡尔多次致信瑞士联邦政治部政治事务局，试图解决这个问题。在日期为10月1日的一封信中，他描述了情况：尽管我们曾得到保证，但这些孤儿至今仍留在华沙；"裴斯泰洛齐儿童村"协会委员会无法接受波兰政府对孩子们返回特罗根设定的条件，受到指控的两位波兰教育工作者也不愿意再回到波兰，更不用说"裴斯泰洛齐儿童村"协会和孩子们都对他们的工作能力非常满意。他还援引了人道主义的理由：孩子们回到特罗根会有足够充分的生活条件，一些生病的孩子可以得到疗养，另外一些孩子可以完成学业。

但是，波兰方面坚持，波兰儿童不能由这两位老师来照顾，他们重申，这两位老师加入了"积极移民阵营"，并且无法提供适应"波兰计划"的教育。站在"裴斯泰洛齐儿童村"方面的立场来说，防备可能出现的风险是有必要的。尽管如此种种，不管是瑞士联邦政治部，还是"裴斯泰洛齐儿童村"协会委员会，都没有完全失去希望。

此外，科尔尼谢夫斯基在11月2日去信给科尔蒂，提出给两位现任教师为期3个月的考察期，让他们也可以继续工作。他准备与比尔会面，"再次商讨我们这些波兰孩子的问题"。会面于11月12日在苏黎世车站的二等座餐厅进行。正如科尔尼谢夫斯基给科尔蒂的信中提到的，要紧的仍然是波兰教育部8月19日协商中提出的要求，那次协商的目的是"进一步加强长期以来瑞士和波兰人民团结友谊的纽带"。此前这次协商同意这些孩子在"天气变

Elzbieta, youngest inhabitant of the Pestalozzi Children's Village. She lost her parents in the Warsaw Rising and, after much suffering, has found a home in Switzerland.

11.2 特罗根"裴斯泰洛齐儿童村"私人档案：来自华沙的孤儿小女孩埃尔兹别塔（*Elzbieta*），摘自梅·阿施曼（May Aschman）撰写的关于裴斯泰洛齐这个国际儿童村的文章，载于《南非夫人》（*Milady S. Africa*），1949 年 1 月。

得太糟糕而无法长途旅行"之前（也就是冬天到来前）返回特罗根。但在当时，特罗根的这种国际主义教育及其目标受到了质疑，成为首要的问题。对科尔尼谢夫斯基来说，在"裴斯泰洛齐儿童村"不可能以"一刀切"的模式实现国际理解教育，如果想要来自西方和东方的各国儿童团体都能共处在这个村子里，就必须实行多样化的教学方法。瑞士和波兰之间的政治拉锯战破坏了人道主义事业，尤其是破坏了"裴斯泰洛齐儿童村"这种超民族团体的理想。自 1949 年 8 月以来，匈牙利人民共和国[①]也遣返了自 1947 年 6 月以来在该村生活的 16 名孤儿以及他们的"小屋家长"。

等待回归

1950 年 1 月 19 日，"雏鹰"小屋的"母亲"海伦·维日比茨卡在征得"儿童村"管理层的同意后，将照顾留在"雏鹰"小屋的几个孩子的职责移交给了经营"玛丽·居里"小屋的黑德维希·罗杜纳。此时的波兰小屋已经没有几名孩子了，波兰政府对维日比茨卡的信任所剩无几，认为她是个反动派，而维日比茨卡也确信不会再有波兰儿童被送到特罗根了，她宁愿自己的离开是"出于道德问题"，就像她自己写的那样。她的人生似乎正在翻开新的一页，也

---

① 1944 年，纳粹德国占领匈牙利。1945 年 4 月，匈牙利人民在苏联红军帮助下全境解放。1946 年 2 月 1 日宣布废除君主制，成立匈牙利共和国。1949 年通过宪法，改称为匈牙利人民共和国。1949 年 8 月 20 日正式宣布成立匈牙利人民共和国。——编者注

许对"裴斯泰洛齐儿童村"来说也是如此。

1950 年 2 月 4 日，波兰方面在苏黎世与玛丽·迈尔霍费尔会面时，又重申了为孩子们返回特罗根设定的条件，其后，波兰教育部代表在 4 月 4 日写给科尔蒂的信中又提到了这项要求。信里按时间罗列事实，称之为"我们谈话的简要总结"。在这封长达 5 页的信中，科尔尼谢夫斯基问道：

> 这些教师声称自己是难民，他们不接受自己祖国的意识形态和法律，甚至选择了一条背叛祖国的道路，我们如何相信他们能够，以对他们所不忠的国家来说正确、忠实的方式，基于他们所抗拒的意识形态和法律制订的教育计划，来教育托付给他们的孩子呢？

他自己给出了答案：

> 无论从道德还是从健全的教育学的角度来看，都无法要求这类教育工作者能够秉持这样的态度[①]教育孩子，就是从逻辑和人性的角度来看，也不能期待他们能够这样做。过去一年的试验令人失望，我们不能再把孩子们当"小白鼠"了。剩下的唯一解决方案就是换老师了。

---

① 指"以对他们所不忠的国家来说正确、忠实的方式，基于他们所抗拒的意识形态和法律制订的教育计划，来教育"。——编者注

此后，波兰教育部更坚定不移地坚持这一立场，人们无法再指望波兰的孩子们回到特罗根了。1950年，"裴斯泰洛齐儿童村"中只剩下少数大龄波兰儿童，等待完成中学会考。"裴斯泰洛齐儿童村"协会委员会此时必须找到解决方案，不能让"雏鹰"小屋空着。委员会提到了3个解决办法：将其作为新的芬兰、德国或者希腊小屋使用。

但是波兰儿童的问题还不算彻底解决，因为"雏鹰"小屋还有最后一批孩子没有被遣返回波兰。戈瓦斯和黑德维希·罗杜纳两人后来结婚，收养了"雏鹰"小屋4个年幼的孩子。

混乱的遣返

波兰儿童的遣返问题在1951年成为瑞士和波兰之间切实的政治问题，甚至损害了两国的外交关系。波兰公使馆方面提出了国家政治和意识形态方面的要求。瑞士方面仍在等待华沙公使馆为遣返做必要的安排。"裴斯泰洛齐儿童村"的管理层则始终强调"孩子的权益"。"裴斯泰洛齐儿童村"不情愿甚至抵制的态度，使伯尔尼的瑞士联邦政治部政治事务局陷入尴尬，因为波兰外交部这时要求那些"在波兰政府充分的信任下委托给该机构"的儿童回国。

7月23日，加斯东·雅卡尔在致瑞士联邦政治部政治事务局的一封信中，对与波兰驻伯尔尼公使馆的普日博什会面后，问题仍未得到解决感到惊讶。在政治事务局，有人认为，"裴斯泰洛齐儿童村"协会受到了"与波兰政治移民有关的因素"的影响——这显然指的是戈瓦斯——他不想把孩子们送回波兰，而是考虑将他们送到加拿大或澳大利亚，成为放弃原籍的侨民。然而，这些孩子还是未成年人，他们的亲人（比如叔叔、阿姨）都在波兰等着他们回家。瑞士联邦政治部的立场很明确："裴斯泰洛齐儿童村"管理层不得再妨碍孩子们返回波兰。雅卡尔认为需要防止"裴斯泰洛齐儿童村"协会"堂吉诃德式的行动"被"波兰方面的宣传"解读为反对其政权——这可是一把现成的武器！

但是住在"玛丽·居里"小屋的一些波兰儿童似乎不是波兰政府委托给"裴斯泰洛齐儿童村"的，因为这些孤儿是于 1946 年在当时盟军解放的德国境内发现的。因此，有必要任命一位反对遣返他们的瑞士监护人，因为根据"瑞士法律秩序"，无法保证这些波兰儿童能"接受思想自由的教育"。但是，这个提议一直悬而未决，即使这冒着沉默本身被解读为一种表态的风险，就像雅卡尔在 11 月 2 日给策恩德的信中写的，"没有答案也是一种回答"。

1951 年 12 月 3 日，雅卡尔又给策恩德写了一封信（这次是保密的），告知他"裴斯泰洛齐儿童村"基金会（前身是"裴斯泰洛齐儿童村"协会）正在采取行动，以法律途径应对波兰当局的要求。但波兰当局似乎消息灵通，并坚持认为，阻力来自"裴斯泰洛齐儿童村"内的波兰成员"。因此，局势走向了一种权力斗争，而且，据雅卡尔所说，"裴斯泰洛齐儿童村"协会似乎并没有意识到"痛苦的争论"的风险。雅卡尔困惑道，我们是否应该选择瑞士政府支持的另一种策略，即唤起孩子们对瑞士的依恋，以及提出他们可以立即归化到这个"每个人都乐意成为其国民"的国度呢？

12 月 22 日，波兰外交部致函瑞士驻华沙公使馆，对波兰孩子回国问题自7月20日以来仍未得到答复表示讶异：4个月过去了，尽管有国际法以及与瑞士联邦政治部的协商，特罗根剩下的几个波兰孩子仍然没有回到波兰。但波兰政府仍然不妥协。雅卡尔在7月24日致部长的信中证实了这一点，信中还提到了波兰的理由：为了弥补战争造成的人口损失，以及组织所有国民返回本国，波兰需要人力和头脑，"每个有恢复可能的人对他们来说都是不可或缺的"。瑞士政府的决定至关重要，不能再拖延，因为这次遣返适用于"无可争辩的国际法原则"——正如波兰外交部给瑞士驻华沙公使馆的照会中所言。

"裴斯泰洛齐儿童村"基金会陷入冷战

1952年1月21日，雅卡尔将波兰统一工人党机关报《人民论坛报》（*Trybuna Ludu*）1月19日那期上刊登的题目为《儿童贩子》（«Les marchands d'enfants»）的文章英译版寄给了策恩德。记者在文中强烈谴责美国法院在德国的"背信弃义"及其"诸多臭名昭著的计划"，它们奉行同样的政策，把出生在德国的波兰儿童（母亲被驱逐）或流落在德国的波兰儿童美国化或德国化。文章毫不犹豫地称这种政策是"新纳粹"，并认为这种计划是将波兰人视为"劣等种族"。据说这种对10万名波兰儿童的剥夺国籍行为，有许多非政府组织，特别是隶属于美国情报局的国际难民组织（International Refugee Organization，IRO）参与。记者在文中谈道，这是"对波兰儿童的司法绑架"，利用少年法庭阻止他们返回波兰。

文章紧接着举出了儿童自身受到压力的例子。文章在最后呼吁，把父母翘首盼归的孩子们送回波兰。

瑞士驻华沙公使馆的雅卡尔和伯尔尼政治事务局的策恩德之间继续传递着带有"机密"印章的信件。前者在瑞士联邦政治事务局未作出回应的情况下还保持着平静，但我们可以清楚地看到，华沙方面施加的压力仍然很大。每封信对雅卡尔来说都是一次希望，也是一次失望。

2月13日的信中，雅卡尔表示想向波兰外交部写一份"临时回复"。3月18日，美国驻华沙大使馆收到一封信，报告了波兰政府3月15日的一份照会内容，波兰政府再次强烈抗议"美国当局逃避责任、毫不作为，他们非但没有履行承诺，反而还在过去6年中阻碍在德国和美国的波兰儿童回国，数万名波兰儿童至今仍被迫滞留在国外，特别是西德地区"。信中还提及成立于1951年的决定波兰儿童命运的"特别法庭"，认为该法庭"将波兰儿童驱逐到美国"的做法掩饰成"明显合法"的做法，实际上却是以人道主义的名义，阻止孩子们返回祖国。

因此，雅卡尔发现自己现在是两头受气、进退两难了，媒体可能主导局势，将"裴斯泰洛齐儿童村"的那些孩子与德国的数千名波兰儿童挂上钩。在等待瑞士当局对"特罗根一事"的回复期间，他提议把回复直接交给波兰驻伯尔尼公使馆，自己不想再扮演这个中间人角色了。

1952年6月6日，雅卡尔还是不得不传达波兰方面的观点——他希望这是最后一次了。他私下要求策恩德部长说服特罗根管理层把最后一批波兰儿童送回波兰，即使这意味着他们的居留许可再也不能更新了。

1952 年 7 月 5 日，策恩德与波兰外交部长的再次会晤以僵局告终。对波兰外交部部长来说，1946 年"裴斯泰洛齐儿童村"方面"接走"波兰孩子们期间，两国政府没有任何特别的法律约束。戈瓦斯作为"裴斯泰洛齐儿童村"的代表，在红十字会的授权下前往波兰，并把孩子们带到了特罗根（瑞士方面认为，这些孩子如果留在他们自己的国家，会有成为犯罪分子的危险）。在他们把孩子们带到特罗根的时候，没有说会为孩子们的返回设置任何阻碍，也没有什么附加条件，只有戈瓦斯当时签署的一份书面声明称，两个生病的孩子如果死亡了，将由他支付他们的葬礼费用。瑞士部长则表示，如果波兰政府坚持扣留那些去波兰"度假"的孩子，才是违背了当初的承诺。

局势陷入停滞。波兰方面不可能通过不延长孩子们的居留许可来强制"裴斯泰洛齐儿童村"管理层把孩子们送回波兰，因为根据此前的讨论记录，"'裴斯泰洛齐儿童村'已从瑞士当局得到保证，孩子们的居留时间直到他们的教育结束为止"。因此，即使居留许可被取消，孩子们也可以去他们的监护人（由一位阿彭策尔最高法院成员担任）授权的其他地方，而不一定要回到他们的原籍国。一份日期为 7 月 9 日的文件总结道："只有瑞士法院做出有利于波兰申请人的裁决，才能为把波兰孩子们送回去创造必要而充分的条件。"这一方面是对监护权的呼唤，另一方面是对"公正"的伸张，拒绝了拟议的法律途径。至于从一封信到另一封上跳跃的数字，体现的更多的是双方的立场，而不代表孩子的实际数量！

波兰当局坚持他们的立场：这是一个"公正"的主张。尽管雅

a child named **MARIKA**

....the fate of
340,000 Greek
refugee children

11.4 联合国教科文组织档案，37:362.92（495）号文件:《为希腊难民儿童提
共教育救济》（ *Educational relief to refugee children in Greece* ），联合国教科文组
织为帮助希腊难民儿童出版的小册子，1949 年。

11.5 日内瓦 IJJR 档案，费里埃基金会：希腊女孩埃莱夫塞里娅（Eleftheria）在特罗根的"裴斯泰洛齐儿童村"，"裴斯泰洛齐儿童村"杂志《友谊》（Freundschaft），第 13 期，1953 年春季。

11.6 特罗根"裴斯泰洛齐儿童村"私人档案：关于特罗根"裴斯泰洛齐儿童村"希腊小屋的新闻剪报，《夜报》（I Vradyni），1948 年 3 月 12 日。

Eleftheria
(Liberté)
s'appelle cette
petite grecque.
Un nom magnifique
qui s'accorde si
bien à la fierté
naturelle
de son visage

ΤΑ ΕΛΛΗΝΟΠΟΥΛΑ ΣΤΟ ΧΩΡΙΟ ΠΕΣΤΑΛΟΤΣΙ

I VRADYNI du 12 mars 1949 : LES ENFANTS SUISSES AU VILLAGE PESTALOZZI
A gauche: Les enfants grecs du "village international" jouent dans la neige. Sur la photographie trois
de nos fillettes s'adonnant aux sports. Au centre: les enfants victimes de la guerre sont photographiés
ici avec des journalistes grecs en visite à "Pestalozzi". A droite: l'une des maisons grecques du vil-
lage international en Suisse. Le drapeau grec flotte toujours fièr....

Links: Mit einem
der griechischen
gierung zur Verfüg
gestellten Flugzeu
trafen diese Woche
ersten 14 griechisch
Kriegswaisen im K
derdorf Pestalozzi
Sie befinden sich in
gleitung ihres Pfle
vaters Professo Pa
dopoulos. (48-10-

11.7 特罗根"裴斯泰洛齐儿童村"私人档案：1948 年 10 月 23 日关于希腊儿童抵达特罗根"裴斯泰洛齐儿童村"的剪报《标签》（Tab），附有评论："本周首批 14 名希腊战争孤儿坐着由希腊政府提供的飞机抵达'裴斯泰洛齐儿童村'他们的养父帕帕佐普洛斯教授（Papadopoulos）陪同他们。"

卡尔已经不愿再次充当中间人，但他还是在 7 月 10 日与瑞士联邦政治部部长策恩德确认了波兰的态度。从此刻起，对后者来说，波兰儿童的问题已经告一段落了。

然而，这件事并没有结束，1953年，由利奥波德·林特贝格（Leopold Lindtberg）执导、普雷森电影公司制作的电影《村庄》（*Sie fanden eine Heimat*）又给波兰儿童问题火上浇油。[①]这部电影讲述了波兰儿童圣诞节期间遭"绑架"的故事。根据波兰外交部西欧事务司斯坦尼斯瓦夫·加耶夫斯基（Stanisław Gajewski）公使的说法，在这部电影里，波兰人成了令人讨厌的"坏人"，想"绑架可怜的孤儿"。然后"一个心胸宽广的右派英雄挫败了阴谋、拯救了他们"，雅卡尔于1953年4月16日在给策恩德的信中也如此报告。加耶夫斯基公使希望对这部电影进行审查，但是电影已经被送去戛纳了！

双标的政策

政治局势紧张破坏了"裴斯泰洛齐儿童村"，以及更广泛的国际儿童团体联合会所支持的人道主义事业。但在希腊儿童的故事里，政治局势需要从另一种视角来解读，他们的故事发展似乎和波兰儿童的情况截然相反。从一开始，特罗根就计划建造两座小屋，

---

① 普雷森电影公司总裁拉扎尔·韦克斯勒（Lazar Wechsler）就是一名移民瑞士的波兰人。此片获第 3 届柏林国际电影节青铜熊奖、第 6 届戛纳电影节主竞赛单元金棕榈奖（提名）。——编者注

以容纳来自希腊半岛的孩子们。1948 年，玛丽·迈尔霍费尔亲自前往雅典，挑选出首批 14 名孤儿，在得到瑞士政府的批准后，他们与 TAE 公司一起乘飞机来到"裴斯泰洛齐儿童村"。这批孩子于 10 月 18 日抵达特罗根，第二年，两座小屋就住满了。然而，与波兰儿童的情况不同的是，这次"裴斯泰洛齐儿童村"接收希腊孩子一事并没有引起任何争议，并一直持续到 20 世纪 50 年代。在 1956 年"裴斯泰洛齐儿童村"成立 10 周年庆典上，希腊孩子加入了由 8 个国家的孩子们组成的合唱团。克里斯托菲拉基斯（A. Christophilakis）是"基普赛里"① 小屋的"爸爸"，他也是这些孩子在"裴斯泰洛齐儿童村"的老师。

　　争议的焦点并不在于瑞士接收的约 30 名孤儿，而在于同一时期从希腊北部各省流向东欧国家（尤其是波兰）的大约 2.5 万名儿童。孩子们的流离失所是希腊内战 ② 和冷战下新地缘政治作用的结果。在希腊，内战刚好在 1946 年二战结束之后开始，一直持

---

　　① Kypséli，雅典的一个街区。——原注

　　② 希腊内战是 1944—1949 年希腊共产党领导的人民武装同受英、美支持的政府军之间的战争。1944 年，希腊人民反法西斯斗争胜利后，希腊流亡政府在英军护送下回国，12 月 3 日，在雅典屠杀群众，挑起内战。1944 年 12 月 30 日，为了结束席卷全国的内战，在丘吉尔安排下，希腊国王乔治二世正式宣布退位。1946 年，民主党执政，恢复君主制，镇压国内民主力量。希共再度组织武装斗争，在解放区建立临时政府。1947 年美国宣布"杜鲁门主义"，取代英国直接参与镇压希腊人民武装。1949 年临时政府被颠覆。——编者注

续到 1949 年 10 月。内战主要发生在希腊民族解放阵线 ① 和从埃及流亡归来的乔治二世之间。希腊民族解放阵线凭借其对纳粹占领者的抵抗活动及与斯大林和铁托的联系，希望登上国家舞台，创建一个人民共和国，同时，流放归来的乔治二世在英美的支持下打算重返王位。一开始希腊共产党控制了部分领土，包括伊庇鲁斯（Épire）、塞萨利（Thessalie）、马其顿西部和中部，创建了科尼察（Kónitsa）共和国；1948 年，双方力量对比发生逆转，希腊共产党内部出现分裂，最温和一派分支退出。同时，苏联也没能提供足够支持，因为在雅尔塔协定中希腊没能被划入苏联势力范围，后来南斯拉夫被开除出共产党和工人党情报局 ②，南斯拉夫也因此中断了对希腊的援助。希腊共产党撤退到希腊与阿尔巴尼亚接壤的北部省份，并很快面临流亡的威胁，他们开始大规模疏散平民，其中包括越来越多的儿童，这些儿童通常没有家人陪伴。

在这一点上，双方又各执一词。根据希腊民族解放阵线的说法，在共产党的组织下，这些孩子在1947—1949年被送往"兄弟国家"，

---

① 希腊民族解放阵线是第二次世界大战期间，希腊共产党倡议建立的反法西斯统一战线组织。希腊被德国占领后，1941 年 9 月，希腊共产党联合农民党、共和党、人民民主联盟等组成民族解放阵线，建立游击队和人民解放军，领导人民与德国侵略者进行了 4 年左右的武装战斗，解放了大片领土，并于 1944 年 3 月在解放区成立了政权组织——民族解放政治委员会。1944 年 5 月与流亡政府达成组织联合政府的协议，8 月解散民族解放政治委员会。1945 年 2 月自动解散人民解放军，希腊君主制在 1946 年 9 月被恢复。——编者注

② 在斯大林和铁托的倡议下成立于 1947 年，以对抗以美国为首的西方国家，在各个共产党之间交换情报信息。1948 年，铁托、斯大林分裂。——编者注

以保护他们免受国民军的镇压。相反，希腊民族主义和君主主义势力的说法是，那些孩子被强制要求接受共产主义教育，以待未来重返希腊，让赤旗飘扬在雅典卫城上空。他们称这种做法是"绑架儿童"。

1948年2月，希腊保皇党政府的代表谈到了"种族灭绝罪"，向联合国巴尔干经济及社会理事会主席提出了这一争议。3月12日，希腊红十字会向日内瓦国际红十字会发出一封电报，抗议"叛军"在境外敌人的唆使下大规模"绑架"4—16岁的希腊儿童，以消灭希腊种族。红十字会谴责这种"违反人道主义原则的野蛮行为"，并呼吁有关机构立即干预。

与此同时，3—6月，希腊皇家驻法国大使馆和希腊外交部向联合国教科文组织发起抗议，要求将大规模流放希腊儿童出境的问题列入第三届全体会议的议程。抗议呼吁称，这些"希腊的敌人"以教育为借口，国际组织应该干预这件事，这是他们的职责。

尽管希望保持政治中立，但是面对大量支持这一请求的信件，联合国教科文组织总干事最终决定在其执行委员会于1948年7月12—17日在巴黎举行的德文第八届会议上处理这个问题。事实证明，外交制衡的力量非常薄弱。希腊常驻联合国教科文组织代表亚历克斯·福蒂亚季斯（Alex Photiades）教授担任希腊政府的代言人。他说，虽然希望避免"从政治方面审视这个问题"，但他希望"大家运用自己的心灵和想象力"：

　　如果一个组织声称自己关注文化和教育事业，那么就不能忽视随之而来的心理问题，也无法对目前的事态冷眼旁观。3

万名儿童流落在欧洲各地，无法接受健全的教育。他们向联合国教科文组织所求的只有一个：那就是承诺他们不会成为身心残缺的一代。

　　他在讲话的最后发出了通牒，并称他是否进一步参与执行委员会的工作将取决于后者做何决定。但是，由于波兰代表斯坦尼斯瓦夫·阿诺德（Stanisław Arnold）教授和捷克斯洛伐克代表扬·奥波琴斯基（Jan Opočenský）博士都是执行委员会成员，因此会议更加难以做出决定。他们两人都直截了当地发表了意见。首先，他们强调，希腊政府的主张过于政治化，这不属于联合国教科文组织的职权范围，他们该找联合国。两人还表示，如果联合国教科文组织干预此事，有可能开一个不好的头，损害"建立各国人民相互理解和国际友谊"的目标。然后他们以自己也是"一家之父"的角度质疑了"绑架""强行带离"的说法。在他们看来，此时的情况更像是对冲突地区儿童来说必要的撤离，孩子们的健康状况已经令人担忧了，以及，他们相应地在东道国青年军营中可以得到的照顾和教育，都已经证明了这个说法。美国代表乔治·G.斯托达德（George G. Stoddard）博士提出的外交调和的缓和决议最终获得一致通过，这项决议充满了"艺术性的"模糊。总之，执行委员会决定，教科文组织要"适当注意"希腊政府的呼请，并宣布"在其职权范围内斡旋、向这些儿童提供帮助"。

　　另一方面，似乎是为了弥补模糊的表态，联合国教科文组织计划更坚定地参与援助希腊难民的运动，特别是帮助越来越多逃离了冲突地区而无须离开本国的儿童。他们向各国委员会和非政府组织发出呼吁，并指示以贝纳德·杰维茨基为首的教育重建部门与国际教育重建临时委员会一起协调和分发物资和现金援助，重点是供应学校用品和恢复被战争破坏的学校。

但是，无论是决议，还是实际的援助行动，都没能结束希腊政府的抗议。希腊政府继续向联合国教科文组织发送报告和来自各类组织的支持信，坚持要求其采取更坦率的立场来支持"被驱逐"的儿童。

1948 年 8 月，两次重要会议在斯德哥尔摩举行。首先是 10—16 日的国际救助儿童会总理事会会议，有大约 28 个国家参与；接着是 20—30 日的国际红十字大会，会上通过了关于保护平民的公约。国际救助儿童会的会议通过了两项决议：一项是"关于违背父母意愿、被带到并滞留在国外的希腊儿童"，另一项是关于"被驱逐到德国的波兰儿童，其中许多孩子还没有找到，也没有被送回原籍国"。国际救助儿童会认为，这违反了《日内瓦宣言》，并要求联合国"寻求适当的手段，以确保所有违背父母意愿、被软禁在国外的孩子们尽快返回家园"，并防止发生任何形式的"绑架"情况。国际救助儿童会将进行斡旋，为这些孩子提供救济和援助。

1948 年 11 月 27 日，联合国大会一致通过决议："如果他们的父母，或在没有父母的情况下最近的亲人，表达了这样的意愿，建议目前流落在家园外的希腊儿童返回希腊"。遣返将通过各国红十字会与红十字国际委员会、红十字会联盟进行。孩子们的名单正在整理。

儿童：政治对象

国际儿童团体联合会在其 1949 年 10 月 13 日在沙勒罗瓦的"马西内尔儿童城"举行的第二次儿童团体专家和负责人会议（第一次全体大会后）期间也讨论了希腊儿童问题。受邀的专家有塞萨洛尼基大学犯罪学教授德梅特尔·卡拉尼卡斯博士。第一天下午，他就希腊的流浪罪和青少年犯罪成因发表了长篇演讲。然而，在演讲中，他提出了一个有点离题的政治话题，谴责"无政府主义者"在希腊乡村实施"针对各年龄段儿童的大规模绑架"行为，据估计，"被驱逐出境的儿童"数量有 2.7 万人，他们被送到"可能与本民族传统的教育相悖"的国家。他最后提到，联合国大会此前已经通过决议，要求通过国际红十字会遣返这些儿童。德梅特尔·卡拉尼卡斯的这番谴责激起了应邀参加会议的奥地利观察员、共产主义拥护者海因茨·贝格尔（Heinz Berger）的激烈反驳，他自战争结束以来一直在瑞士全国儿童团体协会所属的儿童团体"锻造"医学教育学院担任心理学助理。他回应卡拉尼卡斯说，"作为一名反法西斯活动家"，自己曾去过罗马尼亚人民共和国，并在那里亲眼观察到，被"移植"在那里的希腊儿童所接受的教育质量和人们想象的并不一样，在那里，教育希腊儿童的是纳粹老兵和希腊现任政权①的反对分子。其他几位与会者对将政治观点带入讨论的行为提出了抗议，贝纳德·杰维茨基随后代表联合国教科文组织进行干预，介绍

---

① 指希腊共产党执政的临时民主政府。1949 年 10 月 16 日，希腊共产党承认内战失败，并宣布停火，希腊内战结束。——编者注

了联合国教科文组织执行委员会为希腊儿童制定的方向，并指出委员会"已经一致决定为他们提供援助，不论孩子的家人属于哪个政党，也不论这些孩子身在何方"。这使问题变得更加复杂，因为实际上有两类希腊难民儿童群体都可以被贴上国际儿童团体联合会所属"团体"成员的标签。

一方面，各东欧国家（阿尔巴尼亚、匈牙利、波兰、罗马尼亚、捷克斯洛伐克、南斯拉夫）建立了许多接收儿童的组织，正如历史学家伊利奥斯·扬纳卡基斯（Ilios Yannakakis）后来证实的，大部分是在被修复的城堡里开张的儿童之家。伊利奥斯·扬纳卡基斯是希腊裔，他的父亲是埃及共产党创始人，母亲是苏联人，他18岁时志愿加入希腊共产党。1949年内战结束后，他逃到了布拉格并成为一名教师，负责波西米亚地区卡罗维发利（Karlovy Vary）附近的一所儿童之家。

另一方面，在希腊，保皇党军队在北部省份反攻的同时，还进行着一项特殊行动，就是要把约1.8万名儿童"搬迁"到该国南部，以摆脱共产主义的影响，并防止他们被认为是被迫离开东欧国家。希腊王后弗雷德里卡（Frederika de Hanovre）流亡归来后，建立了一个由大约50个营地组成的儿童团体网络，称为"paidopoleis"（意为游乐园）或"儿童城"。居伊·里塞尔本人于1949年9月5日以日内瓦国际辅导员课程负责人的身份前往那里，为paidopoleis的管理人员组织了一次培训课程，该课程一直持续到10月15日。此外，受邀参加沙勒罗瓦会议的儿童团体负责人还有E.马克里斯，他负责罗得岛上的一座儿童城，受邀于10月11日下午分享他的经验。他非常详细地描述了童子军系统在儿童再教育中的应用，他个人很提倡这种做法。他和德梅特尔·卡拉尼卡斯一样，也借此机会重提政治，不仅提到了来自北部省份的难民儿童所遭受的创伤——有些孩子因为害怕"在夜间被游击队绑架"而习惯睡在树上，还提到有一些青少年在"被叛军强行带离出境""在国外接受军事训练"后被"送回希腊参加战斗"。1200 人因此被捕，被安置在莱罗斯（Leros）岛上的一所再教育学校里。

然而，在沙勒罗瓦会议的最后一天，即 10 月 13 日下午，罗伯特·普雷奥主席"很高兴地宣布，由于希腊儿童问题的根源，曾经以不友好的方式发生冲突的各代表现在已同意召开集体会议，就一项共同动议达成协议"，这是一种两边都不得罪的方法：

> 相关各方强调，无论孩子们身在何处，需要给予这些儿童国际儿童团体联合会宪章中规定的情感安全保障，并建议国际儿童团体联合会主动承担儿童与相关家庭之间的联络角色。

如果不是因为加拿大天主教英文报纸《旗帜》（*The Ensign*）的代表约翰·S. 康诺利（John S. Connolley），关于希腊儿童的争端可能会就此告一段落。参加完沙勒罗瓦的会议并回到加拿大后，康诺利写了一篇题为《共产党使用加拿大赞助的资金并引发严重问题》的尖刻文章。这简直火上浇油。在文章中，他谴责以贝纳德·杰维茨基为代表的联合国教科文组织的政策其实是支持共产主义的站队行为，指责杰维茨基其实是"波兰共产主义者"，杰维茨基曾宣布"已派一名联合国教科文组织代表前往罗马尼亚，向（共产党）当局提供 1 万美元，作为对其儿童工作的'象征性支持'"。

康诺利还攻击了国际儿童团体联合会主席罗伯特·普雷奥，说他希望"帮助目前在罗马尼亚的希腊儿童"，还认为"'儿童营'中的教育优于家庭教育"，而且普雷奥还强调了"共产主义国家在儿童教育领域做出了巨大的努力"。然后，康诺利质疑了资助给联合国教科文组织的 2.5 万加元（分配给了特罗根）的问题，他称"裴斯泰洛齐儿童村"是由"臭名昭著的无神论教育家"科尔蒂领导的"儿童营"。他简洁地总结了希腊的情况："在沙勒罗瓦的联合国教科文组织会议之后，除了共产主义或完全的无神论者领导下的儿童营，以及铁幕后的共产主义再教育中心之外，希腊没有得到任何支持。如果加拿大人捐赠资金的话，我们的钱是为这些目的捐赠的。"

尽管国际儿童团体联合会不得不发表一份长达两页的文章来否认康诺利的指控，并在文中特别回应了加拿大使馆，但这篇文章并不会对加拿大捐赠给联合国教科文组织的款项，或联合国教科文组织与儿童团体之间的联系产生直接影响。从另一方面来说，这件事揭示了地缘政治对人道主义理性不可避免的侵扰，这已经破坏了曾经那个自称超越一切意识形态鸿沟、培养国际理解的关于战争受难儿童事业的世界主义与和平主义的乌托邦。在此之前，尽管国际儿童团体联合会的主要发起人都有非常不同的背景，但他们一直小心翼翼，避免表达任何政治或宗教相关的观点或倾向。但这次，他们发现自己卷入了冷战的漩涡。他们冒着自己的承诺被解读、被推向极端的风险，第一次在这个问题上表达自己的意见。

沙勒罗瓦会议结束的次日，"老磨坊小孩共和国"负责人亨利·朱利安写信给贝纳德·杰维茨基说："我亲爱的朋友，你们团体要比我们更共产主义。"沙勒罗瓦会议的比利时组织者和"儿童村"的负责人勒内·德库曼也是如此，他抗议这位加拿大记者的指控，认为他"似乎对共产主义者过于敏感"。他还说，自己感到尤为震惊，是因为，据他所知，他们"儿童村"工作人员中没有一个共产党员。贝纳德·杰维茨基热情地感谢他的同时也表达了自己的观点："就我个人而言，我已经觉得见怪不怪了。多年来，我一直是右翼口中的共产主义者，共产主义者口中的法西斯主义者。"

除了个人立场之外，儿童团体运动的国际主义价值观也岌岌可危，正如国际儿童团体联合会主席罗伯特·普雷奥在会议期间指出的，很多东欧国家一再缺席。1949 年 10 月 12 日第一次大会开幕时，他感到遗憾的是没有召集到"波兰、罗马尼亚、捷克斯洛伐克和匈牙利人民共和国的任何代表，如果没有他们的参与，我们想要创建的国际儿童联盟就是名不副实的"。布达佩斯帕克斯（Pax）基金会的创始人什泰赫洛牧师郑重致信，为无法参加会议感到抱歉；其他欧洲国家儿童团体的负责人选择不予回复，默不作声。罗伯特·普雷奥觉得十分挫败，于 1950 年 1 月选择辞去主席职务。

1950 年 9 月 24—29 日在里昂举行的国际儿童团体联合会会议上，不管是对希腊还是东欧国家来说，"空椅政策"已成既定事实。大会开幕时，贝纳德·杰维茨基第一次决定公开表达对现状的批评，他对比了国际教师联合会（ Fédération internationale des instituteurs ）在 1937 年的处境：

> 德国缺席，罗马尼亚和保加利亚代表也不在，只有一名奥地利代表偷偷离开本国来参加会议。明年，下次会议上，缺席

的又会是谁？波兰？捷克？还是……

在讲述"小孩共和国"的理想能够超越冷战造成的分裂时，他引用了美国腓纳根神父和苏联安东·马卡连柯的例子，反思了成年人在问题中扮演的破坏性角色：

> "儿童村"、儿童营、不同国籍儿童的聚集场所，不是通过话语建立的，而是儿童通过自己的活动和工作、将全世界儿童的团结变为具有生命力的现实。只要给孩子们提供见面的机会，他们就会知道，让各国分裂、进入对立阵营的，其实是我们这些大人。

第十二章

儿童团体的经验是否可以应用于"适应不良儿童"身上?

1949 年，在沙勒罗瓦，流浪儿童问题被提上了第二次国际儿童团体联合会会议的议程。这是人们首次将流浪儿童帮派及其犯罪问题作为一种生存手段和教育评价标准进行分析，但大家没能在如何帮助他们的问题上达成一致。一些专门研究青少年犯罪和适应不良问题的专家开始对小孩共和国模式发起真正的反抗。他们对"小孩共和国"的一些行为表示怀疑，如将"自治"简化为角色扮演的游戏、在建造奢华设施上不计成本、要求年轻人学习（法官、市长、银行家的）责任等，而这与后来要求孩子们承担的社会角色（工人、工匠）是脱节的。连初期支持这种模式的人都加入了批评的行列。此外，战争受难儿童已经长大成人，不少儿童团体都被闲置。这些机构是直接关闭，还是接收当下的问题儿童，即那些所谓的"适应不良"的孩子们呢？按照最初定义和模式运营的儿童团体开始走下坡路，逐渐局限为较为传统的乡村儿童之家模式，儿童的参与度越来越低了。

主要人物

阿尔弗雷德和弗朗索瓦丝·布劳纳（1910—2002、1911—2000）：法国人。1935 年二人结婚后移居西班牙。妻子弗朗索瓦丝原名弗里齐·埃尔娜·里塞尔（Fritzi Erna Riesel），在医院工作，而阿尔弗雷德则在贝尼卡西姆（Benicasim）管理多家庇护所。1938 年 11 月，这对夫妇在拉盖特城堡照料逃离德国的犹太儿童，在那里建起一个"小孩共和国"。1945 年，他们参加了在埃库伊（Écouis）接收奥斯维辛集中营和布痕瓦尔德集中营幸存儿童的项目。

让·沙扎尔·德莫里亚克（Jean Chazal de Mauriac，1907—1991）：法国人。自 1931 年起担任法官，于 1943 年从维希司法部借调到家庭部际委员会，以"保护"身心有缺陷的儿童。1944 年被委派给塞纳河法院，1945 年他成为首批儿童事务法官之一。

费尔南·德利尼（1913—1996）：法国人，1936 年开始在巴黎担任教师。1943 年，他被任命为阿尔芒蒂耶尔（Armentières）精神医学院的专职教师，并于 1943 年成为北部地区儿童及青少年保护协会（Association régionale pour la sauvegarde de l'enfant et de l'adolescent du Nord，ARSEA）的顾问。1944 年，他参加了里尔（Lille）的一项关于专业预防的教育实验，并于 1948 年创建了一个为青少年提供免费治疗的实验组织"大科尔代"（La Grande Cordée）。

亨利·茹布雷尔（Henri Joubrel，1914—1983）：法国人，于 1925 年加入法国童子军。1939—1941 年担任地方行政官员。1945 年，他被任命为法国童子军儿童保护方面的国家专员，每年在巴黎为特殊教育工作者组织一次全国进修课程。1947—1961 年，他是法国全国适应不良青少年教育工作者协会（Association nationale des éducateurs de jeunes inadaptés，ANEJI）的总代表。

丹尼尔·奎赖恩·马洛克·豪沃（Daniël Quirijn Mulock Houwer，1903—1985）：荷兰人，孤儿，被阿默斯福特（Amersfoort）的赞德伯根孤儿教育协会（Société pour l'éducation des orphelins Zandbergen）安置在多个寄养家庭。在其中一个寄宿家庭里，他遇到了日后的妻子吉（Kea）。他就读于儿童团体农业学校，并于1925年随吉前往苏门答腊，成为当地种植园主的助理。1927年，他写信给赞德伯根的主管，并被聘为组长。1929年，他成为阿姆斯特丹"观察之家"的副校长，1933年成为赞德伯根儿童团体的负责人。

屡禁不止的儿童团伙

照顾战争受难儿童的过往经验深刻地改变了人们对极端情况下被遗弃儿童的社交能力的看法。人们意识到，除了失去家园和心理创伤问题之外，孩子们在孑然一身的情况下，在集体中的生存能力也是一个问题。自 19 世纪以来，一直困扰着西方社会的流浪儿童团伙，再次引起了人们的关注。虽然这些团伙仍被认定为犯罪团伙，但他们从事盗窃的目的却首先是为了生计。而且值得注意的是，这些团伙内部的成员会团结互助，往往是不同年纪、甚至不同性别的孩子聚集在一起。1948 年初上映的匈牙利电影《欧洲的某个地方》（*Valahol Európában*）就是一个例证，该电影由颇负盛名的电影制作人盖佐·冯劳德瓦尼编剧、执导。开篇的场景在一个被破坏的不明之地，在这片荒凉的土地上，存在的只剩道路，路上有一群孩子，他们慢慢聚集起来。尽管面临严酷环境和潜在暴力威胁的考验，但是这个群体变得更加紧密和团结。他们流浪到了一座远离村庄的海角上的城堡——那里也是一座废墟。他们在那里避难，但不得不与居住在那里的乐队指挥老人打交道。饥饿、衣衫褴褛的孩子和性情古怪的老人艰难地同居一段时间后，他们的 "新时代" 开始了。在老人仁慈而有魄力的帮助下，孩子们开始重建废墟，并建立了 "自治"的团体。这部电影的高潮是与邻村成年人的最后对峙，他们聚集在法庭上，审判社区里某些儿童的盗窃行为。在那里，为他们辩护的老人对指控者强调，他们只是孩子，而发动战争、留下一片鲜血和废墟的是成年人。更重要的是，在最后，老人还将城堡的所有权交给孩子们，这座城堡将成为他们重生的新家，也是他们重建身心的终极象征。

《欧洲的某个地方》上映后，匈牙利电影重回公众视线，获得了评论家的赞誉，也在成立于 1946 年的洛迦诺（Locarno）国际电影节 ① 上广获好评。但那一年，奖项颁给了罗伯托·罗西里尼（Roberto Rossellini）的《德意志零年》（*Germania anno zero*），这部电影底色更为悲哀，也是以战争废墟为背景、孩子为主角的作品。

有人由此提出将"儿童村"这一团体模式作为一种收容理念，以一种积极的方式将这些无序的儿童团伙的能量组织起来，但是，大家对此的看法并非一致，正如 1949 年 10 月 11 日至 13 日在比利时沙勒罗瓦附近的"马西内尔儿童城"举行的国际儿童团体联合会第二次全体大会所表明的那样。这是继特罗根会议之后的第二次会议，根据贝纳德·杰维茨基介绍，此次会议的主题是"无家可归、缺乏生活物资、亲情缺失的儿童的悲惨境遇"和"百万孤儿如何重新融入社会"这一关键问题。第一天的辩论是由法国法官让·沙扎尔主

① 洛迦诺国际电影节，是瑞士举办的最早、最大的国际电影节，也是世界影坛历史上最悠久的大型国际电影节之一，国际 A 类电影节之一。与戛纳国际电影节、威尼斯国际电影节、柏林国际电影节并称"欧洲四大电影节"，素有"电影节王子"的美誉，最高奖项为金豹奖。——编者注

持的，他被认为是法国"少年法官"这一新职业的先驱之一，并且非常深入地参与适应不良青少年帮扶的相关工作。他在开幕式上的演讲就是关于"流浪团伙的社会化"。在演讲中，他呼吁与会者不要将这种现象仅仅归因于"战争影响"，而是建议将反思扩大到那些"潜在流浪者"，他们并不都是无家可归的年轻人，他们可能拥有"住所或庇护所"，还能够偶尔工作。他指出了这背后的社会原因（家庭解体[①]、亲情缺失），同时强调他们加入帮派团伙是一种对情感缺陷的补偿。他虽然不否认战争的影响，但坚持认为，这些团体的特定心理特征和特殊社会形态，再加上其具有的"团队精神"，暗示着"非常巨大的教育潜力"。他没有沿袭传统的解决方案，即"解散帮派并将孩子安置在再教育中心"，而是提出了一种新方案，即让孩子们"在自由中学习自由"。换句话说，他建议在"'小孩共和国'和康复中心以外"，也给孩子们在"自然环境"中进行社会化的实践机会。这种"对帮派的渗透"需要"监护官"（délégués à la liberté surveillée）的参与，但他们不是"儿童的管理者"，而是与孩子们建立信任和友谊关系的人。他们会利用帮派的教育潜力、友情、责任感、团结精神和荣誉感，使孩子们远离恶习，实现积极的社会化。

　　一些正在进行此类实验的法国协会代表也出席了会议，他们都支持沙扎尔的实践。与会的吕西安·布拉姆（Lucien Brams）就是其中之一。他代表费尔南·德利尼发言，德利尼之前是特殊教育教

---

　　① 　家庭解体，又称家庭解组。指正常家庭生活过程的中断或终止。表现为家庭关系紧张、角色冲突、功能失调，以至无法共同生活。往往出现家庭成员非正常离家和减少、家庭内暴力，需要社会救助和解决。——编者注

师，于 1944 年首先在里尔开展了类似的行动，后来建立了大规模的"朋友圈"来安置少年犯和安排他们的工作，这个组织被称为"大科尔代"。布拉姆引用德利尼的话，谴责"把犯罪儿童监禁起来的压制性方法"，并反对"（孩子们）活在教育工作者监视下、过虚假的人造生活，这几乎不能真正实现最初的目的"。提到费尔南·德利尼，有趣的是，如果我们关注他的著作就会发现，他的立场并不总是那么鲜明。在 1944 年《减少犯罪研究和行动委员会的内部信息公报》（*Bulletin intérieur d'information du Comité d'étude et d'action pour la diminution du crime*）中，当他在里尔的某处贫民区进行第一次预防实验时，他一度被"儿童村"的模式所吸引，那时的他觉得这是"一个开放的社会适应中心"。虽然他反对这种举措，认为这是"给适应不良儿童的营房"，并认为这些孩子们"需要尽可能多地沐浴在真实、正常的生活中"，但他仍然想为约 500 名 10—16 岁的孩子们建立一个"儿童村"，由一名称为"村长"的主任医师全权负责。按照他的想法，选址应该"远离所有主要城区，靠近主要城区只会损害"儿童村"的气氛"。然而，他也说，这一定要是一个功能真实的村庄，"有一座钟楼和市政厅，周围环绕着房屋和农场"，约 110 名成年工作人员，要由教育家、教师、工人、"诚实的工匠"和护士组成，他们会像孩子的家人一样一起住在那里。然而，5 年后，在一篇名为《八十人一屋或一人八屋》（«1 maison pour 80 ou 8 maisons pour 1»）的文章中，他明确表示放弃"儿童村"的实践，并强烈谴责"安置房屋"，人们常认为这是"两害相权取其轻"，但他则觉得这就像对孩子们施加一场"外科手术"，并质疑在孩子们重新融入社会时这段经历对他们是否真的有用——他认为这个问题的答案 "从他们 '离开' 社会环境的那一刻起就是不确定的"。德利尼还谈到，"学校的积极教育的小潮流" 正努力革新 "封闭、惰性的社会氛围"。而孩子们也会 "通过更多的人为方式" 对这种 "保护他们" 的行为做出回应。这是新教育介于 "真实生活"——即奥维德·德克罗利（Ovide Decroly）倡导的 "实验教学"①——与 "生活游戏"（它只是对生活的模仿和模拟）之间的永恒问题。

重新融入社会的问题

如果说 1949 年的与会者似乎都对儿童帮派，尤其是战争导致的儿童帮派的教育潜力持乐观态度，那么，对于收容他们的方式，如 "儿童村" 式的方法，则越来越受到质疑，尽管自战争结束以来，"儿童村" 一直以满腔热忱接纳这些新加入者，"儿童村" 的数量大增。人们关心的问题主要有两个，一个是青年人在收容安置结束后重新融入社会环境的问题，另一个就是所使用的教育方法问题，某些极端形式的自治被认为是虚妄的，与这些年轻人长大成人后将担任的社会角色脱节。

沙勒罗瓦会议的与会者之一法国人亨利·茹布雷尔所展示的立场代表了国际儿童团体联合会运动之外的批评者。卸任行政官员后，20 世纪 30 年代末开始，茹布雷尔致力于少年犯事业，并于

---

①　德克罗利创办 "生活学校" 的指导思想是，以儿童的兴趣为中心，"让儿童在生活中预备生活"。——编者注

1947 年起成为新成立的法国全国适应障碍青少年教育工作者协会总代表，他参与了特殊教育工作者这一新职业的发展过程，这些特殊教育工作者每天在寄宿学校照顾孩子。1945 年，他的著作《凯尔·戈特森林之家与迷途孩子们的救赎》（*Ker-Goat ou le Salut des enfants perdus*）出版后，他致力于推广由非常年轻的领导人经营的小型再教育中心模式，这些领导人通常来自童子军，比他们管理的孩子们大不了几岁。在这些教育实践中，采取的方法受到童子军的启发，如"情感依恋"、小组工作和积极方法，在实践中也进一步强化了这些方法，但这并不意味着它们是所谓的儿童团体，更不用说是"小孩共和国"了，虽然布列塔尼的"凯尔·戈特森林之家"就是其原型，也曾短暂地加入国际儿童团体联合会。亨利·茹布雷尔认为，在良好的氛围下，自治的问题就不存在，"领导"（chef）的权威是不容争辩的。

因此，亨利·茹布雷尔是法国适应不良年轻人在寄宿学校中进行再教育这一模式的核心人物，这种模式很快在战后占据主导地位，但亨利·茹布雷尔也关注其他各类实践，了解其他教育模式，还通过多次出国旅行学习经验。1951 年 1 月，他在意大利之行后，在法国关于儿童犯罪、不健全和道德问题相关的杂志《再教育》（*Rééducation*）上发表了一篇题为《关于"儿童村"》的文章。这本杂志由司法部新成立的监督教育司出版，是该领域专业人士之间交流讨论的主要阵地之一。在文章的第一部分，他对所参观的"儿童村"的经验表示钦佩：平静和自律似乎占主导地位，同时留下了在放松的时候活力和欢笑的空间，在吃饭和睡觉时"没有喧闹起哄"，年轻人举行"集会"时气氛庄严，他们似乎享有极大的主动性，让人不禁想问："在这些'共和国'中有成人教育者吗？"然后，他讲述了一个"小市长"的故事。"小市长"作为贵宾，负责向外来游客介绍村庄，但他在用餐结束时却要求一名成年人陪同自己，因为他不被允许单独外出。随后，文章的语气开始变得强烈，浇灭了最初的热情，最终完全推翻了这个教育机制。他还提到，"在教育实践中最引人注目的'大胆教育尝试'背后，常常伴随着隐秘的谨慎和保守"。他还批评记者们精心策划的宣传总是"夸大这些不幸儿童自主管理上振奋人心、出乎意料、革命性的一面"，吸引大量私人捐款支持"这种别具一格的模式"，这只会促使教育工作者为了表现得"与时俱进"而复制"只为了存在于漂亮文字中的""筹集资金"的把戏。最后，他还质疑了某些自治形式的教育意义，特别是"少年法庭"或"选举"的意义：

> 孩子们当"法官"常常当得很糟糕，他们常常用刑过度，因为他们对犯规行为常常缺乏全面的认知，这难道不是众所周知的吗……这些拥有广泛权力的官员的选举难道不会有偏袒"卡伊达特"的风险吗？……在这些年轻人封闭的小世界中，关于影响力的暗中兜售又有谁会知晓呢？

他的最后一个反对意见是，这些年轻人中的大多数都受制于社会决定论[1]的影响，接受自我管理实践的长期学习是否会给他们带来矛盾？

> 那些被教导在爱和公平这些最美妙的原则下组织自己生活的孩子，那些学着自我领导甚至领导他人的孩子，他们长大后会成为什么样的人？——工厂工人、劳工；他们得服从、忍耐而不争辩。到那时，让他们对自己真正的职业感到失望、怨恨、无所适从，我们能接受这样的结果吗？

这种对"小孩共和国"式的自治方法的质疑，不应该仅仅从导致儿童陷入困境的个性，潮流和运动之间的教育差异的角度来看待。在国际儿童团体联合会内部，自其成立以来，尤其是在1949—1951 年，类似的问题也在出现，即使一些早期的支持者也呼吁，在应用儿童自我管理的原则和对使用"儿童村"标签的标准问题上应更加温和、节制。在沙勒罗瓦会议的次日，就像是与大会上发生的交流相呼应一般，法国精神病学家亨利·瓦隆（Henri Wallon）的期刊《童年》（*Enfance*）发行了一期儿童之家特刊，并向刚刚聚集在法国全国儿童团体协会的主要法国儿童团体代表邀稿。亨利·瓦隆对这些教育实践十分热心，还资助了蒙莫朗

---

① social determism，又称社会学的决定论。主要论点认为，社会因素决定人类的行为和社会事实。社会因素，主要是指社会集体生活的因素和社会文化因素。其论点的依据是，社会对人类行为有强制性和约束性，表现欲法律制度、道德观念、宗教戒律、风俗习惯等对社会成员的影响。持该论点的学者认为，文化是影响人格形成的经常的、主要的因素。——编者注

西（Montmorency）一所为战争受难儿童建立的、名为"重生"（Le Renouveau）的团体，正如其负责人克劳德·弗朗索瓦—安热（Claude François-Unger）在这期杂志中讲到的那样，该团体自称与"现代教育学的新精神"和自治理念相接轨。在序言中，瓦隆提出了"警告"，旨在呼吁人们审慎面对此类公式般的项目：

> 在一个由儿童组成的团体中，孩子们会组成团体，这是自发的、不可避免的现实，而他们必须懂得如何利用团体。团体是社会的前厅，它的存在、活动都不可避免地要置于其中。但是，在塑造团体时，不应该任其拙劣模仿缺位的家庭或社会，社会的制度、机构有时以一种不合时宜且矫揉造作的方式移植入儿童团体中。人们很快就会看到这些设置的局限性，如果人们执意这样做，那就要以牺牲纯真和真诚为代价。

我们在大多数见证此类经验的人的笔下都发现了这种矛盾心理，阿尔弗雷德·布劳纳就是一例。1939年，他与儿科医生兼儿童精神病学家、妻子弗朗索瓦丝·布劳纳一起曾在拉盖特城堡对西班牙战争受难儿童尝试实行自治制度。他对所使用的方法提出了很多意见，比如他们发明的内部"货币"，或者说是"猴子货币"（monnaie de singe）①，"这些创造了分发金币这种'新方法'的大师们唯一做到的事情就是让孩子们分毫必争。这有必要吗？"他

---

① 指毫无价值的货币。法语中还有一个俗语 Payer en monnaie de singe，直译为"用猴子货币支付"，意指用根本不值钱的东西付款或抵债，引申为欺诈。——编者注

还质疑了一项他口中的"危险的错误"，也就是"法院"制度的设置："儿童是可怕的法官。在施加刑罚方面，他们通常无所不用其极。"他还担心"追随者"们让儿童团体出现"流行性蔓延"，而这些人"只想得到闪光的头衔、名号"。他甚至开始质疑在此之前人们视为模范的一些团体，如特罗根的"裴斯泰洛齐儿童村"，他认为"裴斯泰洛齐儿童村"沦为了"一种建筑概念"，即"建设数个独立小木屋，分散在服务设施周围，将儿童安置在这些小木屋中"，却把"教学方法"的基本原理抛之脑后。他谴责这些团体"自我封闭"，是"堡垒"或者说"鹰巢"，忘记了学习是为了"更大的公共福祉，为了整个国家，乃至整个世界"。总的来说，他想知道要设定的长期目标是什么：

> 我们当然对神童感兴趣，但我们也想知道，他们是否对得起那些他们生活所依赖的同胞。作为教育工作者，我们的任务是为世界培养健全的人，他应该能够通过为集体努力作出贡献来谋生。这就是"社会化"教育的前提。

同样，丹尼尔·戈恩斯神父在 1950 年 2 月的《再教育》上发表的文章也揭示了他心态的转变。他和唐安东尼奥·里沃尔塔都是"奇维塔韦基亚少年共和国"的创始人，也是儿童团体的热心推广者。他写道：

> 迄今为止，很多地方都贴上了"儿童村"的标签。有时在这个名字下的，是聚集在一个孤立地方的一群儿童机构。它们整

Mathieu...

Varsovie 1937...

On fête la naissance de Mathieu dans une riche ferme...

Varsovie 1939: Le bombardement. le père de Mathieu disparaît pour toujours.

Sa famille fuit et erre en Europe Centrale...

Nous retrouvons, à la capitulation, Mathieu et sa mère en zone Américaine.

La mère entre dans un Centre d'hygiène mentale

Mathieu est recueilli par un officier français qui le mène à Paris

L'Officier doit repartir Que faire de Mathieu??

Sa mère, Française, souhaitait qu'il soit élevé en France...

12.1 联合国教科文组织档案，36 A 653 （44） 107 号文件，以及作者的私人档案：讲述马蒂厄和维克托生活故事的连环画，摘自漫画书《友谊的故事：小孩共和国》的《第一部分：缘起》，漫画书在 1954年由伊泽尔的"老磨坊小孩共和国"的孩子们绘制。

VICTOR a un père alcoolique et sa mère ne l'aime pas.

Toute la journée, on lui réserve les tâches les plus pénibles...

et le soir, le père le roue de coups.

Puis, il doit coucher sur le plancher ou même dehors.

Il est faible et asthmatique.

Pourquoi ne vient-il pas chez nous?

体呈现出 "村落" 的模样；因为住了很多孩子，所以就直接被称为 "儿童村"。瑞士特罗根的 "裴斯泰洛齐儿童村" 就是这样。

丹尼尔·戈恩斯也质疑那里实行的 "教育革新" 和所谓的自治制度，因为成人与儿童的比例达到了 4：1。他还对选用奢华的设施提出了批判，"这些小木屋的生活太过舒适了"，"鉴于瑞士人的高生活水平，这对他们来说似乎很自然"，但对目标受众群体——这些孩子们来说似乎太奢华了，当孩子们必须重新融入社会时，难免会感到 "不适应"。最后，他对组织的成本及其作为一种模式的价值提出了异议：

> 这一切都建立在创始人的理想主义和那些用自己的钱帮助他们的人的慷慨之上。如果我们在特罗根能够找到放之四海而皆准，甚至不必耗费大量资源的方案，简言之，一个教育性的解决方案，会不会令人们更加满意？多亏了创始人们的慷慨，特罗根的 "裴斯泰洛齐儿童村" 至今仍然是给予战争受难儿童援助的 "象征"。它的代价太大了，而且令人遗憾的是，它并没有试图向不那么象征性、更现实的组织模式发展。

1950年2月，法国教学联盟借法国世俗假期工作联盟（Union française des œuvres de vacances laïques，UFOVAL）的期刊又组稿出版了一期关于儿童之家的特刊，该期刊实际上是国际儿童团体联合会官员和支持者的交流平台。但是，从文本的选择上，我们也可以看到同样暧昧不清的态度，刊登的文章立场在推广和批判之间摇摆。

这一期特刊以一封据称由战争受难儿童撰写的"给大人们的信"开头，该信改编自前一年由联合国教科文组织支持出版的大卫·西摩（David Seymour）的摄影集《欧洲儿童》（*Enfants d'Europe*）中的文本。然而，比较这两个版本，我们不禁被所做的改动所震惊。初版的信中愉快地提到，"儿童村由孩子们自己经营"，"在遭受战争蹂躏的国家如雨后春笋般涌现"，信中还列举了他们取得的一些成绩，但遗憾的是，尽管国际儿童团体联合会运动迅速扩张，"儿童村"的数量还不够多。法国世俗假期工作联盟期刊上刊登的第二版信中则完全略去了这些经验，并以完全不同的导向结尾：

> 你想拯救我们吗？很好，但是当你拯救我们时，还有更多重要的事情要做。你需要让我们成长为人、有能力生活在社会中的人，不是我们经历过的、熟知的那个社会，而是一个人类不再杀害儿童的更美好的世界。

同样，贝纳德·杰维茨基本应澄清"自己关于儿童团体教育方法的设想"，但令人惊讶的是，在其受访的转录文字中，对于此类倡议的后续行动，他的言辞却呈保留态度。他首先回顾了这些战争受难儿童出生的特殊背景，强调这些受难儿童的处境尤为悲惨、牵动人心，他们在很大程度上"不适合在成人社会中正常生活"，同时"无法承受哪怕最轻微的威权压力"，这才使得儿童团体采用基于自主（autonomie）的积极教育方法。在承认这是"一片富饶的教育试验田"的同时，他又呼吁有必要回归到某种实用主义：

　　然而，这些方法的人为因素很快就显现出来了。孩子们要求的自主权只不过是另一个版本的成人政治生活：投票和辩论。所以他们很快就厌倦了。

不可避免的转型

　　贝纳德·杰维茨基提出的问题是所有批评的基础，也就是时间的问题：自从第一个帮助战争受难儿童的团体建立以来已有10年，而战争结束已经5年了。这点时间，对人们从脑海中抹去战争的记忆来说是远远不够的，但在重建政策方面，尤其是对儿童和青少年的重建来看，巨大的改变已经发生。

　　尽管战争破坏如此之大，但在20世纪50年代，战争的阴影在许多国家已经不那么显而易见了。例如，当奥特马尔·居尔特内（Othmar Gurtner）于1950年为苏黎世的瑞士文化电影公司（Swiss Cultural Films Ltd.）拍摄《大家的孩子》①时（这是联合国教科文组织资助拍摄的最后一部国际儿童团体联合会宣传片），他发现自己在拍摄一名意大利战争孤儿的开篇场景时遇到了困难。这个男孩从最初收留他的天主教机构逃离后，和一群孩子（儿童团伙）在那不勒斯港附近自生自灭。镜头记录了他们抢劫果蔬商人，抓起一个

---

　　① 英文标题为 *Everybody's Child*，法文标题为 *C'est ton frère*（直译为"这是你的兄弟"）。该短片可在联合国教科文组织电子档案网站观看：https://digital.archives.unesco.org/en/collection/films-and-videos/detail/f01bd374-d839-11e8-9811-d89d6717b464。——编者注

装满苹果和蜜瓜的篮子，然后逃跑到一个曾遭轰炸的街区的废墟中避难，分享和品尝 "战利品" 的场景。为了呈现足够壮观的观感，进而展现出在世界末日般的环境中小男孩们被宪兵追捕、疯狂逃跑的紧张纷乱，导演居尔特内使用了惊人的拍摄手法。由于找不到哪个天然的废墟遗迹可以提供全景进行广角拍摄，他便把应该发生在那不勒斯的场景挪到了罗马帝国议事广场（Fori imperiali）①进行拍摄，这些现成的场景本身并不需要被重建，在此之后，拍摄又回到了几座仍能看出战争伤痕的房屋中。

主要演员毛里齐奥·迪纳尔多（Maurizio Di Nardo）于1938年出生于罗马，当时已经是著名的童星演员。他并不是战争孤儿或 "无家可归的儿童"，但他的年龄能够代表最后一代战争受难儿童，这些孩子们被安置在像 "裴斯泰洛齐儿童村" 这样的 "儿童村" 里，不过他是为了拍摄去到那里。战争爆发时他1岁，1945年时他已经7岁，1950年电影上映时他12岁。然而，此时，已经有一代孩子离开寄住的儿童团体，回归 "百姓生活"。战争结束时，这些青少年几乎都成年了，或者至少已经结束了学徒生涯，因此，他们的 "儿童村" 生活也到达了合理的终点。

1952—1954年由 "老磨坊小孩共和国" 的孩子们制作的漫画《友谊的故事》也非常明确地展示了这一切。前三卷漫画追溯了1946年第一个营地起源的史诗历程，故事以1951年夏天 "共和国" 正式成立为止。在第三卷的最后几页中，提到了第一批 "小公民"

---

① 由一系列有纪念意义的广场组成，包括恺撒广场、奥古斯都广场、和平殿、涅尔瓦广场、图拉真广场等。——编者注

在受教育和学习上获得的成功，在第四卷的故事中，这第一批"小公民"在 1952 年"已经长大了，变得强壮而有教养"，因此被称为"老成员"。这批"小公民"中的有些人确实离开了，有人成为全职妈妈、建筑工地的工头，有人去以色列服兵役，也有人在巴黎从事高级时装工作。也有一些人选择留下，但他们的角色已经转变，成为"建设者"（团体的管理人员）或教育工作者。接着，在这批孩子的接替者招募上出现了问题，朱利安夫妇由于招纳不到战争受难儿童而不得不完全更新他们的招募政策。第一批"小公民"，如德德、弗弗、吕西安、罗伯特以及其他孩子的自传小故事都是发生在火与血的背景中，但第四卷漫画中描述的新来的孩子们的背景故事，已经和战争没什么关系了，而是有着所谓的不幸或不适应社会的童年：他们可能有酗酒和暴力的父亲、缺乏慈爱的母亲、离婚的父母、缺席的父亲、见异思迁的母亲等。这种转变的发生当然也并非没有障碍。从第三卷开始，这部漫画就提到了朱利安夫妇自 1950 年以来在寻找资金方面遇到的困难：国际团结带来的动力源泉（"老磨坊小孩共和国"此前主要依靠国际救助儿童会瑞典分支"拯救儿童"的持续支持）似乎已经枯竭。漫画用了一整页讲述了这个故事，我们跟随象征着"小孩共和国"的小玛丽安娜，"挨家挨户"地与提供资金的各机构法国官员面谈，"小孩共和国"的筹款此时遭遇了卫生健康和行政管理两方面的问题：家庭补助金管理局表示孩子的亡父母实际上并不是补助金受益人，社保部门申明已经有赞助的儿童之家，卫生部要求"小孩共和国"通过卫生审批，教育部则坦承自己囊中羞涩……如果要新接收儿童的话，问题就更加复杂了。第四卷展现了朱利安夫妇为了有机会接收新居民而进行的复杂谈判。

尽管他们曾在 1952 年成功从巴黎带回了两个孩子，但是漫画却提到，1953 年 1 月，"尽管经历了繁琐的程序，繁重的通信工作，和往返巴黎的旅途劳顿，最终，孩子们还是没有来成"，朱利安夫妇甚至一度想着转型成雷诺（Renault）工厂的儿童夏令营。第四卷漫画的结尾是乐观的，在 1953 年冬天他们获得了"批准"，但是漫画没有进一步描绘细节，只是以乐观的论调写到，有"相当一群"儿童到来，并决定共同建立"第二共和国"，然而，据我们所知，它的命运没能再被书写，因为自此以后他们没有再出版第五卷漫画了。

朱利安夫妇遇到的问题也是国际儿童团体联合会的所有儿童团体所遭遇的问题。二战战争受难儿童救助事业以及为儿童提供教育关怀、进行弥补的必要性，在战后初期得到了广泛的认可，对于这一紧迫的问题，所有欧洲国家都深受触动。但是 10 年过去，这些团体快要消失殆尽了，如果他们想继续经营，就不得不考虑转向其他事业。战争一代的孩子们，这些"无家可归"的儿童、残废的儿童、孤儿、被驱逐出境的儿童、难民儿童等都已经长大成人，他们几乎所有人都到了可以离开这些收容机构的年龄。诞生于战争这种特殊背景的团结精神和由此而来的国际资助的动力也注定要消失，尤其是在冷战的紧张局势暴露了许多分歧的情况下。尽管可以观察到，相对来说，在国际儿童团体联合会内部，事业重心从战争受难儿童问题到适应不良青少年问题的转变是达成共识的，但另一方面，对于战争受难儿童、适应不良青少年的教育方法的转变则很难通过纯粹而简单的转换就实现，关于应用怎样的教育方法，大家还远未达成共识。尽管"小孩夫和国"和儿童团体的模式早在第二次世界大战之前就已经应用于针对少年犯群体的试验中，特别是在美国，但这一做法在 20 世纪 50 年代的系统化进程中却与其他救助方式相冲突。当时，医学心理学迅速发展，新的职业主体——特殊教育工作者——自 1951 年以来组成了国际适应不良青年教育者协会（Association internationale des éducateurs de jeunes inadaptés，AIEJI），并寻求由联合国教科文组织担任顾问。这在亨利·茹布雷尔的文章中有直截了当的表达：

> 有一天，随着经济和社会的进步（但这一天并不会立刻到来，因为意大利仍然存在可怕的贫困），这一类街头儿童会消失吗？会使"自由""儿童村"的招募来源枯竭吗？我们已经得知，某个有名的"儿童村"已经经历接收儿童群体的变化（真正适应不良的儿童），它本应修改其方法，以回归到关于寄宿学校再教育的共识：我们需要根据在这些年轻人中观察到的智力或性格缺陷，尽量给予年轻人自治，而不是让成人教育者赤裸裸地介入，此外，也要向真实生活的形象靠拢（家长和老师对孩子的权威）！

定义的稀释

10 年后的现实证明，亨利·茹布雷尔这番话很有预见性。如果翻阅 20 世纪 60 年代儿童保护领域的法国主要期刊，甚至代表新教育潮流的期刊，例如《再教育》、《保护童年》（*Sauvegarde de*

l'enfance）、《儿童手册》(Cahiers de l'enfance)、《儿童论坛》(Tribune de l'enfance)、《心理教育手册》(Cahiers psycho-pédagogiques)、《教育与发展》(Éducation et développement)、《儿童法律保护》(Service juridique de protection de l'enfance，SPE) 等，我们不能不感到震惊的是，它们都很少提到儿童团体运动，其教育目标的意义也丧失了。即使还能找到一些关于 "儿童村" 的文章，但它们已经很少涉及那些曾经被归入（有些仍然被归入）国际儿童团体联合会的儿童团体了。

现在被呈现最多、被讨论最多的，体现 "儿童村" 特质的模式，源于一股另外的潮流。这个模式就是 "SOS 村" 模式，由赫尔曼·格迈纳（Hermann Gmeiner）博士于 1945 年在奥地利发起。这些 "SOS 村" 的运营理念与自治、儿童的积极参与甚至新教育的各项原则相去甚远。它们为 9 个孩子提供更传统的家庭式的接待，这些孩子以 "兄弟姐妹" 的关系相处，由 "一家之母" 管理，扮演妈妈角色的人必须拥有与孩子建立 "心连心" 关系的 "本能" 和能力。这种 "SOS 村" 的理念已经被简化，和当年特罗根制定的原则没有太大关系了。在荷兰人马洛克·豪厄（Mulock Houwer）的著作中，可以看到对这种 "SOS 村" 实践典型案例的描述。豪厄试图通过此书对适应不良儿童机构进行详尽的全景式展现。20 世纪 50 年代初，他作为阿默斯福特赞德伯根中心的负责人加入了国际儿童团体联合会运动。同时，他被任命为新成立的国际适应不良青年教育者协会的主席，并于 1957 年当选为国际救助儿童会秘书长。由于他身兼数职，许多杂志都请他作为该领域的专家，在文章中表达对儿童机构的宏观看法。

他在 1964 年为《儿童手册》写的两篇文章就是如此。文中，他回顾了"儿童村"历史，然后评价了"儿童村"的教育实践。在第一篇文章中，他并没有试图突出这一模式的教育独创性，或是宣扬国际儿童团体联合会运动，而是将"儿童村"作为一个包罗万象的类别，抨击那些认为"儿童村"是二战以来的"新方法"或"革命政策和纲领的表达"的观点。为此，他首先回顾了这个概念有多古老——他直接自由地重新诠释了这些模式！他追溯到 19 世纪弗雷德里克—奥古斯特·德梅茨（Frédéric-Auguste Demetz）在梅特赖（Mettray）建立农业营地的倡议和美国纽约弗里维尔"小乔治共和国"的建立。然后，他以波兰的雅努什·科扎克建立的儿童团体和巴勒斯坦的"阿利亚青年社区"为例，回顾了两次世界大战之间的类似举措。接着，他讲到了二战后，表示"钟声敲响"后，各个国家对儿童团体模式的狂热态度和各自所取得的成就实际上天差地别。他重点强调了里沃尔塔的"奇维塔韦基亚少年共和国"和特罗根的"裴斯泰洛齐儿童村"之间的差异，而不是共同点。他还接着列举了一系列实践，它们除了"儿童村"这个名字之外，与"儿童村"没有任何相似之处，有些是与父母合作，有些则是接纳带着孩子的母亲。他特别提到建立了自己的国际组织的"SOS 儿童村运动"。他的第二篇文章主要围绕后者展开，标题令人回味——《"儿童村"：是创新还是老套路？》他批评该运动幼稚、不擅教育、对员工的培训不足：

> 他们的政策和实践过于简单，因此总体而言，对儿童福利政策和实践的贡献微乎其微……阅读这些"SOS 儿童村"的公

开文章时，让我印象深刻的是他们鼓吹式的写作方式，尤其是格迈纳，他们从不写工作领域的实际问题，却不断地从一开始便重申一切进展顺利，夸赞自己的模式比其他模式更适宜、更优秀。所有这一切还要再配上充满阳光和蓝天的美妙图像。

这种对奥地利模式的猛烈攻击因此演变成了反对一般意义上的"儿童村"模式的武器，不管国际儿童团体联合会的"小孩共和国"们有多么积极的经验，好像都无法抵消这种差评。

作为国际儿童团体联合会第一任主席的罗伯特·普雷奥本人在1950年初卸任后不仅主动与国际儿童团体联合会保持距离，而且在此后斩钉截铁地否认了与国际儿童团体联合会的所有联系。1958年1月，他仍然同意了《科学与生命》（*Science et vie*）杂志的拍摄，记者来到他的机构，普雷奥甚至同意将自己拍成"普通公民"，照片中的他举起手指，对着由孩子们选举出的委员会发言。另一方面，在1975年的回忆录中，他又带着尖刻的态度回忆了自己沉浸在儿童团体圈子中的经历。他毫不犹豫地指出了那些偏离原本路线的情况，还提起了隆格伊—安内尔"小校村"的孩子们应邀去到另一个"儿童村"的经历，后者看起来似乎像一个真正的"儿童自治政府"那样：有"公民大会"来选举负责"儿童村"里各种事务的人、有准备报纸的"新闻委员会"、有自主选择的菜单、有体育赛事的组织、有自己进行房屋装饰的活动……但他也很快揭示了这些表象后的另一面。他像宣读通知一般分享了自己的观点：

在这种表面上的自由背后，是一种形式主义，在场的大人们通过"劝告""建议"的方式介入，孩子们总是带着紧张的心情对成年人投去期待的目光：这些做法真的符合对"民主"永恒的追求吗？无论如何，来客们成为了一个单独的小群体，主人翁们就像在他们面前表演的剧团，但不知道如何互相接近、融合，他们说不同的语言，去做客的孩子们甚至觉得尴尬和不自在，我们被借用、推到台前去，不知道能为他们做些什么，只能加入这种共同的崇拜。临近告别时，他们组织了一场盛大的聚会，跳着环舞、唱着歌、庆祝"友谊、博爱、相聚的快乐"……这种情感也许是真的，但谁也无法证明。"儿童村"的负责人们仍然相信这场实践是成功的。至于我，我想到了其他的一些教育模式，它们的作者也是这样，被盲目的信仰渗透，将自己锁在所谓的世界上唯一的真理中。

至于"裴斯泰洛齐儿童村"，它自 1944 年以来就一直是儿童团体的典范，继续保持着接收难民儿童（比如匈牙利儿童、韩国儿童、印度儿童和突尼斯儿童）的传统，同时也为瑞士儿童留出接纳空间，广泛接收 5—9 岁遭遇家庭不幸、贫困、遗弃以及有"精神和智力发展"问题的儿童，这些工作都在他们 1950 年的年度报告里有详细说明。在"裴斯泰洛齐儿童村"，人们仍然保持"超国家"的理念，并且努力避免第三次世界大战，但是国际儿童团体联合会的精神似乎在民族主义的浪潮中迷失了。这个标志性"儿童村"的创始人沃尔特·罗伯特·科尔蒂也从国际儿童团体联合会和"裴斯泰洛齐儿童村"协会退出了。在 1950 年 9 月 1 日给他的朋友伊丽莎白·罗滕的一封信中，科尔蒂写道："我决定，至少从表面上，

Influence du milieu, de l'entourage, des circonstances (facteurs exogènes).

12.4 *ENPJJ* 历史基金会收藏：青少年结成帮派的危险，《犯罪学与警察技术杂志》（ *Revue de criminologie et de police technique* ）第 4 期，1952 年 10—12 月。

"LES ENFANTS aux longs couteaux"
par SILVAIN REINER

A 13 ANS, ERIC
"dit le Fauché"
RÈGNE EN MAITRE SUR SON "GANG"
une bande de galopins désertant l'école !

J'AI FAIT SA CONNAISSANCE AU JARDIN D'ACCLIMATATION devant un manège de chevaux de bois

Eric le Fauché, le chef du « gang », venait serrer des mains à la ronde. (Illustration de A. GALLAND.)

12.5ENPJJ 历史基金会收藏：关于青年帮派的剪报，《巴黎人报》（*Le Parisien*），1957年1月10日。

1954

SERGE DALENS

LES VOLEURS

LES ENFANTS DE L'ESPÉRANCE

P. Joubert

COLLECTION
SIGNE DE PISTE

ÉDITIONS
ALSATIA PARIS

12.6 巴黎第八大学护理及健康科学学院教育史中心图书馆收藏："小径标志"（Signe de piste）系列小说，作者塞尔日·达朗（Serge Dalens），本名伊夫·德韦尔迪尔哈克（Yves de Verdilhac），是一名职业法官，小说讲述了 3 个少年小偷被交给少年法庭的故事。

退出这个教育理念混乱的世界。"他人生的下一个挑战也已经提上日程：他渴望创建一个探讨和平的学者圈。1955 年，他被任命为"裴斯泰洛齐儿童村名誉主席"，次年还成为"裴斯泰洛齐儿童村名誉市民"。当时，国际主义已经更多着眼于西方和东方之间的分歧，以及所谓的发达国家和"发展中国家"之间的差距上。"裴斯泰洛齐儿童村"的教育实践和对特罗根的"裴斯泰洛齐儿童村"的访问有明显的"人道主义"基调。

结　语

2018年，距离联合国教科文组织当年在这里组织的那场会议已经过去了70年，我们也去到特罗根。虽然瑞士离我们很近，但我们却感觉去到了一片遥远的土地。几个小时的车程里，我们驾车沿着一条铁路线一直行驶到尽头。这条铁路上不时有古旧的轨道车经过，像是从20世纪40年代就一直来回穿梭、行驶到现在一样。最后，我们终于到达特罗根的"裴斯泰洛齐儿童村"所在地。我们看到了曾举行著名的"公民议会"①的地方，在那里人们曾用举手的方式行使"直接民主"，这里的场景与以前那些传单和明信片上的完全相同，连那巴洛克风格的房屋都一模一样，城市中心古老的克朗酒店也还伫立在那里。我们顺着标有"Kinderdorf"（德语的"儿童村"）的木牌走上了一条小道，来到最高点，我们被整个"儿童村"的景象所震撼了。"裴斯泰洛齐儿童村"活生生地在我们眼前伸展开来：它坐落在牧场中央，小木屋在阳光照耀下看起来就像崭新的，与当地住宅风格融为一体。远处是康斯坦茨湖（博登湖），湖的另一边就是德国。在村子后面，一条笔直的小巷两侧竖着许多旗杆，几个国家的国旗迎风飘扬。在到达山顶之前不久，一

---

① 德语 Landsgemeinde，意为地方集会，是一种古老且简单的直接民主形式。举手表决为其投票方式。——编者注

个女孩从我们身边经过，用缰绳拉着一匹耕马，我们仿佛看到了1950年在这里拍摄的电影《大家的孩子》中的场景。我们在那里驻足，凝视了"儿童村"片刻，一种奇妙的感觉涌了上来：时间仿佛在这里冻结了。人们对"儿童村"的认知确实与它刚诞生时所宣传的一致，后来这一切通过照片广泛传播，又在传单和宣传公报中重新描绘，但是在这期间"儿童村"却奇怪地变荒凉了。"儿童村"还在那里，但孩子们已经不在了。

漫步在小木屋之间，随处可见露出破旧木瓦的外立面，这让废弃的荒凉感更为强烈。其中有一座小木屋被改造成了小型博物馆，借用创始人们的肖像串联、重现了"儿童村"的欢乐史诗，他们是：玛丽·迈尔霍费尔、沃尔特·科尔蒂、伊丽莎白·罗滕、亚瑟·比尔，他们都已经不在人世，而且或多或少地被遗忘在教育史的长河里了。另一座小木屋则成了档案馆，密密麻麻地存放着档案资料，在那里，我们可以直观地感受到20世纪下半叶"儿童村"活动的密集程度与国际儿童团体网络的规模：许多档案盒和文件夹里存放着与"裴斯泰洛齐儿童村"有联络的类似的各国儿童团体的往来记录。

在现场带领我们的马塞尔·亨利（Marcel Henry）是受基金会委派的，该基金会还在维护"裴斯泰洛齐儿童村"旧址和社会资金。他证实，10年来都没有儿童以可持续的形式留在特罗根，现在特罗根的主要活动包括在孩子们可能会遇到困难的国家分发援助，或组织为期一两周的会议来增进对和平教育的认识。他还在考虑如何处理这些房屋，在许多瑞士捐助者眼里，它们是崇高的象征，但它们已经不符合当前集体住宿的安全标准了。他想把这个村庄转型成下一次 75 周年纪念活动的会址，还希望可以让它进入"联合国教科文组织世界遗产名录"，从而保护"儿童村"。

　　然而，"裴斯泰洛齐儿童村"是少数几个长期坚守帮助战争受难儿童的最初目标的村庄之一，从最初接纳第二次世界大战的受难儿童，其工作范围扩大到了服务于更广泛的冲突受难儿童。比如，多年来，一直有年轻的受难者寄宿在这里。鉴于如今接二连三的政治、经济危机和武装冲突，不断把儿童推向流亡的道路，对受难儿童的照顾似乎是不可替代的。最近，对这种受难儿童甚至还有了特定的称呼："无人陪伴的外国未成年人"（mineurs isolés étrangers）或"无人陪伴的未成年人"（mineurs non accompagnés）。然而，事实上，这类收容活动似乎不再符合人道主义标准了。把来自同一国的外籍未成年人集中在一起生活，被认为会阻碍他们融入社会，甚至会带来潜在的社会危险。"裴斯泰洛齐儿童村"成立初期的想法是根据各个国家的传统，让大家都各自生活在本国孩子的小屋中，由此形成一个"世界村"，到现在，那种想法已经难以想象了。除了这个教育乌托邦之外，就像 2017 年萨比娜·吉西热（Sabine Gisiger）的纪录片《欢迎来到瑞士》（*Bienvenue en Suisse*）里展示的那样，对瑞士来说，在二战后大力宣传自身作为"欢迎之地"的形象，以此来洗刷其受到强烈质疑的中立国形象，已经不再是优先事项了。

　　无论是在法国、意大利还是德国，当我们实地访问儿童团体，或是调查它们的未来发展情况时，结果都向我们证明，特罗根的演变不是例外。这些"儿童村"中，有许多在 20 世纪 60—80 年代被拆除，旧址物业被归还、出售或遗弃。那些一直坚持到今天的儿童团体，大多也处于濒临关闭的凋敝状态，或者目前提供的照料形式已与最初的教育项目几乎没什么关系。虽然我们仍然可以在一些建筑物门前看到"青年大会""银行"或"法院"的招牌，但它们并没有实际意义，只是纸板装饰而已。令我们震惊的是，尽管国际儿童团体联合会仍然存在，这些儿童团体已经失去了在国际上的可见性和影响力，我们没有再继续追踪国际儿童团体联合会，因为在我们看来，它现在已经太不起眼了。

当我们参观那些仍然存续的，或是后来成立的儿童团体时，负责人们都对我们的到来和我们对"儿童村"的兴趣感到惊讶，尽管曾经他们接待过那么多的外国游客。他们似乎都不知道其他类似教育实践的存在，但不管怎样，相互之间建立了联系。在这些团体的档案中，我们翻出了大量新闻资料夹，其中存放着许多剪报，最后一份可以追溯到 20 世纪 70 年代，那个时候已经很少有媒体报道他们了，只有一些有关创始人去世的报道，或者是曾参与儿童团体活动的著名人士的报道，有的报道甚至是为了产业转型或房地产等话题，而提到了"儿童村"计划关闭的消息。联合国教科文组织本身是这一儿童事业的推动者，也是第一批"小孩共和国"的坚定支持者，但在 20 世纪 50 年代后期，联合国教科文组织却逐渐对此失去兴趣，转而支持如基础教育等其他国际教育政策。

政治局势的演变在很大程度上能够解释二战后"儿童村"运动的兴起，也解释了为何这项运动从 20 世纪 50 年代以来便逐渐衰落了。世界大战导致史无前例的大量人员流离失所和前所未有的地缘政治重组，这反过来又引发了那些未直接受武装冲突影响的国家令人惊讶的国际动员。与人道主义组织在 20 世纪 20 年代初前往西班牙和葡萄牙为北欧寻求援助一样，二战后，北美、南美、澳大利亚和南非也进行了强有力的动员。

对平民生活前所未有的破坏，再加上大规模传播图像的信息媒体的发展，使得战争受难儿童的形象进入大众视野并深入人心，他们既体现了暴力的无差别性，也代表着复兴的希望。鉴于几乎无法通过性别、种族、文化或社会和地理归属等的标准来识别，这一群体的数字出乎意料地缺失了。即使很多陈词滥调都提到了那些尚在幼年的"小兵"们，但他们更多地被视为战争的无辜受害者，而不是战士。就像废墟终归都看起来差不多、很难在地图上锁定位置那样，在世界末日背景中的孩童形象仿佛也模糊成一团。就好像同样的战争经历和相仿的年龄可以使他们超越语言、文化和社会的隔阂，克服意识形态和宗教信仰的分歧。战争受难儿童的形象是笼统的、模糊的，每个人都能看到，他们既象征着世界的终结，也象征着潜在的重建可能。

在许多国家有许多流离失所的难民儿童，人们通常倾向于认为，他们就像是易于移植的幼苗。成年流亡者的存在则加剧了身份认同混乱的问题，因为成年流亡者经常作为志愿者被招募来照顾儿童团体里的孩子们。因此，对"儿童村"和"小孩共和国"的热情，与国际运动的重要性和全球重建的乌托邦理念紧密相关。孩子们被要求扮演这样的角色，他们在国际主义的舞台上被精心挑选出来，表演一出名为国际儿童团体的剧作，这是一种实行男女同校、学生自主（autonomie）、积极教育、儿童政府、自治和领导力实践的教育方法。此后，这种教学法将不再局限于战争受难儿童的教育事业。

另一方面，随着 20 世纪 50 年代冷战加剧以来，我们目睹了身份认同的衰退以及非常明显的地理、文化和意识形态边界的重新出现。从欧洲的角度来看，冲突不再是全球性的，范围变得更加局限，甚至边缘化。战争（或干旱、流行病等其他灾难）受难儿童也就不再那么具有普遍意义了，正如联合国儿童基金会的运动所表明的那样，联合国儿童基金会是最后几个持续针对儿童采取行动的人道主义组织之一。在宣传海报和电视广告中，联合国儿童基金会根据孩子们的文化归属展示世界各地的孩子，强化着人们的刻板印象：穿着长袍的非洲孩子，穿着纱丽的印度孩子……这些孩子们的形象被并置在一起，展现以苦难为主题的世界之旅，然而，他们的痛苦并不相通。虽然教育仍然是优先事项之一，但人们首要关注的不再是促进国际理解的教育问题，而是先为孩子们争取识字权。孩子成为人们同情的对象，他们当然有权利，但他们不再被视为要推动成年人实现自己诉求的行动者。孩子们不再像 1946 年美国陆军部制作的电影《命运的种子》（ *Seeds of Destiny* ）所说的那样，是"明天的缔造者"，是未来的建设者。孩子们当然可以，而且应该接受教育，但是人们不再希望他们通过制定规则，成立"政府"来为自己构建一个理想的社会，并让成年人从中有所收获了。

"小孩共和国"的概念似乎已经过时了，但是公民教育仍然是教育事业中很重要的一方面。在今天的教育环境中，它已经以新的形式出现了，比如青年公民委员会、国际暑期村、班级代表会等。

时间表

1939 年

亨利·朱利安和亨丽埃特·朱利安夫妇在普罗旺斯为西班牙难民儿童开办首个永久性营地。

1942 年

盟国教育部长会议在英国伦敦成立。

1944 年 8 月 1 日

《你》杂志刊登沃尔特·罗伯特·科尔蒂的文章《为受难孩子而设的村庄》，其中介绍了国际村项目。

1944 年 11 月 8 日

战争受难儿童国际学习周（SEPEG）在瑞士苏黎世创立。

1944 年 11 月 14 日

第一期（国际）战争受难儿童之家辅导员培训课程在瑞士日内瓦开幕。

1945 年 1 月 15 日

位于佛罗伦萨的"学城"创立。

1945 年 3 月 15 日

第二期（国际）战争受难儿童之家辅导员培训课程在瑞士日内瓦开幕。

1945 年春

阿道夫·费里埃的《战后儿童之家》出版。

1945 年春

牧师什泰赫洛创立位于匈牙利布达佩斯的"高迪奥波利斯"。

1945 年 8 月

奇维塔韦基亚少年共和国和法兰西岛隆格伊—安内尔的"小校村"创立。

1945 年 11 月 16 日

联合国教科文组织（UNESCO）创立。

1946 年 4 月

维托里奥·德·西卡的电影《擦鞋童》在意大利上映。

1946 年 4 月 28 日

特罗根的"裴斯泰洛齐儿童村"埋下第一块奠基石。

1946 年 7 月 29 日至 8 月 12 日

欧洲新教育大会在巴黎举行。

1946 年夏

老磨坊营地的"小孩共和国"项目开始。

1946 年 9 月 16 日至 10 月 12 日

第一期教育医学团队进修课程在瑞士洛桑开幕。

1947 年 3 月

国际教育重建临时委员会（TICER）建立。

1948 年 7 月 5—10 日

国际儿童团体联合会大会在瑞士特罗根"裴斯泰洛齐儿童村"举行。

1948 年 7 月 10 日

国际儿童团体联合会（FICE）创立。

1949 年

在联合国教科文组织支持下，大卫·西摩的摄影集《欧洲儿童》出版。

1949 年 1 月 14 日

国际儿童团体联合会的法国分部，即法国全国儿童团体协会（ANCE）成立。

1949 年 2 月

盖佐·冯劳德瓦尼的电影《欧洲的某个地方》在法国上映。

1949 年 7 月 14 日

22 名波兰儿童离开了"裴斯泰洛齐儿童村"，回到波兰。

1949 年 8 月 1 日至 30 日

国际儿童团体联合会组织的首期国际儿童夏令营在老磨坊开营。

1949 年 10 月 11 日至 13 日

国际儿童团体联合会第一次全体大会后的第二次儿童社区专家和负责人会议在比利时沙勒罗瓦"马西内尔儿童城"举行。

1949 年 10 月

国际儿童团体联合会的意大利分部，即意大利全国儿童团体协会（ANCI）成立。

1950 年

《童年》杂志发表儿童之家特刊，批评儿童之家的模式。

1950 年 1 月 13 日

国际儿童团体联合会瑞士全国儿童团体协会举行第一次会议。

1950 年 3 月 5—7 日

法国全国儿童团体协会第一次大会在拉伊莱罗斯大众教育中心举行。

1950 年夏

由联合国教科文组织制作，并由奥特马尔·居尔特内为苏黎世的瑞士文化电影公司拍摄的电影《大家的孩子》开始摄制。

1950 年 8 月 1—27 日

国际儿童团体联合会举办的第二期国际儿童夏令营在卢森堡阿尔泽特河畔埃施（Esch-sur-Alzette）举办。

1950 年 9 月 24—29 日

国际儿童团体联合会第二次全体大会在法国里昂举办。

1951 年 11 月 4—8 日

国际儿童团体联合会第三次全体大会在意大利佛罗伦萨举办。

1952 年 10 月 17—18 日

国际儿童团体联合会第三次全体大会在法国斯特拉斯堡举办。

1953 年 4 月 25 日

利奥波德·林特贝格的电影《村庄》上映。

1954 年

威廉·戈尔丁的畅销书《蝇王》出版。

1954 年

国际儿童团体联合会第四次全体大会在法国布卢里举办。

1955 年 5 月 21—31 日

国际儿童团体联合会第五次全体大会在比利时库赛勒斯举办。

附　录

SOURCES ET BIBLIOGRAPH IE

CHAPITRE 1

Sources

Archives de l'UISE, archives d'État de Genève

Dossier 007 92.16.7 (3) sur la mission en Espagne de Georgina Margaret Petter de novembre 1937 à 1939.

Dossier 008 92.16.12 sur le voyage de Jeanne-Marie de Morsier dans le sud de la France les 19 et 20 mars 1939.

Dossier 011 92.18.2 (1) sur le voyage de Jeanne-Marie de Morsier dans le sud de la France en juillet-août 1940.

Dossier 92.18.21 sur l'activité de la section provençale du Comité français de secours aux enfants de 1935 à 1948.

Archives de l'Unesco, Paris 1re série 1946-1956

Dossier 36 A 653 (44) 107 : Child Community « Moulin-Vieux ».

Archives de l'American Friends Service Committee (photographiées et mises à disposition par Célia Keren)

Boîte 52 et 57, dossiers 14-95, série VIII : Correspondances et rapports du bureau marseillais.

Dossier professionnel d'Henriette Pauriol-Julien, archives départementales des Bouches-du-Rhône. Cité par Marie Dercourt-Terris, *La République d'enfants de Moulin-Vieux. Une communauté modèle?*, mémoire de master 2, université de Paris 8, 2013.

Bibliographie

Dercourt-Terris Marie, *La République d'enfants de Moulin-Vieux. Une communauté modèle ?*, mémoire de master 2, université de Paris 8, 2013.

Droux Joëlle, Kaba Mariama, « L'aide suisse à l'enfance française en danger », in Isabelle von Bueltzingsloewen (dir.), « *Morts d'inanition* ». *Famine et exclusions en France sous l'Occupation*, Rennes, PUR, 2005, p. 281-295.

Keren Célia, « Les enfants espagnols réfugiés en France : 1939 ou la crise de la solidarité ouvrière », *Cahiers du Centre de recherches historiques*, octobre 2009, n° 44, p. 75-89.

Marshall Dominique, « Humanitarian sympathy for children in times of war and the history of children's right, 1919-1959 », in James Marten, *Children and War*, New York, New York University Press, 2002, p. 184-199.

CHAPITRE 2

Sources

Archives d'État de Genève, fonds UISE

Dossier A.P. 92.23.7 : Correspondance et rapports de Mme Ariane

Flournoy, membre du comité de direction de l'UISE, en séjour à Rome, 1940-1942.

Dossier A.P. 92.23.8.1 : Délégation de l'UISE en Italie, aide aux enfants italiens victimes de la guerre : organisation des secours, mise en place de parrainages, correspondance, rapports des deux déléguées Mlle Claire Wenner et Mme Ariane Flournoy, 1944-1945.

Dossier A.P. 92.23.8.2 : Délégation de l'UISE en Italie : 1) Parrainages, rapports, correspondance des déléguées Mlle Claire Wenner et Mme Ariane Flournoy (1946-1948) ; 2) Copie de la correspondance de Mlle Wenner pour Genève (décembre 1947-octobre 1948) ; 3) Coupures de presse, rapports et résumés de l'activité de la délégation (1945 à 1949).

Archives privées de la Repubblica dei ragazzi, Civitavecchia, Italie

Dossiers correspondance 1945-1950 (ENDSI, UNRRA, UISE, Unesco, Vatican...).

Dossiers articles de presse 1945-1947.

Brochure de l'American Relief for Italy, 1944-1951.

Brochure Repubblica dei ragazzi, 1949.

Plaquette « Un uomo d'impegno : Don Antonio Rivolta » réalisée par les *ex-cittadini*, 1983.

Verbali della assemblea dei cittadini, 1947.

Archives privées de la Città dei bambini, Roma

Dossier « La guerra in Italia e la Resistenza ».

Dossier « L'Opera di Assistenza per i Sinistrati delle zone di guerra ».

Dossier « Opera per il ragazzo della strada ».

Dossier « Il coraggio e le risorse spirituali dello sicuscià ».

Dossier « Aiuto americano per l'Italia ».

Dossier « American Relief for Italy ».

Dossier « 1945 : fundazione del villaggio del fanciullo di Civitavecchia ».

Dossier « 1946 : consolidamento del villaggio e dei suoi strumenti di autogoverno ».

Dossier « 1947-48 : costruzione definitiva del villaggio industriale ».

Archives de l'Institut Jean-Jacques Rousseau, fonds Adolphe Ferrière, Genève

Dossier AdF/A/41/3. E. V.15 / Éducation en Italie dès 1945.

Archives privées de Daniel Goens, Bruxelles

Dossier correspondance 1942-1954.

Albums photographiques.

Bibliographie

Carroll-Abbing Patrick, *Les Enfants perdus de Rome*, Paris, éditions France-Empire, 1968.

Carvalho de Azevedo Juliana Marisa, *L'Union internationale de secours aux enfants et sa délégation générale en Amérique latine*, mémoire de maîtrise, université de Genève, 2017, Archives ouvertes UNIGE.

Conway John S., « Myron C. Taylor's Mission to the Vatican, 1940-1950 », Church History, vol. 44, no 1, mars 1975, p. 85-99.

Farré Sébastien, *Colis de guerre : secours alimentaire et organisations humanitaires (1914-1947)*, Rennes, PUR, 2014.

Ferrière Adolphe, « Les communautés d'enfants en Italie », in *L'Autonomie des écoliers dans les communautés d'enfants*, Genève,

Delachaux & Niestlé, 1950, p. 102-109.

Gayte Marie, « Parallel Endeavors for Peace. La reprise de relations directes et continues sous la présidence de Franklin D. Roosevelt », in *Les États-Unis et le Vatican : analyse d'un rapprochement (1981-1989)*, chapitre 2, thèse de doctorat (science politique), Université de la Sorbonne nouvelle–Paris 3, 2010.

Goens Daniel, *Ragazzi difficili*, Turin, R. Berruti & C., 1948.

Goens Daniel, « Une République d'enfants », *Pédagogie, éducation et culture,* Centre d'études pédagogiques, Paris, no 10, décembre 1949, p. 421-428.

Goens Daniel, « Le paradis des enfants à Spa », *Pédagogie, éducation et culture,* Centre d'études pédagogiques, Paris, no 7, juillet 1948, p. 617-623.

Luconi Stefano, « Bonds of affection : Italian Americans' assistance for Italy », *Altreitalie,* janv.-juin 2004, p. 110-123.

Sassy Joseph, « Daniel Goens : prêtre de montagne (1939-1944) », *Médi@ venir,* hors série, no 1, hiver 2003-2004, p. 9.

CHAPITRE 3

Sources

Archives fédérales, Berne

Spenden z.G. des Kinderdorfes Pestalozzi in Trogen ; Siedlung Lenzburg, im Staate Illinois, E2200.85.

Journal *St. Louis Globe-Democrat,* Sunday, 5/23/48.

Département politique fédéral, Village Pestalozzi, Trogen, 1949-1951

(date mise au crayon 1946-51), E2200.44(-)1969/166, Volume 7, dont :

- Lettre d'Otto Binder à la Légation de Suisse en Belgique du 21 novembre 1946.

- *Nouvelles du village d'enfants Pestalozzi*, mai 1948, 2.

- *Nouvelles du village Pestalozzi*, no 1, décembre 1947.

- Article de presse sur Herman C. Honegger intitulé « Honored by France for Aid to Children ».

- *Le Soir illustré*, 17 juillet 1945 et 24 octobre 1946.

Archives Pro Juventute, Zurich

Vereinigung Kinderdorf Pestalozzi Allg. Korres. A-Z 1946-1949 (8 classeurs) Kinderdorf Pestalozzi 1944-1949.

Organisation et plan de travail de l'organisme central du 2 mars 1946.

Plan für die Mittelbeschaffung signé Otto Binder, 11 janvier 1946.

Archives du BIE, Genève

Boîte 68 : Comité de reconstruction éducative (experts).

Boîte 85 : Reconstruction éducative 1944-1945.

Zentralbibliothek, Zurich, Manuscrit

Fonds Walter Robert Corti Belegung der Schachteln 39-140 (Korrespondenz) Datei NlCor039.doc zugleich alphabetisches Korrespondentenverzeichnis.

Fonds Elisabeth Rotten (im Nachlass Walter Robert Corti), dont :

- Presseartikel von E. Rotten, 1945, 1946, über das Kinderdorf 1945-1947.

- Notizen, Aufzeichnungen, Briefkopien, Berichte betr. Kinderdorf

Pestalozzi, Trogen, für Walter Robert Corti, 1945-1963, notamment *An International Village for War Orphans at Trogen*, Switzerland, Feb. 1947, Nachlass E. Rotten 7.

– Correspondance notamment avec Walter Robert Corti, Rodolfo Olgiati, Maria Montessori.

Archives du CICR, Genève

Dossier G69 1 (1). Enfants – généralités–Questions spéciales

dont la lettre du 23 janvier 1946, H. Bachman du Comité international de la Croix-Rouge écrit au délégué suisse du CICR à Bruxelles M. Christoffel.

RTS, Lausanne, archives audio

Alice Descoeudres, interview pour la radio suisse romande, 29 juin 1946.

Archives de l'Institut J.-J. Rousseau, fonds Adolphe Ferrière, Genève

AdF/A/33/1 et AdF/A/7/1 : nombreux documents, articles de presse, correspondance, dont un projet des statuts de l'association village d'enfants Pestalozzi de l'assemblée des membres du 19 mars 1946 à Zurich.

Archives de l'Unesco, Paris, 1re série 1946-1956

370.185 (100) : Child community–International, Trogen, Switzerland.

Bibliographie

Commission indépendante d'experts suisses—Seconde Guerre mondiale (CIE), *La Suisse, le national-socialisme et la Seconde Guerre mondiale*, Zurich, Pendo Verlag, 2002.

Commission indépendante d'experts suisses—Seconde Guerre mondiale

(CIE), *La Suisse et les réfugiés à l'époque du national-socialisme,* Zurich, Chronos Verlag, 2001 (www.chronos-verlag.ch).448

Corti Walter Robert, « Ein Dorf für die leidenden Kinder », *Du,* 1ᵉʳ août 1944.

Corti Walter Robert, « Ein Dorf für die leidenden Kinder », Servir, septembre 1944.

Corti Walter Robert, « Das Kinderdorf Pestalozzi in Trogen », Revue *Pro Juventute,* no 5, 1946, p. 7.

Corti Walter Robert, *Der Weg zum Kinderdorf Pestalozzi,* Zurich, Gute Schriften, 1955.

Corti Walter Robert, « Kinderdorf Pestalozzi », *Die Friedens-Warte,* n° 3, 1945, p. 121-126.

Dreyfus-Sée Geneviève, « Le village d'enfants Pestalozzi », *L'École nouvelle française,* n° 8, mai 1948, p. 153-156.

Favez Jean-Claude, « Le Don suisse et la politique étrangère. Quelques réflexions », in Barbara Roth-Lochner, Marc Neuenschwander et François Walter (dir.), *Des archives à la mémoire. Mélanges d'histoire politique, religieuse et sociale offerts à Louis Binz,* Genève, Société d'histoire et d'archéologie de Genève, 1995, p. 325-339.

Ferrière Adolphe, « La Suisse terre d'asile pour les enfants d'Europe », *L'Essor,* XXXVe année, numéro spécial, 7 et 21 novembre 1941.

Ferrière Adolphe, « Un village d'enfants », *L'École nouvelle française,* n° 1, décembre 1945.

Ferrière Adolphe, « Préparer les éducateurs pour les enfants d'Europe », L'Essor, XXXIXe année, no 3, 4 février 1944.

Ferrière Adolphe, « Les enfants et la guerre », *L'Essor*, XXXIXe année, n°
13-14, 23 juin 1944.

Ferrière Adolphe, « Le village d'enfants Pestalozzi », *L'Essor*, XLe année,
n° 20, 9 novembre et n° 23, 21 décembre 1945.

Ferrière Adolphe, « L'enfance victime », *L'Essor*, XLe année, n° 22, 7
décembre 1945.

Ferrière Adolphe, « Le village d'enfants Pestalozzi », *L'Essor*, XLIe année,
n° 11, 24 mai 1946.

Ferrière Adolphe, « Le village d'enfants Pestalozzi », *L'Essor*, XLIIe
année, n° 1, 10 janvier 1947.

Ferrière Adolphe, « L'enfance victime de la guerre », *Pour l'ère nouvelle*,
n° spécial congrès, août 1946, p. 115-120.

Ferrière Adolphe, « La jeune génération et l'après-guerre », *Servir*, n° 20,
17 mai 1945.

Gardet Mathias et Ruchat Martine, « Le Village Pestalozzi, un modèle
de communauté d'enfants pour l'Europe : entre utopie pédagogique
et propagande politique, 1944-1954 », *in* Markus Furrer *et al.*, *Entre
assistance et contrainte : le placement des enfants et des jeunes en Suisse
1850-1980, Itinera,* fasc. 36, Bâle, Schwabe, 2014, p. 123-138.

Huguenin-Elie Laurent, *Croix-Rouge et guerre des ondes. La politique
d'information du CICR 1940-1948,* mémoire de licence sous la
direction des professeurs François Walter et Yves Collart, Université de
Genève, Faculté des lettres, septembre 2000.

Hüttenmoser Marco et Kleiner Sabine, *Ein Leben im Dienst der
Kinder. Marie Meierhofer 1909-1998,* Baden (Suisse), Hier und Jetz,

2009.

Knoblauch Urs, « 60 Jahre Kinderdorf Pestalozzi in Trogen–ein Beispiel der humanitären Schweiz », *Horizons et débats,* 7e année, n° 14, 16 avril 2007.

Laty Charlotte, *Elisabeth Huguenin (1885-1970). Pédagogue exigeante et chrétienne engagée,* mémoire de master sous la direction de Martine Ruchat, FPSE, Université de Genève, 2017.

Le Guillant Louis, « À propos du village Pestalozzi », *L'École nouvelle française,* n° 8, mai 1948, p. 1-5.

Leimgruber Walter et al., *L'OEuvre des enfants de la grand-route,* Berne, Archives fédérales, cop. 2000 (all. 1998).

Linder-Albold Doris, « Les débuts du Village Pestalozzi », *Rapport annuel de l'association Village Pestalozzi,* juin 1946.

Nessi Serge, *La Croix-Rouge suisse au secours des enfants 1942-1945 et le rôle du docteur Hugo Oltramare,* Genève, Slatkine, 2011.

Rapport annuel du Village d'enfants Pestalozzi, 1946, 1947, 1948.

Rotten Elisabeth, *Das Kinderdorf « Pestalozzi » in Trogen,* Saanen, Mitte Juli 1946.

Rotten Elisabeth, « Der geistige Ort des Kinderdorfs », *Die Friedens-Warte,* n° 3, 1945, p. 126-136.

Ruchat Martine, *Images, signes et sens de la communauté d'enfants,* Genève, International Standing Conference for the History of Education 34, 2012.

Wezel Fritz, « Un jour au Village Pestalozzi », *Rapport annuel de l'association Village Pestalozzi,* juin 1946.

CHAPITRE 4

Sources

<u>Archives privées Robert Préaut, université Paris 8 Saint-Denis</u>

Rapports journaliers du Hameau-école de l'Île-de-France, 1947-1948.

Comptes rendus de réunions médico-pédagogiques, 1947-1948.

Correspondance, 1945-1948.

Coupures de presse, 1947-1950.

Dossier SEPEG, 1947-1949.

Cahier de Renée Vanden Bossche.

<u>Archives de l'Institut Jean-Jacques Rousseau, fonds Adolphe Ferrière, Genève</u>

AdF/A/63/2-3. Secours aux enfants. Cartel suisse de secours aux enfants. SEPEG, 1942-1949.

AdF/E/3/13-15. Dossier Claude Ferrière : activités professionnelles et engagements, 1947-1948.

<u>Archives SEPEG, archives cantonales vaudoises, Lausanne</u>

PP 1035/67. SEPEG Zurich, 1947.

<u>Archives fédérales, Berne</u>

E2001E#1968/75#262* : SEPEG, 1947-1948.

E2001E#1967/113#15512* : Internationale Studienwochen für das kriegsgeschädigte

Kind 1949-1950.

<u>Archives OEuvre suisse d'entraide ouvrière (OSEO), archives sociales suisses, Zurich</u>

Fb90-95 et Fb100-105 : Photographies d'Ernst Koehli.

Bibliographie

Boussion Samuel et Gardet Mathias (dir.), *Les Châteaux du social xixexxe siècle*, Paris, Beauchesne, 2010.

Boussion Samuel, *Le Hameau-école de l'Île-de-France (1945-1964) : République d'enfants modèle ou expérience déviante?*, Symposium « Républiques, villages et communautés d'enfants : un idéal concerté de l'après Seconde Guerre mondiale », congrès de l'AREF, Genève, septembre 2010.

Boussion Samuel, *Les Éducateurs spécialisés, naissance d'une profession. Le rôle de l'Association nationale des éducateurs de jeunes inadaptés (1947-1959)*, Rennes, PUR, 2013.

Laé Jean-François, *Les Nuits de la main courante. Écritures au travail*, Paris, Stock, 2008.

Préaut Robert, « Note sur la récupération des valeurs humaines réduites », *Bulletin de l'Office central des oeuvres de bienfaisance*, 7 juillet 1944, p. 228-236.

Préaut Robert, « Adaptation sociale et professionnelle des enfants déficients ou en danger moral », in Jean Chazal, *Coordination des services de l'enfance déficiente ou en danger moral : but, activités, réalisations*, Paris 1944, p. 41-48.

Préaut Robert, « Aspect médical du problème de l'enfance déficiente ou en danger moral », *La Santé de l'homme*, n° 27, janvier 1945, p. 16.

Préaut Robert, « Le Centre national de réadaptation sociale »,

Sauvegarde, n° 2, juin 1946, p. 23.

Préaut Robert, « Le Hameau-école de l'Île-de-France », *Pages sociales,* n°
18, juin-juillet 1946, p. 37.

Préaut Robert, « Le problème de la réadaptation sociale des adolescents
nécessitant des mesures médico-pédagogiques », *Sauvegarde de l'enfance,*
n° 23, juillet 1948, p. 3-14.

Préaut Robert, *Combat contre la peur, Paris,* Robert Laffont, 1975.

CHAPITRE 5

Sources

Archives de l'Institute of Education, fonds de la New Education
Fellowship, Londres

Dossier WEF/A/II/129 : Correspondance avec la section italienne, 1942-
1962.

Dossier WEF/A/II/177 : Correspondance avec Carleton Washburne,
1942-1951.

Archives privées Ernesto Codignola, Scuola normale superiore de Pise

Dossier 1.6.1 : Correspondance concernant l'Unesco.

Dossier 9.1 : Patronato Gori.

Dossier 9.2 : Vita interna di SCP.

Dossier 9.3 : Attivita di E. Codignola in relazione con SCP.

Dossier Correspondance avec Gino Ferretti.

Dossier Correspondance avec Adolphe Ferrière.

Dossier Correspondance avec Carleton Washburne.

Bibliographie

Allemann-Ghionda Cristina, « Dewey in Postwar-Italy: The case of Re-Education », *Studies in Philosophy and Education,* n° 19, 2000, p. 53-67.

Borghi Lamberto, Garin Eugenio, Visalberghi Aldo *et al., Ernesto Codignola in 50 anni di battaglie educative,* Florence, La Nuova Italia editrice, 1967.

Broccoli Angelo, « Dal carteggio con Ernesto Codignola », *Scuola e città,* n° 12, décembre 1968, p. 614-619.

Chiosso Giorgio, « Giovanni Gentile, la réforme scolaire, le fascisme », in Mireille Cifali et Daniel Hameline, *Innovation pédagogique : science, rhétorique, propagande,* IIe colloque international des Archives Institut Jean-Jacques Rousseau, Genève, 1998, p. 13-31.

Claudot André, *Monsieur George A. Lyward, Éducateur britannique. L'homme et l'oeuvre,* mémoire de maîtrise en sciences de l'éducation, université de Caen, 1982.

Codignola Ernesto, « Comment créer une culture propre à l'époque moderne », *Pour l'ère nouvelle,* n° 81, octobre 1932, p. 252-256.

Codignola Ernesto, « The aims of fascist education », *The New Era,* vol. 15, n° 5, septembre-octobre 1934, p. 178-180.

Clews Christopher, « Decline and renewal : The new education fellowship (NEF) 1945-1955 », *History of Education Researcher,* n° 88, novembre 2011, p. 62-71.

Durand Jean-Dominique, *L'Église catholique dans la crise de l'Italie (1943-1948),* Rome, École française de Rome, 1991.

Ferrière Adolphe, « Une visite aux pionniers de l'école active en Italie »,

Pour l'ère nouvelle, n° 23, novembre 1926, p. 150-156.

Ferrière Adolphe, *Maisons d'enfants de l'après-guerre,* Neuchâtel, Éd. de la Baconnière, 1945.

Grudzinska, Joanna, *Révolution École–1918-1939,* Arte France, Les Films du Poisson (Paris), 2016.

Jenkins Celia M., *The Professional Middle Class and the Social Origins of Progressivism: A Case Study of the New Education Fellowship, 1920-1950,* thèse de philosophie, Institute of Education, Université de Londres, 1989.

Môle Frédéric, « Freinet au Congrès mondial de Nice (1932) : une révolution sociale par l'Éducation nouvelle ? », *in* Laurent Gutierrez, Laurent Besse et Alain Prost (dir.), *Réformer l'école. L'apport de l'Éducation nouvelle (1930-1970),* Grenoble, PUG, 2012, p. 63-75.

Sarracino Vincenzo et Piazza Roberta, La Ripresa. *Scuola e cultura in Italia (1943-1946),* Lecce, Pensa Multimedia, 1998.

Washburne Carleton, *Modern Concepts of Education and Their Significance in the Post-War World,* Londres, NEF, 1949.

Washburne Carleton, « La riorganizzazione dell'istruzione in Italia », *Scuola e città,* n° 6-7, juin-juillet 1970, p. 273-277.

Washburne Carleton, « An autobiographical sketch », in Robert J. Havighurst, *Leaders in American Education,* 1971, p. 457-481.

Watras Joseph, « The New Education Fellowship and Unesco's programme of fundamental education », *Paedagogica Historica,* vol. 47, n° 1-2, févrieravril 2011, p. 191-205.

Ziemke Earl F., « A difficult birth. A school of military government is established », in *The US Army in the Occupation of Germany 1944-1946,*Washington, Center of Military History, 1990, p. 3-22.

Zilversmit Arthur, *Changing Schools. Progressive Education Theory and Practice, 1930-1960,* Chicago, University of Chicago Press, 1993.

CHAPITRE 6

Sources

Archives du Bureau international de l'éducation, Genève

Boîte 85. Dossier Reconstruction : Projet d'école de cadres (Centres de formation de moniteurs), octobre 1943.

Boîte 86 : Cours international de moniteurs, Genève 1945-1950.

Archives de l'UISE, archives d'État de Genève

Dossier 92.33.55 : Centre international d'orientation et de formation sociale pour l'après-guerre, 1943-1946.

Bibliothèque de la ville de Genève, Fonds André Oltramare

Ms. Fr. 7335, f. 112-231 : Documents et correspondance relatifs au Cours de moniteurs pour homes d'enfants victimes de la guerre, 1944-1947.

Archives de l'Institut Jean-Jacques Rousseau, Genève, Fonds Raymond Uldry

CH-F-AIJJR/2012/2/C : Protection de la jeunesse.

CH-F-AIJJR/2012/2/K : Organisations internationales.

CH-F-AIJJR/2012/2/L : Notes et articles épars.

Archives personnelles Guy Ryser, Genève

Archives fédérales, Berne

E4001C#1849 : Cours international de moniteurs, Genève, 1950-1951.

E4001C#1000/783#3371* : Cours international de moniteurs, Genève, 1950-1951.

E3340B#1989/175#76* : Cours international de moniteurs, Genève, 1948-1949.

E2001E#1967/113#15515* : Cours international de moniteurs, Genève, 1950-1951.

E4264#1985/196#10836* : Dossier de réfugié Isaac Pougatch, 1943-1946.

E4264#1985/196#10837* : Dossier de réfugiée Juliette Pougatch-Gourfinkel, 1943-1944.

Archives de l'OSE Paris, Fonds Tschlénoff, Union-OSE

Boîte VI : Groupe d'étude des réfugiés, 1943-1944.

Boîte XX : OSE Suisse et OSE en Suisse–correspondance et rapports, 1943-1950.

Chemise II : Formations de moniteurs, 1946-1949.

Archives de l'Alliance israélite universelle, Paris, Fonds Isaac Pougatch

Archives cantonales vaudoises, Lausanne

Fonds Oscar Forel.

Fonds Office médico-pédagogique vaudois.

Bibliographie

« L'accueil en Suisse des enfants victimes de la guerre » et « Du Cartel à la Croix-Rouge suisse-Secours aux enfants », Histoire de la CRS : https://histoire.redcross.ch/evenements/evenement/laccueil-en-suissedes-enfants-victimes-de-la-guerre.html

Boussion Samuel, « À la croisée des réseaux transnationaux de protection de l'enfance : l'OSE et les communautés d'enfant de l'après-guerre », in Laura Hobson Faure, Mathias Gardet, Katy Hazan, Catherine Nicault (dir.), *L'OEuvre de secours aux enfants et les populations juives au xxe siècle. Prévenir et guérir dans un siècle de violence,* Paris, Armand Colin, 2014, p. 184-200.

Boussion Samuel, « "Pour la paix du monde : Sauvons les enfants !" Les Semaines internationales d'étude pour l'enfance victime de la guerre (SEPEG) 1945-1951 », *in* Yves Denéchère et David Niget, *Droits des enfants au xxe siècle,* Rennes, PUR, 2013, p. 63-71.

Boussion Samuel, « La part suisse du pédagogue juif Isaac Pougatch (1897-1988) : une contribution à l'éducation internationale », *in* Landry Charrier, Thomas Nicklas (dir.), *L'Émigration politique en Suisse au xxe siècle : pratiques, réseaux, résonances,* Reims, Éditions et Presses universitaires de Reims, 2017, p. 93-112.

Christen Rahel, *Le Schweizer Hilfswerk für Emigrantenkinder et les enfants réfugiés pendant la Seconde Guerre mondiale,* projet de recherche en histoire générale, Bachelor en relations internationales, Université de Genève, août 2013, en ligne : http://fr.slideshare.net/ RahelChristen/le-schweizer-hilfswerkfur-emigrantenkinder-et-les-enfants-refugies-pendant-la-seconde-guerremondiale

Commission indépendante d'experts suisse–Seconde Guerre mondiale, *La Suisse, le national-socialisme et la Seconde Guerre mondiale. Rapport final,* Zurich, Pendo Verlag, 2002.

Forel Oscar, *La Mémoire du chêne.* Lausanne, Favre, 1980.

Hazan Katy, *Les Orphelins de la Shoah. Les maisons de l'espoir 1944-1960,* Paris, Les Belles Lettres, 2000.

Heller Geneviève, Claude Pahud, Pierre Brossy, Pierre Avvanzino, *La Passion d'éduquer. Genèse de l'éducation spécialisée en Suisse romande, 1954-1964,* Lausanne, Éésp, 2004, p. 72-73.

Hersch Liebmann, *Problèmes d'éducation juive,* Genève, Union OSE, 1947. Kägi-Fuchsmann Regina, *Das gute Herz genügt nicht–Mein Leben und meine Arbeit,* Zurich, Ex-Libris, 1968.

Köpke Monique, *Nachtzug nach Paris, Ein jüdisches Mädchen überlebt Hitlers Frankreich,* Erkelenz, Altius Verlag, 2000.

Lasserre André, *Frontières et camps. Le refuge en Suisse de 1933 à 1945,* Lausanne, Payot, 1995.

Maurette Marie-Thérèse *et al., École internationale de Genève, son premier demisiècle,* Genève, Archives de l'École internationale, 1974.

Nessi Serge, La *Croix-Rouge suisse au secours des enfants 1942-1945 et le rôle du docteur Hugo Oltramare,* Genève, Slatkine, 2011.

Pary Juliette, *Mes 126 gosses,* Paris, Flammarion, 1938.

Picard Jacques, *La Suisse et les Juifs 1933-1945. Antisémitisme suisse, défense du judaïsme, politique internationale envers les émigrants et les réfugiés,* Lausanne, Éditions d'en bas, 2000.

Pougatch Isaac, *Charry. Vie d'une communauté de jeunesse,* Neuchâtel, Éd. de la Baconnière, 1944.

Pougatch Isaac, *Les Éducateurs à l'école : quatre années d'expérience au centre de Plessis-Trévise,* Neuchâtel, Éd. de la Baconnière, 1951.

Pougatch Isaac, *À l'écoute de son peuple. Un éducateur raconte,* Neuchâtel,

Éd. de la Baconnière, 1979.

Ruchat Martine, « Le Cours international de moniteurs pour homes d'enfants victimes de la guerre : une formation originale pour le "rapprochement des peuples" , 1944-1956 », *in* L. Mottier Lopez, C. Martinet, V. Lussi, *Actes du congrès AREF 2010*, Genève, Université de Genève, 2010 (en ligne).

Schmidlin Antonia, *Eine andere Schweiz. Helferinnen, Kriegskinder und humanitäre Politik 1933-1942*, Zurich, Chronos Verlag, 1999.

Schmitt Ariane, *André Oltramare, un précurseur oublié*, Genève, Éd. Suzanne Hurter, 1994.

Sutro Nettie, *Jugend auf der Flucht, 1933-1948 : fünfzehn Jahre im Spiegel des Schweizer Hilfswerks für Emigrantenkinder*, Zurich, Europa Verlag, 1952.

www.swiss-quakers.ch

CHAPITRE 7

Sources

Archives de l'Unesco, Paris, 1re série 1946-1956

Dossier de personnel de B. Drzewieski. Boîte 106 PER/REC.1/106, 1965.

X.07. Missions of B. Drzewieski.

Dossier de personnel Thérèse Brosse. Boîte 22 PER/STAFF/RECORDS, 1965.

281/6 TR'47 GB/48. Commission of Enquiry on Special Treatment. Special Educational Problems in the Liberated Countries. Conference of Allied Ministries.

361.9 A 20 (437). Reconstruction–Needs–Czechoslovakia. Part I–sans dates.

361.9 A 20 (438). Reconstruction–Needs–Poland. Part III up to 31 July 1948.

371.95. War Handicapped Children. General.

371.95 A 06 (494) "48". Conference on War Handicapped Children (Trogen 5-10/VII/48). General.

371.95 A 06 (494) "48" 15. Conference on War Handicapped Children (Trogen 5-10/VII/48). Delegates and Observers.

371.95 A 06 (494) "48" 173. Conference on War Handicapped Children (Trogen 5-10/VII/48). Study Material Conference.

371.95 A 06 (494) "48" 187. Conference on War Handicapped Children (Trogen 5-10/VII/48). Reports of Conference.

371.95 A 072/01 SEPEG. Semaines internationales d'étude pour l'enfance victime de la guerre.

Archives du BIE, Genève

Correspondance avec Elisabeth Rotten (1945-1948).

Bibliographie

Boussion Samuel, Gardet Mathias, Ruchat Martine, « Bringing everyone to Trogen: Unesco and the Promotion of an International Model of Children's Communities after World War II », in Poul Duedahl (dir.), *A History of Unesco. Global Actions and Impacts,* Londres, Palgrave MacMillan, 2016, p. 99-115.

Gillabert Matthieu, *Dans les coulisses de la politique culturelle suisse à l'étranger. Objectifs, réseaux et réalisations du rayonnement culturel helvétique durant le second vingtième siècle,* thèse sous la direction du Prof. Claude Hauser, Université de Fribourg, 2010.

Kulnazarova Aigul, Duedahl Poul, « Unesco's re-education activities in postwar Japan and Germany: changing minds and shifting attitudes towards peace and international understanding », in Aigul Kulnazarova, Christian Ydesen, *Unesco Without Borders: Educational Campaigns for International Understanding,* New York, Routledge, 2017, p. 52-74.

Marcus Simone, *Les Problèmes des enfants victimes de la guerre. Rapport préliminaire,* Paris, Unesco, 1947.

Maurel Chloé, *Histoire de l'Unesco. Les trente premières années, 1945-1974,* Paris, L'Harmattan, 2010.

Maurel Chloé, « La diplomatie culturelle de l'Unesco (1950-1970). Le cas des missions d'experts de l'Unesco dans le Tiers-Monde », in Anne Dulphy, Robert Frank, Marie-Anne Matard-Bonucci, Pascal Ory (dir.), *Les Relations culturelles internationales au xxe siècle. De la diplomatie culturelle à l'acculturation,* Bruxelles, Peter Lang, 2010, p. 483-490.

Maurel Chloé, « L'action de l'Unesco dans le domaine de la reconstruction », *Histoire@Politique,* n° 19, 2013/1, p. 160-175.

Mylonas Denis, *La Conférence des ministres alliés de l'Éducation (Londres 1942-1945) : de la coopération éducative dans l'Europe en guerre à la création d'une organisation internationale,* Genève, Université de Genève, 1972.

Sève Bernard, *De haut en bas. Philosophie des listes,* Paris, Seuil, 2010.

Unesco, 50 *ans,* Institut de l'Unesco pour l'éducation : apprendre sans limites, Hambourg, UIE, 2002.

Unesco, *The Book of Needs of Fifteen War-Devastated Countries in Education, Science and Culture,* vol. 1, Paris, Unesco, 1947.

Weindling Paul, *John W. Thompson: Psychiatrist in the Shadow of the Holocaust,* New York, University of Rochester Press, 2010.

CHAPITRE 8

Sources

Archives de l'Unesco, Paris, 1re série 1946-1956

370.185 (100) : Child community–International, Trogen, Switzerland.

370.185 (494) : Switzerland Child Community, International –Trogen.

371.95 A 06 (494) « 48 » : Child handicapped meeting 1948.

Statut de la FICE, 25 juillet 1949, Unesco FICE / 1 (prov).

Archives de la Radio suisse romande

Bd1794 : Création du village Pestalozzi à Trogen, entretien avec Alice Descoeudres, 29 juin 1946.

CD 1123 (plage 22) : Création du village Pestalozzi à Trogen en Appenzell : l'activité de Robert Corti en faveur des orphelins victimes de la guerre, entretien avec Alice Descoeudres, 29 juin 1946.

CD 1365 : Don Guido. Directeur de l'institut de Lanciano, 11 avril 1948.

CD 1376 : Entretien avec don Guido, prêtre, fondateur du village d'enfants de Lanciano en Italie : Attaque de bandits vécue par le prêtre et anecdotes significatives sur la communauté d'enfants, 18 mai 1948.

CD 1360 (plage 25) : En marge de la conférence de presse de l'Unesco consacrée aux villages d'enfants, la création de l'Institution internationale pour l'assistance aux villages d'enfants, Interview de Robert Préaut, 22 juillet 1948.

CD 1566 (plage 11) : Suite à la FICE, docteur Préaut représentant la France, René De Cooman représentant la Belgique, Ernesto Codignola représentant l'Italie et prof. de pédagogie à l'université de Florence, 2/1949.

Bibliographie

Brosse Thérèse, *Enfants sans foyer. Compte rendu des travaux de la conférence des directeurs de communauté d'enfants, Trogen-Heiden, Suisse,* Paris, Presses de l'imprimerie Paul Dupont, Unesco, 1950.

The New Era in Home and School, numéro spécial sur les communautés d'enfants et la conférence de Trogen, vol. 29, no 8, sept.-oct. 1948.

Élan, Unesco, numéro spécial sur les communautés d'enfants et la conférence de Trogen, vol. III, no 8-9, sept.-oct. 1949.

CHAPITRE 9

Sources

Archives Unesco, Paris, 1re série 1946-1956

370.185 A 01 IFFC/075 (44) « 49 » Child–Community–Organisations : International Federation of Children Communities, Camp 1949,

France.

370.185 A 01 IFFC/075 (435.9) « 50 » Child–Community–Organisations :
International Federation of Children Communities, Camp 1950,
Luxembourg.

370.185 A 01 IFFC/075 (43-15) « 51 » Child–Community–Organisations :
International Federation of Children Communities, Camp 1951, Germany
Federal Republic.

370.185 A 01 IFFC/106 Child–Community–Organisations : International
Federation of Children Communities, Executive Committee.

Archives privées Ernesto Codignola

1.7.21. FICE. Incontri internazionali : Moulin-Vieux, 1949.

Archives privées Robert Préaut

Dossier « Camps internationaux », 1949-1950.

Bibliographie

Boussion Samuel, Gardet Mathias, Ruchat Martine, « Bringing everyone
to Trogen: Unesco and the Promotion of an International Model of
Children's Communities after World War II », in Poul Duedahl (dir.),
A History of Unesco. Global Actions and Impacts, Londres, Palgrave
Mac- Millan, 2016, p. 99-115.

Maurel Chloé, *Histoire de l'Unesco. Les trente premières années, 1945-
1974,* Paris, L'Harmattan, 2010.

Maurel Chloé, « L'action de l'Unesco dans le domaine de la
reconstruction ». *Histoire@Politique,* 19, 2013/1, p. 160-175.

« Internationales Kinder-und Jugendlager im Jugenheim », *Bildung und*

Erziehung, déc. 1951, p. 622.

CHAPITRE 10

Sources

<u>Archives de l'Association nationale des communautés d'enfants (ANCE), Pierrefitte</u>

1er registre de délibération 1949-1955, Paris, siège de l'ANCE.

<u>Archives de l'Institut J.-J. Rousseau, Genève (Cote : DF C1/63)</u>

Correspondance d'Elisabeth Rotten, 1950.

Protocole de l'Assemblée fondatrice d'un comité d'initiative pour la constitution d'une commission suisse nationale de la FICE, 13 février 1950.

Correspondance Préaut-Corti, 1949-1950.

Lettres d'Elisabeth Rotten à Adolphe Ferrière des 12 février, 23 février et 25-26 février 1950.

Lettre de Jean Roger à Elisabeth Rotten du 13 mars 1950.

<u>Archives privées de la Repubblica dei ragazzi de Civitavecchia, Italie</u>

Dossier Federazione italiana cattolica dei villaggi dei ragazzi.

<u>Archives privées Ernesto Codignola, Scuola normale superiore de Pise</u>

Dossier 1.6.1, 1.6.2, 1.6.4, 1.6.6 : Correspondance concernant l'Unesco.

Dossier 1.7.15 : Assemblée générale de la FICE à Lyon.

Dossier 1.7.31, 1.7.32, 1.7.33, 1.7.39 : FICE–ANCI.

Dossier 1.7.61 : Correspondance avec Civitavecchia.

Dossier 1.7.7 : FICE–Unesco.

Dossier Correspondance avec Carleton Washburne.

Archives privées Guy Ryser, Genève

Archives de l'Institute of Education, Londres

Dossier Italy, section Correspondance 1944-1962 WEF/A/II/129.

Dossier Italy, section 1942-1951 WEF/A/II/130.

Archives de l'Unesco, Paris, 1re série 1946-1956

370.185 A01 IFCC/106 : Lettre s.d. de Préaut envoyée à A. Bill, René De Cooman, Ernesto Codignola, E. Rotten.

370.185 A01 IFCC/106 : P.V. de la 9e session 23 et 24 novembre 1950.

342.134 : Projet pour la création d'un « Centre international de formation professionnelle » en faveur des adolescents sortants des communautés d'enfants.

370.185 : Centre de l'Unesco.

Statut de la FICE, 1948.

Manuscrit de la Zentralbibliothek de Zurich

Lettre de Préaut à Corti du 8 décembre 1949, Nachlass. Corti.

Lettre de Corti à Rotten du 1er septembre 1950, Nachlass. Rotten.

Bibliographie

Borghi Lamberto, Garin Eugenio, Visalberghi Aldo *et al.*, *Ernesto Codignola in 50 anni di battaglie educative*, Florence, La Nuova Italia editrice, 1967.

Brochure *La CNF Unesco*, datée de 1996.

Fortier Charles, « Les Sylvains, co-fondateurs de l'ANCE et de la FICE », numéro spécial de *Mouv'Ance*, 1998, p. 10-11.

Maheu René, Propos cités dans une notice sur « la commission française pour l'Unesco », FFCU, fonds Aumercier, années 1971-1973.

Mezeix Paule, « Conférence sur l'éducation et la santé mentale des enfants en Europe », archives Unesco /Conf.EMH/43.I, p. 7.

Milani Pauline, « La commission nationale suisse pour l'Unesco, un instrument de relations culturelles », *La Suisse au miroir du monde*, Université de Fribourg, http://www.miroirdumonde.ch/article/la-culture-et-l-education-pour-la-paix.html

CHAPITRE 11

Sources

Archives fédérales à Berne

Département politique fédéral E 2200.44(-)1969/166 vol. 7, Village Pestalozzi, Trogen. Dossier 1949-1951 (date mise au crayon 1946-51) G.53.42.1. E2200.151-01#1970/179#366.

Dossier Kinderdorf Pestalozzi, Trogen, Confidentiel, E 2200.151 (-)1976/88. Notice pour le ministre Zutter, 9 juin 1950 (dodis. ch/7083). E 2001(E)1967/113, vol. 823 (sur Dodis).

Archives de l'Unesco, Paris, 1re série 1946-1956

37 : 362.92 (495) : Educational relief to refugee children in Greece.

341.324.6 – 053.2 (495) : Child kidnapping, Greece.

370.185 A 01 IFCC/06 « -49 » : Compte rendu de l'AG de la FICE à Charleroi, octobre 1949.

370.185 A 01 IFCC/06 « 50 » : Compte rendu de l'AG de la FICE à Lyon.

Archives du Village Pestalozzi de Trogen

Carton « Polen ».

Archives de la cinémathèque suisse à Genève

Lindtberg, Léopold, cote DD1.

Archives Télévision suisse romande

« Les travaux de l'ONU : Lake Success. Enfants grecs. » Chronique de
Paul Ladame, 1er janvier 1950 ; TSR BD3259.

« Les travaux de l'ONU : Lake Success. Enfants grecs. » Chronique de
Paul Ladame, Évocation du rapatriement d'enfants grecs et rappel des
manifestations humanitaires en faveur de ces enfants, 1er novembre
1950, TSR BD3257.

Archives du CICR

D EUR GRECE2, Activités de la délégation en Grèce durant la guerre
civile 1945-1956.

G 69 ; rapport de Georges Hoffman, no 105, G69, 11 janvier 1945-28
septembre 1945.

G44/53 c-259.01 et 02.

Bibliographie

Alexopoulos-de Girard Christina, *Représentations mémorielles de la
guerre civile grecque*, Paris, Classiques Garnier, 2017.

Alexopoulos Christina, « Les femmes et les enfants prisonniers politiques
ou déportés à titre préventif pendant la guerre civile grecque », *Cahiers
balkaniques*, n° 38-39, 2001, p. 267-288.

Alexopoulos Christina, « Réfugiés de la guerre civile grecque en

Roumanie : moyens de communication, activité éditoriale, production radiophonique », *Cahiers balkaniques* [En ligne], no 44, 2016.

Bondallaz Patrick, historien et archiviste de la Croix-Rouge, courrier électronique, le 16 novembre 2017.

Danforth Loring M. et Boeschoten Riki Van, *Children of the Greek Civil War. Refugees and the Politics of Memory,* Chicago, The University of Chicago Press, 2012.

Feller Timothée, « Le service extérieur helvétique au début de la guerre froide (1945-1951) », in *Le Collège des diplomates. De la Réunion annuelle des Ministres à la Conférence des Ambassadeurs, 1945-1961,* Quaderni di Dodis/3, Documents diplomatiques suisses (DDS), 2014, p. 31-78.

Kévonian Dzovinar, « Histoires d'enfants, histoire d'Europe : l'Organisation internationale des réfugiés et la crise de 1949 », *Matériaux pour l'histoire de notre temps,* nº 95, 2009/3, p. 30-45.

Kokkinou Maria, « Le rapport à la "patrie perdue". Idéologies et mémoires de réfugiés politiques grecs en Bulgarie (1949-2010) », Revue *Asylon(s),* nº 12, « Expériences migratoires et transmissions mémorielle », juillet 2014 : http://www.reseau-terra.eu/article1317. html

Lambru Steliu, « La Roumanie et la guerre civile grecque (1946-1948) » entretien réalisé par Radio România Internaţional, le 21 juillet 2014.

Van Steen Gonda, *Adoption, Memory and Cold war Greece. Kid Pro Quo?,* Ann Harbor, University of Michigan Press, 2019.

Yannakakis Ilios, « Petite histoire des Grecs dans la Tchécoslovaquie communiste », entretien réalisé par Radio Praha les 1er et 8 mai 2006.

Zahra Tara, « Les enfants "perdus" . Migrations forcées, entre familles et nations dans l'Europe d'après-guerre », *Revue d'histoire de l'enfance « irrégulière »*, 15, octobre 2013, p. 23-74.

Zahra Tara, « Enfants et purification ethnique dans la Tchécoslovaquie d'après-guerre », *Annales. Histoire, Sciences sociales,* 2011/2 (66e année), p. 449-477.

CHAPITRE 12

Sources et bibliographie

Bayon Noël, Marquis Jean, « La république des enfants caractériels : un grand reportage chez les enfants révoltés », *Sciences et Vie,* n° 484, janvier 1958.

Boussion Samuel, « Un voyage en travail social. Jean Ughetto, éducateur aux États-Unis (1950-1951) », *Le Mouvement social,* 2015/4, n° 253, p. 49-64.

Boutang G., Zouzoulkovsky, « Les villages d'enfants S.O.S. », *Cahiers psycho-pédagogiques,* n° 38-39, décembre 1962-janvier 1963.

Brauner Alfred, « Méthodes factices en maison d'enfants », Enfance, no 5, 1950 ; republié sous forme de fascicule in Louis Le Guillant et Fernand Cortez et al. (dir.), *Les Maisons d'enfants,* Paris, Presses universitaires de France, 1950.

Capul Maurice, « Techniques de l'éducateur de groupe », *Informations sociales,* no 12, 1960.

Deligny Fernand et docteur Guibert, « Le village–Centre ouvert d'adaptation sociale », *Bulletin intérieur d'information du Comité d'étude et d'action pour la diminution du crime,* n° 55 et 56, juillet-août et septembre-décembre 1944.

Deligny Fernand, « 1 maison pour 80 ou 8 maisons pour 1? », Enfance, no 5, 1949 ; republié sous forme de fascicule *in* Louis Le Guillant et Fernand Cortez et al. (dir.), *Les Maisons d'enfants,* Paris, Presses universitaires de France, 1950.

Ferrière Adolphe, *L'Autonomie des écoliers dans les communautés d'enfants,* Genève, Delachaux & Niestlé, 1950.

François-Unger Claude, « Organisation intérieure au "Renouveau" », *Enfance,* n° 5, 1950 ; republié sous forme de fascicule in Louis Le Guillant et Fernand Cortez et al. (dir.), *Les Maisons d'enfants,* Paris, Presses universitaires de France, 1950.

Goens Daniel, « Village d'enfants. Étiquette ou réalité ? », *Rééducation,* n° 21, février 1950.

Joubrel Henri, « À propos des villages d'enfants », *Rééducation,* n° 28, janvier 1951.

Mulock Houwer D. Q. R., « Les villages d'enfants. Innovation ou vieille formule ? », *Cahiers de l'enfance,* n° 107, septembre 1964.

Mulock Houwer D. Q. R., « Le village contre l'orphelinat », *Tribune de l'enfance,* n° 44, juin-juillet 1967.

Préaut Robert, *Combat contre la peur,* Paris, Robert Laffont, 1975.

Raillon, Louis, « Une pédagogie de la compréhension internationale », *Éducation et développement,* n° 6, mars 1965.

Service juridique de protection de l'enfance, « Un exemple de village d'enfants. Le village de Busigny, dans le Nord », SPE, mars-avril 1961.

Service juridique de protection de l'enfance, « Un village d'enfants : Cesson », SPE, septembre-décembre 1961.

Ufoval, *Les Maisons d'enfants,* numéro spécial, no 13, février 1950.

致　谢

感谢莫妮克·鲍尔（Monique Bauer）开放并分享了她在隆格伊—安内尔阁楼上的档案宝藏。

感谢瑞士沃州档案馆的工作人员，特别是吉勒斯·让莫诺（Gilles Jeanmonod）。

感谢联合国教科文组织的延斯·博尔（Jens Boel）和普尔·杜达尔（Poul Duedahl）。

感谢联合国教科文组织档案馆的工作人员：亚历山大·库泰勒（Alexandre Coutelle），恩·森沙旺（Eng Sengsavang）和扎因·阿比丁·拉赫菲里（Zine El Abidine Larhfiri）。

感谢伯尔尼联邦档案馆的工作人员。

感谢塞纳圣但尼省巴黎第八大学研究部的瓦利德·姆蒂米特（Walid Mtimet）。

感谢马塞尔·亨利（Marcel Henry）为特罗根"裴斯泰洛齐儿童村"档案馆的开放提供了便利并热情欢迎了我们。感谢瓦莱丽·勃兰特（Valérie Brandt）的接待。

感谢让—艾蒂安·里塞尔（Jean-Étienne Ryser）向我们开放他父亲居伊·里塞尔的私人档案。

感谢雷娜塔·拉塔拉（Renata Latala）对波兰语信件和文件的翻译，并帮助了我们更好地了解安东尼·戈瓦斯。

感谢伯纳德·沃尔特（Bernard Walter）对德语信件的翻译，尤其是伊丽莎白·罗滕、沃尔特·罗伯特·科尔蒂和奥托·宾德尔的信件。

感谢埃尔韦·杜蒙（Hervé Dumont）寄来的由利奥波德·林特贝格导演、拉扎尔·韦克斯勒于1953年制作的电影《村庄》的拷贝文件。

感谢瑞士彭萨兹电影资料馆的工作人员阿琳·乌里耶（Aline Houriet），塔蒂亚娜·贝尔瑟斯·阿普拉纳尔普（Tatiana Berseth Abplanalp）和维尔日妮·阿尔弗拉特（Virginie Allflatt）女士的热情接待和协助。

感谢洛桑瑞士罗曼德广播电台的档案员乔塞特·苏约特（Josette Suillot）女士对研究提供的帮助。

感谢让—雅克·卢梭研究所的档案员埃尔菲格·戈贝（Elphège Gobet）的协助。

感谢红十字会档案员法布里齐奥·本西（Fabrizio Bensi）的协助。

感谢马蒂奥拉·乔利蒂（Mattiola Giolitti）为我们寻找科迪尼奥拉档案的信息，并在佛罗伦萨接待我们。

感谢弗朗西斯卡·卡佩塔（Francesca Capetta）和安吉拉·帕里尼（Angela Parini）对埃内斯托和安娜·玛丽亚·科迪尼奥拉档案的清点。这些档案最初存放在佛罗伦萨郊外一座美丽但因无人居住而废弃的别墅，位于一座山间公园里。

感谢比萨高等师范学院档案中心的工作人员在转移后接收了科迪尼奥拉基金，并支持我们继续研究。

感谢位于罗马附近"少年之城"的国际当代青年问题研究所，他们为我们提供了帕特里克·卡罗尔—阿宾主教的精彩相册。

感谢伦敦教育学院允许我们访问其新教育奖学金（New Education Fellowship）档案和令人惊叹的图书馆。

感谢索菲·安内特（Sophie Annetts）让我们通过一封信认识了她的母亲佩吉·沃尔科夫的另一面。

感谢保罗·戈恩斯（Paul Goens）和路易吉·维奥拉（Luigi Viola）在布鲁塞尔邀请我到家中浏览了他们的收养者丹尼尔·戈恩斯（Daniel Goens）的信件和照片。

感谢"奇维塔韦基亚少年共和国"的"终身公民"詹彼得罗·莱波雷（Giampietro Lepore）在现场接待我们，并允许我们查阅"奇维塔韦基亚少年共和国"的档案。

感谢塔德乌什·萨斯（Tadeusz Sas），他给了我们授权在与本作相关的平台 Hypotheses.org 上发布他小时候在特罗根"裴斯泰洛齐儿童村"创作的美丽的绘画作品。他于近期去世。

感谢雷蒙德·乌尔德里（Raymond Uldry）这位百岁老人（于2012年6月21日去世）在家中向我们开放了他的私人档案，特别是与他在大布瓦西埃（Grande Boissiére）辅导员培训课程中教授的儿童团体课程相关的文件。（他的档案现在存放在"让—雅克·卢梭研究所"基金会。）

感谢贝尔纳·德尔帕尔（Bernard Delpal）、克里斯蒂娜·埃斯克里瓦·莫斯卡多（Cristina Escrivá Moscardó）、查尔斯·亨贝格（Charles Heimberg）、安托万·萨瓦（Antoine Savoye）、西尔万·瓦尼翁（Sylvain Wagnon）参加我们的探讨。

感谢苏黎世社会档案馆及其工作人员。

感谢巴黎第八大学和弗朗索瓦斯·泰塔尔（Françoise Tétard）基金会为本书提供的帮助。

感谢安妮—玛丽·洛松齐（Anne-Marie Losonczy）对本书初稿进行了仔细而富有挑战性的校对。